Литература русского безрубежья

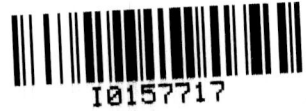

I0157717

Вера Зубарева

ЧЕХОВ В XXI ВЕКЕ: ПОЗИЦИОННЫЙ СТИЛЬ И КОМЕДИЯ НОВОГО ТИПА

Статьи и эссе

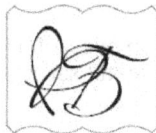

Charles Schlacks, Jr. Publisher
Idylwild, CA

Рецензенты:
- М. Ч. Ларионова, доктор филологических наук, зав. лабораторией филологии Южного научного центра РАН, проф. кафедры отечественной литературы Южного федерального университета.
- Г. О. Рылькова, Ph.D., Associate Professor of Russian Studies, University of Florida, Gainesville

Вера Зубарева
Чехов в XXI веке: позиционный стиль и комедия нового типа.
Статьи и эссе

Vera Zubareva
Chekhov in XXI century: the Positional Style and the Comedy of a New Type. Essays and articles.

Vera Zubareva attempts here a very ambitious thing, nothing less than a poetics of dramatic character as an alternative to the familiar, Aristotelian plot-based approach. She brings to her task a sophisticated understanding of human systems — organic, intelligent, capable of learning — and of their ability to interact creatively as psychological mechanisms in the best sense of the word: that is, as mechanisms for generating potentials. Chekhov, especially, will not quite sound the same.

Caryl Emerson, professor of Russian literature and comparative literature in the Department of Slavic Languages and Literature. Princeton University

Вера Зубарева ставит перед собой весьма непростую задачу -- ни мало ни много, разработать поэтику драматического характера в качестве альтернативы традиционному, основанному на сюжетной линии, аристотелиевскому подходу. В основе авторского видения литературного героя лежит утончённое понимание человеческого существа как органичной, разумной системы, способной к обучению и обладающей возможностями творческого взаимодействия с включением психологических механизмов (в лучшем смысле этого слова), т. е. механизмов, генерирующих различные типы потенциала индивидуумов. Чехов в этом прочтении предстаёт совершенно в новом свете.

Кэрил Эмерсон, профессор русской и сравнительной литературы на кафедре славянских языков Принстонского университета
(Перевод А. Бурака)

Художник **Ирина Френкель**

ISBN: 978-1-884445-78-1
ISSN: 2380-6672

*Светлой памяти Арона Каценелинбойгена (1927-2005),
профессора Уортона при Пенсильванском университете,
ученого-системщика,
основателя теории предрасположенностей,
учителя и друга*

СОДЕРЖАНИЕ

I. ТЕОРИЯ И МЕТОДОЛОГИЯ

II. ИНТЕРПРЕТАЦИИ

III. ПРИЛОЖЕНИЕ

ПРЕДИСЛОВИЕ

Насколько мне известно, теоретических монографий, посвященных методологии, разработанной Ароном Каценелинбойгеном и школой Берталанфи применительно к литературоведению, за исключением двух моих английских книг и статей по теории чеховского жанра и стиля, на сегодняшний день нет. Есть статьи, отразившие системную методологию — в каких-то случаях явно, а в каких-то — интуитивно. Здесь я имею в виду, прежде всего, работы М. Ч. Ларионовой, вместе с которой мы выпустили коллективную монографию чеховедов, двигающихся (зачастую интуитивно) в направлении системного подхода.

Безусловно, и в работах структуралистов, и в работах целостников [Прим. 1] присутствует системная терминология, но отсутствие ссылок на школу Берталанфи свидетельствует о движении в несколько ином направлении. В то же время наличие идентичной терминологии позволяет лучше увидеть методологические различия. Например, читаем в словаре: «структуралисты (в особенности стиховеды) разделились на холистов (целостников), считавших, что художественный текст возможно разбирать только в единстве всех уровней его структуры, и аналитиков (дескриптивистов), полагавших, что следует брать каждый уровень по отдельности и досконально изучать его» [Руднев 1997: 293]. В системном подходе, о котором идет речь, целостность — не метод, а категория, которая включает в себя оба метода — аналитический и системный. Они по-разному ведут к познанию целостности [Акофф 1985: 41].

Поиск теории не был для меня самоцелью. Я отталкивалась от конкретного автора и конкретных произведений, поэтому и задача, и ее решение не выходили в сферу обобщений, связанных с ролью языка, поэзии и бытия и т. п. Мне нужно было найти теорию, которая позволила бы определить в строгих терминах чеховский жанр и стиль. Эта конкретная задача вела меня дальше, за пределы чеховского мира. При этом я никогда не теряла из виду Чехова, его систему, его произведения, которые должны были не иллюстрировать, но верифицировать теоретические выкладки.

Меня не удовлетворяли существующие концепции по

разным причинам. Главная состояла в том, что в ряде случаев я не видела связи между теорией и ее приложением к тому, что я делала. Специфика вопросов, которыми я задавалась, требовала иных методологий, которые, увы, не были разработаны в литературоведении. Общая теория систем и теория предрасположенностей открыли мне новые возможности методологического плана и расширили мое представление об индетерминистской природе художественного произведения. Как выяснилось позже, системная методология была наиболее органичной для чеховских произведений, поскольку сам Чехов мыслил в системном русле.

Вопросами стиля и жанра чеховской комедии я начала заниматься в студенческие годы под руководством профессора Одесского Государственного университета им. Мечникова Степана Петровича Ильёва (1937–1994), у которого я писала дипломную работу по «Чайке». Одна из моих задач заключалась в том, чтобы определить специфику чеховской комедии и показать ее отличие от драмы и трагикомедии. Как известно, традиционное чеховедение трактовало «Чайку», да и другие пьесы Чехова, как трагикомедию, мелодраму или в лучшем случае драму с элементами фарса или травести [Прим. 2]. К сожалению, мои ранние попытки решить вопрос о жанре не увенчались успехом, хотя и были сделаны некоторые интересные наблюдения над композицией пьесы. Результаты дипломной работы появились в журнале «Вопросы русской литературы». И в особенности вдохновило и обрадовало меня письмо редактора, написавшего мне напутствие и выразившего надежду на то, что я продолжу начатое исследование.

Мой поиск в то время шел в традиционном русле аристотелевской школы, сделавшей много ценных разработок в области поэтики, но основывавшейся на эмпирических наблюдениях над жанровой природой сценических произведений. Меня же интересовала категория драматического как присущая всем жанрам, включая поэзию и прозу, и мой интерес выходил за рамки драматургии. Того, что пролило бы свет не только на чеховскую комедию, но и на категорию комического как таковую, в учении аристотельянцев (и неоаристотельянцев), я, увы, не нашла.

В конечном итоге поиск привел меня, аспирантку, а позднее докторантку Пенсильванского университета, в класс профессора Арона Каценелинбойгена (1927–2005). Бывший московский экономист, ученик Канторовича, получивший широкое признание за рубежом благодаря монографии по цветным рынкам, занялся в США теорией систем и общесистемным подходом, который преподавал студентам и аспирантам Уортона, входящего в состав Пенсильванского университета [Прим. 3]. Как его коллеги-системщики, пришедшие из самых разных областей [Прим. 4], Арон Каценелинбойген сделал много открытий в системном подходе, издав труды по индетерминизму в свете своей новой теории предрасположенностей. Он ввел меня в курс того, что происходит в общей теории систем, познакомив с наиболее яркими представителями системного направления, такими как Рассел Акофф и Джамшид Гараджедахи. Вскоре я стала преподавать с ним совместный курс в приложении к литературе, кино и шахматам, а также сделала свой первый доклад на конференции системщиков, посвященный вопросам судьбы и случая в «Ромео и Джульетте» Шекспира. Моей задачей было показать, как интуиция большого художника работает с категорией внешних воздействий на систему. Позднее эти идеи были развиты и опубликованы в шекспировской энциклопедии (составитель И. О. Шайтанов) [Зубарева 2015].

Подход системщиков стимулировал новый взгляд на вещи, в том числе и на категорию драматического, которая, в соответствии с современными представлениями западных литературоведов, не является прерогативой драматургии. Любое произведение, будь то «роман, рассказ, мультфильм или художественный фильм», может трактоваться как комедия, трагедия или драма [Grawe 1983: 11; перевод мой. — В. З.]. Это полностью совпадало с моими представлениями. Не совпадала парадигма мышления.

Чтение трудов Арона Каценелинбойгена, Людвига фон Берталанфи, Марвина Минского, Рассела Акоффа и др. привело меня к пониманию того, что литература и искусство относятся к разряду протяженных индетерминистских систем. Встал вопрос о том, что же составляет ядро любой системы, в том числе художественной. Так я подошла к идее потенциала, разработанной в трудах А. Каценелинбойгена, которую я приложила к художественному произведению, показав, что носителями потенциала в нём являются литературные герои. Следующей задачей было расписать характеристики, слагающие потенциал, а затем понять, как его измерять, поскольку характеристик много и они разнородные. Этой частью ни аристотелевская школа (включая и неоаристотельянцев), ни другие литературоведческие школы не занимались.

Углубленные занятия теорией предрасположенностей продвинули мое понимание в области драматической категории как системной, базирующейся на потенциале героев, и открыли мне суть новаторства чеховского стиля. Это и стало предметом моих двух английских монографий. Потом многие вещи были развиты и дополнены в статьях и докладах. Появились новые и обновленные интерпретации рассказов и пьес Чехова. Статьи писались в разное время, на русском и английском, но в конечном итоге объединились в книгу в их русском варианте. Толчком послужил разговор на одной из чеховских конференций в США с Владимиром Катаевым, которого заинтересовала теория предрасположенностей в приложении к чеховскому стилю и который выразил пожелание, чтобы эти идеи стали доступны для русских коллег.

Статьи и эссе, представленные в книге, выходили в «Вопросах литературы», «Новом филологическом вестнике», «Новом мире», «Неве», а также многочисленных научных сборниках. В процессе подготовки докладов и публикаций я обсуждала их с моими коллегами, которые помогли мне лучше, яснее и четче изложить основные идеи. Важной вехой для меня стало открытие системного видения у А. Веселовского. Переосмыслением того, что он сделал, я обязана нашим беседам с Игорем Шайтановым. Благодаря этим обсуждениям мне открылся новый Веселовский, чьи взгляды на природу драматического предваряли системное представление о драме. Позднее в «Вопросах литературы» появилась моя статья «Перечитывая А. Веселовского в XXI веке», посвященная этим вопросам. Отрывки из нее вошли в этот сборник (см. «Позиционный стиль в шахматах и литературе: новаторство Чехова»).

Я хочу выразить сердечную благодарность Владимиру

Катаеву, Марине Ларионовой, Ирине Роднянской, Галине Рыльковой, Валерию Тюпе, Игорю Шайтанову и Кэрил Эмерсон за участие в обсуждениях и дельные замечания по улучшению тех или иных аспектов предлагаемых статей.

Книга делится на три части. Первая посвящена вопросам теории и методологии системного подхода. Вторая включает интерпретации, базирующиеся на этих идеях. Это деление условно, поскольку в каждой части присутствуют и теория, и интерпретации. Третья часть — приложение, в котором помещены два эссе. Каждая статья выстраивалась в своей обособленной логике, поэтому кое-где могут встречаться повторы. Они неизбежны для этого формата.

Все произведения А. П. Чехова цитируются по Полному собранию сочинений и писем в 30 т. (М.: Наука, 1974–1988). В тексте в круглых скобках буквой С обозначаются сочинения, П — письма, римской цифрой — том, арабской — страница: (С. X, 28) или (П. II, 31). Все остальные ссылки в тексте приводятся в квадратных скобках с указанием имени автора, года издания книги и страницы. Ссылки на примечания также даются в тексте в квадратных скобках с указанием номера ссылки.

Примечания

1. Структурная поэтика известна постулатом «о системности художественного текста (и любого семиотического объекта), системности, суть которой была в том, что художественный текст рассматривался как целое, которое больше, чем сумма составляющих его частей. <...> Важнейшим свойством системности, или структурности (это в общем тоже были синонимы с некоторыми обертонами), считалась иерархичность уровней структуры» [Руднев 1997: 292].

2. См., например, работы Кирка [Kirk 1981], Ермилова [Ермилов 1959], Сенелика [Senelick 1985], Сендеровича [Senderovich 1994], Андреева [Андреев 2008] и др.

3. Американские университеты объединяют в себе школы разного профиля, которые, в свою очередь, подразделяются на кафедры.

4. Основатель общей теории систем Людвиг фон Берталанфи был биологом, Марвин Минский — математиком, Джамшид Гараджедахи имел диплом инженера и т. д.

I.   ТЕОРИЯ И МЕТОДОЛОГИЯ

ТВОРЧЕСТВО ЧЕХОВА И СИСТЕМНЫЙ ПОДХОД

Два подхода к целостности (холизму)

Системный подход, о котором пойдет здесь речь, берет свое начало в школе Людвига фон Берталанфи — основателя общей теории систем (ОТС), в его учении об организмических системах, продолженном и развитом в трудах Рассела Акоффа, Арона Каценелинбойгена и других системщиков, как западных, так и отечественных. Методология, разработанная ОТС для индетерминистских систем, к которым примыкают литература и искусство, показалась мне не просто интересной, но и открывающей новые возможности в сфере интерпретации художественного произведения. Прежде всего, это касается методологии рассмотрения целого.

Задача получения целостного представления о произведении — общая для многих литературоведов. Разница в подходе. Вопросами получения целостного эстетического восприятия занимались целостники [Прим. 1], представленные прежде всего работами М. М. Гиршмана, Н. Д. Тамарченко, В. И. Тюпы и впоследствии «кемеровской школой теоретической поэтики», которые выросли, по определению В. И. Тюпы, из Бахтина и интересовались целостностью как *единым художественным впечатлением.* Нужно отметить, что методика и методология у разных целостников разная. У одних она аналитическая, что соответствует названиям некоторых монографий («Аналитика художественного…» В. И. Тюпы и др.), а у других — системная. И это не противоречит концепции познания целого. Акофф подчеркивает, что «эти два подхода не должны давать (хотя часто дают) противоречивых результатов: они взаимно дополняют друг друга. Развитие этой взаимодополняемости — одна из главных задач системного мышления» [Акофф 1985: 41].

Вкратце, аналитик идет от компонентов к пониманию целого [Прим. 2]. Совершенно противоположная методология разработана в системном подходе. Системщик не приступит к анализу элементов системы *до их синтеза,* т. е. пока не определит вид целого, обратившись предварительно к надсистеме. Вот как пишет об этом Рассел Акофф:

> Когда детям дают что-нибудь непонятное — радиоприемник, часы пли игрушку, — они почти всегда пытаются разобрать его на части, чтобы посмотреть, как оно работает. Из понимания того, как работают части, они пытаются извлечь понимание целого. Этот трехступенчатый процесс — (1) разобрать вещь, чтобы понять ее; (2) попытаться понять поведение отдельных частей; (3) попытаться объединить такое понимание в понимание целого — стал основным методом исследования в эпоху, открытую Возрождением. Это так называемый анализ. Неудивительно, что сегодня анализ и исследование — для нас синонимы. Например, выражения «анализировать проблему» и «пытаться решить проблему» для нас равнозначны. Большинство из нас будет поставлено в тупик, если нас попросят найти замену анализу. Утверждение анализа породило наблюдение и эксперимент, которые привели к тому, что сегодня называется современной наукой. Постепенно использование этого метода обусловило постановку ряда вопросов о природе реального, ответы на которые сформировали мировоззрение века машин [Там же: 30].

Акофф подчеркивает, что «век систем возникает из нового видения, новой цели и нового метода» [Там же: 36]. Элементы связаны с сущностными свойствами системы, которые теряются при расчленении. В результате система распадается на ряд отдельных элементов и перестает быть системой, поскольку система, по определению Акоффа, — «это совокупность из двух и более элементов, удовлетворяющая следующим трем условиям.

1. *Поведение каждого элемента влияет на поведение целого.* Возьмем для примера систему, вероятно наиболее знакомую нам, — человеческий организм. Каждая из его частей — сердце, легкие, желудок — влияет на работу целого. Однако существует и такая часть, которая не оказывает подобного влияния — аппендикс. Неудивительно поэтому, что ему дано такое название, которое означает «приложенный» к организму, а не его «часть». <...>

2. *Поведение элементов и их воздействие на целое взаимозависимы.*

3. *Если существуют подгруппы элементов, каждая из них*

влияет на поведение целого и ни одна из них не оказывает такого влияния независимо. Другими словами, элементы системы связаны между собой таким образом, что независимые подгруппы их не могут возникнуть» [Акофф 1985: 38–39]. По Акоффу, «система есть целое, которое нельзя понять посредством анализа» [Там же: 39]. Метод, позволяющий описать систему, связан с синтезом. Акофф подчеркивает, что различие в мышлении между эпохой машин и веком систем вытекает не из того, что «одна анализирует, а другой синтезирует, а из того, что в системном мышлении то и другое сочетается по-новому» [Там же: 40]. Прежде всего, это связано с последовательностью шагов по изучению системы.

> Системное мышление меняет порядок трех ступеней мышления машинной эпохи: (1) декомпозиция того, что предстоит объяснить; (2) объяснение поведения или свойств частей, взятых по отдельности; (3) агрегирование этих объяснений в объяснение целого. Третий шаг, разумеется, является синтезом. В системном подходе также можно выделить три ступени:
>
> 1) идентификация целого (системы), частью которого является интересующий нас предмет;
> 2) объяснение поведения или свойств целого;
> 3) объяснение поведения или свойств интересующего нас предмета с точки зрения его *роли (ролей)* или *функции (функций)* в целом, частью которого он является.
>
> Заметьте, что в данной последовательности синтез предшествует анализу [Там же].

Разумеется, понимание различий между двумя подходами не новость в литературоведении, о чем свидетельствует и структурная поэтика с постулатом «о системности художественного текста (и любого семиотического объекта), системности, суть которой была в том, что художественный текст рассматривался как целое, которое больше, чем сумма составляющих его частей» [Руднев 1997: 292]. При этом методика одних остается аналитической, а других — системной. Так, «неделимость» у М. М. Гиршмана, ставшая синонимом целостности, определяется аналитически, через составные части «неделимого»: «автора — героя — читателя, художественного мира — произведения — художественного текста, значимого элемента — структуры — целого произведения» [Гиршман 2007:

URL]. Системщики, напротив, не отождествляют неделимость с целостностью. Они, как известно, говорят об иерархии сложных систем, понимая под системой «такое целое, которое нельзя разделить на независимые части» [Акофф 1985: 39]. То есть акцент делается не на неделимости, а на взаимозависимости частей системы, где каждая часть «обладает качествами, которые теряются, если ее отделить от системы». При этом «каждая система обладает такими качествами — и существенными, — которые отсутствуют у ее частей» [Там же]. Иерархичность отражена в работах В. В. Федорова, предложившего иерархию «слово-человечество — язык-народ — автор (поэт) — персонаж и т. д., при этом более высокий уровень иерархии является внутренней формой для более низкого. Система же М. М. Гиршмана принципиально неиерархична: это диалогическое единство взаимодействующих и взаимопроникающих целых — тех же человечества, народа, личности, а также соотносимых с ними собственно художественных понятий» [Кораблев: URL]. В терминах системного подхода приведенный выше ряд Гиршмана должен быть рассмотрен как иерархия понятий, где герой будет подсистемой произведения, произведение — подсистемой его создателя, а читатель — надсистемой, в рамках которой могут «пояснаться» автор, произведение и герой.

Перечислю некоторые опорные методологические постулаты системщиков.

1. В системном подходе описание целого должно *предшествовать* анализу отдельных компонентов.

2. Целостная парадигма устанавливается интерпретатором по фокальной точке (не путать с фокализациями! [Прим. 3]) на основании его субъективной оценки [Zubarev 1997: 18].

3. Увязки между целым и частью формируются при помощи нескольких методов, а не унифицированным способом.

4. Общая теория систем предполагает многоракурсный подход к системе и ее компонентам.

5. Системщики различают систему и агрегат как два различных способа описания целого.

Остановимся подробнее на каждом из этих положений.

Установление целостной парадигмы

Рассел Акофф отмечал, что в системном мышлении «понимание идет от целого к его составляющим, а не от составляющих к целому, как это принято в теории познания» [Ackoff 1981: 19; перевод мой. — В. З.]. Вот как он поясняет разницу между двумя подходами:

В аналитическом мышлении объясняемый предмет трактуется как целое, которое предстоит разложить на части. В синтетическом мышлении объясняемый предмет трактуется как часть некоторого целого. Первое сужает угол зрения исследователя, второе расширяет его. Показать это различие можно на примере. Мыслитель века машин, столкнувшийся с необходимостью объяснить, что такое университет, начал бы делить его на части, например, от университета к колледжу, от колледжа к отделению, от отделения к факультету, далее к студенту и к обсуждаемой теме. Затем он дал бы определения факультета, студента и обсуждаемого вопроса. Наконец он объединил бы эти определения в определение отделения, далее — колледжа и закончил бы определением университета.

Системно мыслящий человек, если бы он поставил перед собой такую же задачу, начал бы с выделения системы, содержащей университет в качестве элемента, например с системы образования. Затем он определил бы цели и функции системы образования и сделал бы это с точки зрения более крупной — социальной — системы, в которую она входит. Наконец, он объяснил бы, или определил бы университет в терминах его ролей и функций в системе образования» [Акофф 1985: 40–41].

В литературоведческой практике это соответствует двум подходам к произведению. Первый связан с анализом составляющих произведения. Второй занимается поиском надсистемы (например, миф, история, биография автора и т. п.), в которой будут поясняться эти составляющие. По Акоффу, «анализ устремлен внутрь вещей, синтез — из них»; «анализ дает знание, а синтез понимание» [Там же: 41]. В системном подходе понимание должно предшествовать знанию. На это же указывал и Эйнштейн в беседе с Гейзенбергом. По словам Гейзенберга, Эйнштейн «пояснил, что только теория может дать определение наблюдаемым явлениям. Он сказал, что ты не можешь заранее знать, что ты будешь наблюдать, но ты обязан поначалу знать или выстроить теорию, и только после этого ты можешь дать определение тому, что ты собственно наблюдаешь» [The Development of the Uncertainty Principle: 1974]. Точно так же и литературовед-системщик «поначалу» выстраивает концепцию целого, а в ней уже рассматривает взаимодействия всех элементов. Интерпретируя рассказ Чехова «В рождественскую ночь», М. Ч. Ларионова исходит из более общей системы, которую она определяет как рождественско-святочную парадигму, поясняя в ней особенности сюжетных линий, психологию героев, а также детали. В критике не раз отмечалось «множество несообразностей в поступках героев» [Ларионова 2010: 17] этого рассказа, и только обращение к рождественской парадигме позволило исследователю показать, что несообразностей нет.

Системному подходу с его акцентом на холизм противостоит *бессвязный инкрементализм* (disjointed incrementalism). Последний был разработан американским политологом Ч. Линдбломом, исходившим из невозможности холистического видения и предложившим метод пошагового движения. В литературоведении эта методология используется феноменологами. Показательны в этом плане работы Савелия Сендеровича, такие как «Чехов — с глазу на глаз. История одной одержимости А. П. Чехова. Опыт феноменологии творчества». Не только методы, но и задачи обоих подходов разные. Задача системного холиста — понять целое и потом уже роль части в нем. Задача инкременталиста — выявить определенные детали, показать их локальные увязки и, если удастся, прийти к пониманию более общей картины, но на ограниченном пласте текста.

Фокальная точка

В системном подходе целостная парадигма устанавливается по фокальной точке. Арон Каценелинбойген отмечает, что поиск фокальных точек (или сингулярных точек в математике) важен для любых систем, поскольку фокальные точки дают возможность лучше маневрировать множеством. Без нахождения фокальной точки невозможно описать вид целого. В художественном произведении роль фокальной точки играет, используя определение В. Топорова, «нечто особенно ярко отмеченное» [Топоров 1993: 19], что останавливает на себе внимание интерпретатора и начинает прояснять для него картину взаимосвязи деталей и целого. Фокальной точкой может стать название праздника (Рождество), места (Вязовье, дом Тоскуновой), имя героя (Аркадина, Астров), упоминание каких-то мифологических, библейских или литературных персонажей (Георгий Победоносец, Христос) и т. п. Одно и то же произведение может содержать несколько фокальных точек, что позволяет по-разному описывать целое. Так, в «Трех сестрах» я отметила для себя три фокальные точки, которые помогли мне выстроить иерархию систем и лучше понять взаимодействие художественных элементов в сложном целом.

О типе увязок

В литературе вопрос внутритекстуальных и интертекстуальных увязок стоит особенно остро. К сожалению, четкой классификации увязок до сих пор не существует. Как всякая индетерминистская система, включающая в себя множество подсистем, художественное произведение состоит из различных блоков, встроенных в целое. Говоря об индетерминистской организации подсистем, Э. Г. Юдин подчеркивал, что связь с вышестоящей системой происходит «разными путями, за счет достаточно большого числа степеней свободы» [Юдин 1978: 192]. Наличием «разных путей» достигается «надежность работы системы» «за счет статистической (недетерминистской) организации подсистем» [Юдин 1978: 192].

А. Каценелинбойген разработал классификацию методов по увязке элементов в протяженных индетерминистских системах, базируясь на модели шахматной игры. Одни увязки носят случайный характер, другие связывают все прямо и непротиворечиво, а третьи занимают промежуточное положение. Эти три метода увязок А. Каценелинбойген назвал соответственно методом случайностей (слепой поиск), программным методом и методом предрасположенностей. «Шахматный новичок, освоив формулировку игры, играет методом случайностей», — пишет

Каценелинбойген. Программный метод используется, когда игроку нужно «сформулировать локальный критерий оптимальности, обеспечивающий движение к глобальному оптимуму». Методы решения подобных задач известны «как методы динамического программирования». Процедура поиска оптимума идет от конца игры к исходным условиям, и процесс организован как «попятное движение» от «будущего» к «настоящему». В силу лимитированности этих методов их используют только для ограниченных случаев. И наконец, третий метод связан с движением «от начала». Это индетерминистский тип увязок, используемый в случае, когда будущее неизвестно и программа по достижению результата (конечного и промежуточного) не может быть построена. В основе метода лежит пошаговая оценка позиции на каждый данный момент времени и формирование предрасположенности для перехода к следующему этапу. Как отмечает А. Каценелинбойген, «кардинальным достижением шахматной мысли является разработка многообразия методов локальных действий и их синтез» [Каценелинбойген 2014: URL].

Шахматы «позволяют верифицировать в эксперименте весьма принципиальные процедуры достижения эффективных результатов», вытекающие «из необходимости связать начало игры с ее концом в условиях, когда нет возможности прямого перебора всех вариантов игры и нахождения оптимизирующего алгоритма» [Там же]. Этот опыт следует учитывать при анализе художественного произведения, которое строится по тем же системным принципам. Писатель не может увязать единым программным методом все начала и концы, все детали, описания и отступления, все побочные линии и «излишние» подробности. В арсенале писателя содержатся все типы увязок. Работая с художественной системой, интерпретатор должен принять это во внимание.

К сожалению, достаточно заметная часть литературоведов предпочитает прямые и непротиворечивые увязки при анализе произведения. Например, почти каждый согласится с ассоциацией «Елена Андреевна — Елена Прекрасная» в «Дяде Ване». И действительно, Елена Андреевна вызывает восхищение у мужчин, из-за нее они конфликтуют, а дядя Ваня даже пускает в ход оружие. Немудрено, что Серебряков автоматически сравнивается с Менелаем, и эта чеховская чета трактуется как эхо водевильной «оффенбаховской» пары «Елена — Менелай» [Senelick 1985: 98]. Все это — прямые увязки программного типа, практически не вызывающие возражений. Возможно, Чехов и пошел таким же шаблонным путем, как его интерпретаторы, только при пристальном изучении деталей, связанных с образом Серебрякова, картина получается несколько другая, о чем я подробно пишу в статье о «Дяде Ване».

Увязки по фокальным точкам устанавливаются прямо и непротиворечиво, все последующие зачастую базируются на методе предрасположенностей. Поэтому воспринимаются они не столь бесспорно. И это в порядке вещей. Суть в том, что, отдавая предпочтение лишь одному из методов, интерпретатор рискует получить выхолощенную картину, упрощенный вариант того, что сделано художником. Другая крайность — увязать все нехарактерным для данного писателя способом. Но вопрос о том, что характерно, а что нехарактерно для того или иного художника, спорный. Он часто пересматривается и дает разные результаты в разные периоды времени, о чем литературоведы прекрасно осведомлены. Поэтому, выстраивая целостность системным образом, интерпретатору рекомендуется обратиться в начале или в конце своего исследования к автору как надсистеме, чтобы пояснить, почему, с его точки зрения, подобная интерпретация не противоречит авторскому видению.

На каждом этапе творчества и в каждом жанре преобладает определенный тип увязок. Так, детективный жанр выстраивается на полных и непротиворечивых увязках между основными деталями, описаниями, сюжетными линиями и диалогами. У Конан Дойля каждая озадачивающая поначалу деталь находит в дальнейшем свое недвусмысленное объяснение. Дочитав такое произведение до конца, можно с легкостью достроить все упущенные звенья. Конан Дойль писал с конца, а Чехов — с начала. Задаваясь «вопросом» (П. III, 45), Чехов искал на него ответ в процессе движения к развязке, а отсюда рождалась неоднозначность, противоречивость и неполнота увязок начал и концов. Промежуточное положение в этой системе занимает О. Генри. Он тоже идет от конца, от развязки, но идет как позиционный игрок, которому хоть и известна конечная цель, программа по ее достижению отсутствует, и увязки строятся методом предрасположенностей, т. е. с разрывами, которые нужно постоянно домысливать. Дочитав такое произведение, практически невозможно увязать прямо и непротиворечиво начала и концы. Только проанализировав предрасположенность героев, можно сказать, почему, например, пьяница, неудачник и злющий старикашка Берман спас от пневмонии молодую девушку ценой собственной жизни («Последний лист») [Ulea 2002: 20–22]. Да и то далеко не каждый согласится с важностью тех мельчайших деталей, которые предрасполагают к этому поступку, но не предопределяют его.

При чтении рассказов Конан Дойля подобных проблем не возникнет. Означает ли это, что в произведениях такого типа все просчитано? Отнюдь нет. Даже в менее сложной по сравнению с литературой шахматной игре просчитать все от начала до конца не представляется возможным. Речь идет только о мере использования того или иного метода. В детективном жанре мера программных увязок значительно выше, тогда как в произведениях классиков преобладают увязки позиционного типа. Последние предполагают разночтения и множество интерпретаций. Как эталон позиционного стиля чеховские тексты дают наиболее богатые возможности для разработки новых методик.

Говоря о резонантном принципе построения целого, В. Катаев обращает внимание на изобилие позиционных увязок в произведениях Чехова. Вот тот небольшой ряд, который он выделяет в качестве примера резонантного пространства «Степи»:

«загорелое лицо мальчика — и загорелые холмы;

мельница, машущая крыльями, — и сюртук Мойсея Мойсеича взмахнул фалдами, точно крыльями;

машет, как человечек руками, мельница — размахивает руками Мойсей Мойсеич — и в Егорушкином бреду замахал руками маленький Тит;

шестеро косарей — шесть громадных сторожевых овчарок — шесть колесниц и шестерки лошадей — шестеро подводчиков;

степь прячется во мгле, как дети Мойсея Мойсеича прячутся под одеялом;

страстная ненависть овчарок — и серьезная ненависть Соломона;

ветхозаветная фигура чабана — и братья с ветхозаветными

именами Моисей и Соломон;

муха, отданная на съедение кузнечику, — и ни за что ни про что убитый уж;

ангелы-хранители расположились на ночлег, как и подводчики в степи;

одинокий тополь — одинокая могила — сознание одиночества у людей;

лучезарная, счастливая улыбка о. Христофора — и добрая, мягкая улыбка счастливого Константина;

длинные ножики в ночных рассказах подводчиков — и длинный ножик, которым на постоялом дворе хозяйка отрезала для Егорушки от дыни;

озорник Дымов — и пьяное, озорническое выражение тучи...» [Катаев 2008: 5]

По таким созвучиям позиционного толка выстраивается художественная позиция. В повести сопоставляемые образы удалены друг от друга, их непросто заметить. Но даже если они и выделены интерпретатором, то все равно не каждый согласится с тем, что это действительно переклички, и в особенности что они намеренные. И это в порядке вещей, поскольку позиционные увязки базируются на субъективном восприятии интерпретатора, его оценке позиции и индивидуальных способностях и опыте. «В позиционной игре субъективность раскрывается в процессе оценки красоты позиции, которую каждый игрок определяет в соответствии со своим опытом и возможностями, — пишет Каценелинбойген. — Тот факт, что развитие позиции в будущем неясно, и делает ее оценку столь зависимой от субъективной оценки игрока, который разрабатывает стратегию и тактику для ее развития» [Каценелинбойген 2014: URL]. В художественном произведении «неясное будущее» связано с открытой концовкой — излюбленным чеховским приемом. Но даже если концовка и более определенная, то все равно остается вопрос о будущем героев. Ответить на него можно только, обратившись к анализу их предрасположенности.

В этой связи на ум приходит высказывание И. Есаулова об оживающей целостности произведения [Есаулов 1995: 7]. Такое «оживание» возможно только благодаря индетерминистской природе художественной системы, в которой не все компоненты увязаны прямо и непротиворечиво, и увязки оставляют воздух и создают почву для разветвленной сети ассоциаций. Отсюда вытекает и «творческий характер произведения», которое, по определению М. Гиршмана, представляет собой «не готовый результат для потребления, а воплощенный творческий процесс, не раз навсегда данный ответ, а заданный вопрос, заключающий в себе путь для каждый раз нового и самостоятельного решения» [Гиршман 2007: URL]. Ничего подобного не произойдет в случае, когда все элементы художественной системы увязаны единым программным способом.

Из предложенного Катаевым ряда перекличек наиболее очевидными будут созвучия типа переклички длинных ножиков из рассказов Пантелея с ножиком, которым хозяйка режет дыню для Егорушки. Связь здесь практически обозначена самим Чеховым:

> — Кушай, батюшка! Больше угощать нечем... — сказала она, зевая, затем порылась в столе и достала оттуда длинный, острый ножик, очень похожий на те ножи, какими *на постоялых дворах разбойники режут купцов.* — Кушай, батюшка! (С. VII, 89; курсив мой. — *В. З.*).

Ясно, что образ ножика дается в восприятии Егорушки, наслушавшегося историй Пантелея. Но дело не в сходстве «элементов», как это представлено в интертекстуальном анализе В. Топорова, а в изоморфных процессах в двух различных мини-системах — в мире степных историй и в мире Егорушки. Нож в обеих связан с угрозой смерти — он знаменует собой нападение на купцов в одном пространстве и начинающуюся болезнь Егорушки в другом. В обоих случаях вмешивается провидение и все заканчивается благополучно (спасены герои историй — и выздоравливает Егорушка). Невзирая на чеховскую «подсказку» касательно сближенности двух ножей, смысловая увязка между ними выстраивается при помощи опосредованных деталей и ассоциативных сопоставлений. Смысл такой «подсказки» в том, что она дает идею авторского метода, позволяя по аналогии отыскивать другие изоморфные детали, чтобы, как писал Чехов, «пользуясь научным методом, уловить то *общее*, что делает их похожими друг на друга» (П. III, 54).

Все эти методологические находки обогащают анализ произведений, написанных в позиционном стиле. К таким находкам относятся также драматические рифмы Катаева: «Герои объединены им самим не видимым сходством. Не только реплики — их судьбы рифмуются» [Катаев 2008: 5]. «Особого рода соотнесенность» — это позиционная созвучность героев, относящихся к единому полю. Проанализировать подобную соотнесенность возможно только адекватным ей методом. Устанавливая созвучность элементов в текстах разных авторов, В. Н. Топоров использовал тот же позиционный принцип: «Эти элементы представляются связанными друг с другом (при том, что они изолированы и в разбираемых здесь случаях, как правило, и лишены отсылок к прецеденту и, значит, указаний на самое связь в эксплицированном виде) лишь в силу того, что они лишь в некотором отношении подобны, созвучны друг другу и в плане содержания, и в плане выражения настолько, что одно (позднее) естественно трактуется как более или менее точный слепок другого (раннего), "рифменный" отклик, отзыв, эхо, повтор. Именно это, собственно говоря, и вызывает эффект резонанса в том пространстве, которое выстраивается такими "кросс-текстовыми" связями, подкрепляемыми, конечно, и внутритекстовыми связями (самоповторы, авторифмы)» [Топоров 1993: 19].

Вопрос, который закономерно возникает в связи с рифмующимися героями и элементами текста: а думал ли так автор и не являются ли подобные переклички случайным совпадением или плодом воображения интерпретатора? Ответ на это дает теория предрасположенностей.

О случайности как она трактуется теорией предрасположенностей

Говоря о перекличках в «Степи», В. Катаев отмечает, «что совсем не случайно, а явно намеренно автор использует одни и те же слова в разных описаниях и определениях» [Катаев 2008: 5]. Конечно, мера продуманности слова и детали в произведении мастера достаточно велика по сравнению с непрофессионалом. Серьезный писатель не только изучает предмет, о котором пишет, но и многократно редактирует рукопись, меняя и выверяя написанное в соответствии с целостным замыслом. Означает ли это, что абсолютно все переклички намеренны? Разумеется, нет. Как упоминалось выше, даже шахматную партию с фиксированным количеством фигур невозможно просчитать от начала до конца. В произведении число таких «фигур» возрастает во много раз, поскольку к литературным героям добавляются еще всевозможные образы и детали, и картина получается довольно обширной. Поэтому, как во всякой разветвленной и протяженной индетерминистской системе, случайные детали неизбежны в художественном произведении.

О намеренности перекличек деталей в «Докторе Живаго» пишет и В. Тюпа, разграничивая, однако, «хитроумное сооружение изобретательного конструктора» и «композиционное устройство подлинного шедевра», которое «определяется не авторским произволом, но архитектоникой эстетического целого, открывающегося автору как возможность, взыскующая реализации» [Тюпа 2011]. Опираясь на определение Бахтина, Тюпа приводит цитату, где архитектоника трактуется как «интуитивно необходимое, не случайное расположение и связь конкретных, единственных частей и моментов в завершенное целое», сосредоточенное вокруг своего «ценностного центра» [Там же]. Для нас здесь интересно то, что Бахтин, подспудно противопоставляя «интуитивно необходимое» случайному, по сути, мыслит в традиционной парадигме случайного и необходимого как двух крайностей («необходимым называют явление, однозначно детерминированное определенной областью действительности, предсказуемое на основе знания о ней и неустранимое в ее границах; случайным называют явление, привнесенное в эту область извне, не детерминированное ею и, следовательно, не предсказуемое на основе знания о ней» [Новая философская энциклопедия 2010: 53–54]).

Теория предрасположенностей вводит третью, промежуточную, фазу. Ее отличает полуупорядоченность структуры, в которой начала и концы не полностью увязаны, как в программе, и вместе с тем не разорваны, как в хаосе. Предрасположенность может быть более или менее развитой, и от меры ее силы и богатства будет зависеть итог взаимодействия системы с внешними силами. В соответствии с теорией предрасположенностей *каждая случайность попадает на определенную предрасположенность;* результат будет зависеть от того, какая предрасположенность была создана. В позиционной шахматной игре гроссмейстеры сильны не умением все просчитать, а умением создать позицию, которая вобрала бы в себя случайные, неожиданные повороты и предрасполагала бы систему к дальнейшему развитию. При этом «оценка позиции не позволяет связать прямо и непротиворечиво в программе имеющийся материал для получения возможного выигрыша» [Каценелинбойген 2014: URL].

В момент работы над произведением интуиция помогает художнику оценить лучше складывающуюся позицию, ощутить, что чужеродно, а что органично в поле его поиска. Здесь неизбежен ряд «ненамеренных» деталей, на которые художник может не обратить специального внимания. Но тот факт, что они не выбиваются из общего контекста, объясняет, почему он «пропускает» их в выстраиваемую систему, как пропускают в дом своих. Став частью текста, они вступают во взаимодействие с созданной предрасположенностью, гармонично достраивая позицию, добавляя к ней новые оттенки и нюансы. Задача интерпретатора — вскрыть эти нюансы.

Многоракурсный подход

Джамшид Гараджедахи выделил пять основных ракурсов, необходимых при изучении любой системы. К ним относятся структурный, функциональный, процессуальный, операторный и генетический [Gharajedaghi 1985]. Здесь важно подчеркнуть, что все ракурсы в системном подходе существуют *независимо*. Они не выводятся из какого-либо одного, доминирующего ракурса, как это было, например, у структуралистов, ставивших остальные ракурсы в зависимость от структуры, или функционалистов, отталкивающихся от функции. В многоракурсном подходе ракурсы суверенны, поэтому информация, которую они несут, может быть противоречивой. Смысл не в том, чтобы получить идеально согласованную картину, а в том, чтобы представить систему во всей ее противоречивой многогранной полноте. Создание противоречивых ситуаций и героев свидетельствует о многоракурсности писательского метода и требует адекватной методологии. В письме к Плещееву по поводу своего рассказа «Именины» Чехов признается: «...я уравновешиваю не консерватизм и либерализм, которые не представляют для меня главной сути, а ложь героев с их правдой. Петр Дмитрич лжет и буффонит в суде, он тяжел и безнадежен, но я не хочу скрыть, что по природе своей он милый и мягкий человек. Ольга Михайловна лжет на каждом шагу, но не нужно скрывать, что эта ложь причиняет ей боль» (П. III, 19).

Результат, полученный при многоракурсном подходе, может существенно отличаться от одноракурсного, на что указывает и Б. Г. Юдин, приводя в пример работу академика Б. А. Рыбакова по установлению авторства в «Слове о полку Игореве». Юдин обращает внимание на совмещение разных ракурсов в работе Рыбакова, который, судя по тому, что пишет Юдин, является интуитивным холистом, использующим технику анализа, соответствующую многоракурсному подходу. «Этот новый подход, если его изложить кратко, состоял в совмещении нескольких различных способов анализа. Исследование текста "Слова о полку Игореве" проводилось на фоне изучения, во-первых, социально-политической конъюнктуры Киевской Руси той эпохи; во-вторых, политических и иных симпатий и антипатий автора, выраженных в тексте "Слова"; в-третьих, характера и уровня его образованности; в-четвертых, стилевых и иных особенностей летописца той эпохи. Кроме того, важную вспомогательную роль сыграло составление генеалогической таблицы киевских князей. Каждый из этих способов давал свою особую систему связей, которая сама по себе, однако, не позволяла получить достоверного вывода. Подход же Б. А. Рыбакова дал возможность наложить друг на друга несколько различных систем связей» [Юдин 1978: 245].

Противоречивую полноту образа смерти (от «убыточного» до просветляющего) раскрывает в своем анализе «Скрипки Ротшильда» А. Кубасов, обращаясь к разным ракурсам, высвечивающим независимо друг от друга несогласованные, казалось бы, стороны этого образа. Это дает живое дыхание его интерпретации, ибо жизнь, как всячески подчеркивал Чехов, состоит из разнородных компонентов, уживающихся в целом.

Помимо всего, многоракурсный подход дает более

содержательное представление о схожести и различиях между литературными персонажами и архетипами, к которым они тяготеют. М. Ч. Ларионова, анализируя целостную парадигму рассказа «В Рождественскую ночь», определяет наличие в ней таких свойств, как чудо, духовное преображение, примирение и всеобщая любовь (структурный аспект). Поясняя роль и функцию героев с точки зрения рождественской метапарадигмы, она показывает, как идет процесс и что получается в результате. Вопрос генезиса, т. е. корней символики, решается обращением к обряду ряжения, который у Чехова поднимается на уровень социального и психологического явления. Сопоставляя дурачка Петрушу с его библейским тезкой Петром, Ларионова обращается к нескольким системным ракурсам, включая процессуальный (процесс показан как переход от рыболовства к превращению в «ловцов человеков»), структурный (оба находятся на границе между мирами) и операторный. В последнем отчетливо проступает разница между героями: один «оператор» несет спасение, а другой — нет. Все эти ракурсы, хоть и не названы эксплицитно, отражены в методике анализа, что делает картину более полной и неоднозначной [Ларионова 2010].

Система или агрегат?

В предисловии к своей монографии «Русский символистский роман» С. П. Ильёв писал об отличии конструкции от системы: «Всякое художественное произведение есть композиция, то есть построение как единство конструкции и системы, составляющих структуру. Конструкция дает статическое изображение, а система — динамическое изображение структуры. Конструкция предполагает композитора. В роли композитора выступает автор, а в роли перводвигателя системы — образ автора или повествователь, который задает ей определенный режим работы» [Ильёв 1991: 3–4].

Берталанфи и его последователи различают два типа подхода к группе объектов: как к агрегату и как к системе. «Одной из характерных особенностей современной науки является то, что она анализирует не отдельные элементы и связи элементов предмета, а сложные образования, системы взаимосвязанных элементов, — пишут В. А. Лекторский и В. Н. Садовский в связи с теорией Берталанфи. — В настоящее время нельзя найти ни одной науки, которая бы не ставила задачи исследования системных предметов, то есть предметов, представляющих собой системы (и рассматриваемых как таковые)» [Лекторский, Садовский 1960: 67]. В. А. Лекторский и В. Н. Садовский отмечают, что «по Берталанфи, "старая биология" характеризовалась прежде всего аналитико-суммативным подходом к своему предмету (организм есть агрегат отделенных друг от друга элементов), стремлением отождествить структуру организма со структурой машины и рассмотрением организма как покоящегося и действующего только в случае внешнего воздействия, то есть рефлекторно» [Там же: 67]. Берталанфи пишет: «...система может быть определена как совокупность элементов, *взаимодействующих* друг с другом и средой» [Bertalanffy 1976: 55; перевод мой. — В. З.]. Агрегат характеризуется отсутствием подобного взаимодействия. В приложении к литературе в качестве наглядного примера может служить блоковская строка «Ночь. Улица. Фонарь. Аптека». Отсутствие взаимодействия между объектами дает возможность говорить об этой группе как агрегате. Но как только мы погрузим ее в бо́льшую картину всеобщего одиночества и начнем искать скрытые отношения, агрегат преобразится в систему.

Дебаты по поводу противопоставления текста художественному миру, литературному произведению и т. п. достаточно обширны и известны. Об этом писали и Лотман, и Чудаков, и Гиршман, и многие другие. В нашу задачу не входит освещать эти концепции. В данной работе достаточно будет сказать, что с системной точки зрения текст — понятие агрегатное, базирующееся не на образе, а на сочетании слов. Текст можно заучить на память и пересказать. Произведение пересказать невозможно. Его можно только описывать и интерпретировать, следуя собственному пониманию иерархии образных смыслов и взаимодействий элементов и целого. Это хорошо видно на примере декламации. Одно и то же стихотворение по-разному звучит в прочтении ученика и актера. И дело здесь не в мере выразительности. Ученик читает на память текст. Актер же, помимо текста, пытается донести тот образ, в котором, как в питательной среде, завязалась жизнь стихотворения, как он ее себе представляет.

И. Шайтанов отмечает, что «замена понятия "произведение" на понятие "текст" знаменовала, кроме прочего, отказ от идеи делания как творчества, изначально (и на всех языках) закрепленной в первом из них: opus, work… Вместе с произведением ушло представление о необходимости *пластического владения формой*» [Шайтанов 2012: 3]. Добавим, что вместе с этим ушло и понимание произведения как системы-организма, а это повлекло за собой рост методологий с лингвистическим уклоном, оперирующих теми же терминами «система», «подсистема» и пр., но в лингво-математическом смысле, более узком, направленном на систематизацию и формализацию структур и структурных элементов. «Вот краткий перечень памятных тезисов и понятий: "поэтика как общая лингвистика" (Б. Кроче), поэтика, которая была объявлена "лингвистической" (В. Шкловский), а поэзия — функцией языка (Р. Якобсон). <…> Экспансия языка захватила всю гуманитарную сферу: лингвистической стала философия, а кризис культуры был осознан к концу века как языковое событие — крушение языковых парадигм, текстуальность истории, смерть автора, утрата означающим означаемого… Языковая составляющая была семиотической доминантой прошлого столетия» [Шайтанов 2012: 2]. Лингвист явно отличается «аналитико-суммативным подходом» и рассматривает он «связи элементов предмета», как в старой биологии.

Говоря о специфике целостности художественного произведения, И. А. Есаулов подчеркивает, что она «не "живая", как это полагают приверженцы древней аналогии произведения и живого организма, а "оживающая" — при взаимодействии с реципиентом (читателем, исследователем)» [Есаулов 1995: 7]. Для читателя, занимающегося вопросами системного подхода, это определение помещено в более широкий контекст обсуждений, в котором слышится и отсылка к организмическим системам Берталанфи (возможно, ненамеренная): «Если термин "организм" <…> заменить на "организованные сущности", понимая под последними социальные группы, личность, технические устройства и т. п., то эту мысль можно рассматривать как программу теории систем» [Берталанфи 2007: 56]. По сути, Есаулов, хоть и не ссылается на Берталанфи, говорит о произведении как «организованной сущности», показывая специфику его «оживания», свойственную художественной системе, включающей в себя не только объект (произведение), но и обозревателя (интерпретатора).

В. Н. Топоров определяет «"художественное", т. е. эстетически "отмеченное" и образующее "поэтическую" функцию» как то, что «начинается с самого языка» [Топоров 1993: 16]. Безусловно, язык служит способом передачи всего, что есть в художественном и нехудожественном произведении. Специфика, по-видимому, заключается в том, что собственно художественное начинается с образа, который представляет собой не просто совокупность слов, а мини-систему, встроенную в систему художественных над- и подсистем. В литературоведении на сегодняшний день царит другой подход, поэтому и дискуссии формируются вокруг слова, а не образа.

Противопоставляя «литературоведческий негативизм» («художественное слово — не языковое слово, <…> с точки зрения В. В. Кожинова») «лингвистической экспансии» («своеобразие художественного слова и специфика словесно-художественной формы литературного произведения могут и должны раскрываться и изучаться лингвистическими и семиотическими методами в общем ряду с другими реализациями языка и знаковыми системами»), М. Гиршман предлагает «противопоставить этому положению принципиально иной тезис». Он пишет: «Речь идет о художественном слове как значимом элементе литературного произведения, который обладает семантической и структурной определенностью и в котором выражается эстетическая сущность и специфика художественного целого. Я считаю, что так понимаемое художественное слово именно качественно, субстанционально отличается от своего внехудожественного прототипа, его преображение в художественном произведении есть именно переход в новую сферу бытия, в новое качество, в котором оно не существует до произведения и за его пределами, и эта эстетическая специфика художественного слова не раскрывается полностью лингвистическими и семиотическими методами» [Гиршман 2007: URL].

Как проверить это положение? И главное, как на

этом основании устанавливать меру художественного в художественном произведении? Методом перебора слов и позиций, в которых они выступают в произведении? Но это нереально. Или все безотносительно произведения, именующие себя художественными, в равной степени художественны? Мы понимаем, что это не так и что собственно художественное вырастает из образа, а не особого «обжига» словесного кирпичика, существующего в некой «новой сфере бытия». Мера художественности определяется уровнем образного мышления автора. Этот уровень устанавливается по ходу чтения произведения, где образность может быть либо бедной, либо средней, либо выше среднего, либо очень или исключительно высокой.

Для сравнения можно взять отрывок из художественного произведения и текст, который использует тот же арсенал слов, речевых конструкций и даже художественных средств (сравнений, эпитетов, аллегорий и т. п.), но не является при этом художественным. Средневековые трактаты философского, научного и даже медицинского содержания, использующие художественные средства, могут служить прекрасным доказательством тому. Вот, к примеру, стихотворные высказывания Авиценны о медицине из книги «Поэма о медицине» [Авиценна 1981: 40, 62]:

О назначении медицины

> Здоровье сохранять — задача медицины,
> Болезней суть понять и устранить причины.

Об общих симптомах

> Симптомы общие определить есть средство.
> Одно — исследовать мозг, печень, сердце.
> Из благородных органов они
> Важнейшие — и важность их цени.

Как видим, налицо ритм, метр, рифма, эпитеты, мысль. Отсутствует лишь то, что сделало бы этот текст художественным произведением, т. е. образ. Заметка синоптика о том, что завтра ожидается мороз, и солнце, и день чудесный, при всей словесной идентичности не дает эффекта пушкинского «Зимнего утра». И то же с сообщением о белеющем одиноком паруснике. И дело не в ритмическом рисунке или приеме, который придает поэтичность высказыванию. Поэтичность не создает поэзии, а иногда даже разрушает ее. Образ зимнего утра у Пушкина больше, чем поэтичное описание зимнего утра, и образ парусника больше, чем поэтичное описание белеющего парусника. Речь идет об интеграции в образ, о системной образной иерархии с развертыванием и перекличкой различных образных блоков, взаимодействующих по принципу подсистем в надсистеме. Марвин Минский в книге по мыслительному процессу показывает, что выстроить представление о доме по описанию каждого отдельного кирпичика невозможно [Minsky 1988]. Сложные системы описываются по блокам, а не кирпичикам. Слово — это кирпичик в сложной художественной системе, а образ — блок.

Образ — понятие интегральное, наиболее точно описываемое в терминах холизма, предложенных Аристотелем, то есть как целое, которое больше суммы его частей. Он описывается системно, а не аналитически, т. е. при обращении к бо́льшей системе. С этой точки зрения художественная литература и художественная словесность — два разных жанра. И хотя к литературе многие подходят как к художественной словесности, где слово выступает «как материал художественного произведения» [Тамарченко 2006: 132], различие кроется в формулировке. Художественная словесность работает не с образом, а со словом; ее цель — искусное изложение материала с возможным включением художественных средств как вспомогательных для получения большего эффекта. Слово в ней работает на то, чтобы наилучшим образом донести ключевые идеи, понятия, представления и т. п. К художественной словесности относится беллетристика, публицистика, занимательное чтение и все те жанры, в основе которых лежит не образ, а словесное изложение, где образ играет вспомогательную роль.

Художественная литература растет из художественного образа как цельного базисного образования. Различие между системой и агрегатом не очень отчетливо понималось даже некоторыми ведущими литературоведами. Перечитаем с этой точки зрения определение полифонии у Бахтина:

Множественность самостоятельных и неслиянных голосов и сознаний, подлинная полифония полноценных голосов действительно является основною особенностью романов Достоевского. Не множество характеров и судеб в едином объективном мире в свете единого авторского сознания развертывается в его произведениях, но именно множественность равноправных сознаний с их мирами сочетается здесь, сохраняя свою неслиянность, в единство некоторого события [Бахтин 1972: 7].

Как видим, голоса рассматриваются здесь не с позиций взаимодействия, а с позиций множественности, т. е. как агрегат, а не система («неслиянность» голосов — это отсутствие взаимодействия). Это не вяжется с термином «полифония», который означает именно взаимодействие. Чтобы называться полифонией, голоса должны быть, прежде всего, скоординированы. Полифония предполагает развитие слаженных голосов в соответствии с правилами гармонии и контрапункта. Поэтому «множественность самостоятельных и неслиянных голосов» не является ни достаточным, ни вообще признаком полифонии. Мир *отделенных* друг от друга голосов в романах Достоевского скорее сродни оркестру, настраивающему инструменты в оркестровой яме перед началом концерта. Это типичная какофония, разброд умствований, в котором гармония и контрапункт начисто отсутствуют. Наиболее точно какофоническое звучание этого мира у Достоевского описано Свидригайловым: «Да вот еще: я убежден, что в Петербурге много народу, ходят, говорят сами с собой. Это город полусумасшедших» [Достоевский 1989: 357]. Обособленность героев свойственна всем романам Достоевского, который, как показала Татьяна Касаткина, последовательно развивал свою концепцию идиотического (в смысле «обособленного») мира [Касаткина 2001], не предрасполагающего к полифонии (подробнее я писала об этом в статье «Морфология преступления в "Преступлении и наказании" Достоевского» [Зубарева 2013]).

Итак, на одну и ту же группу объектов можно посмотреть

как на систему или агрегат. Это всего лишь способ представления. Подобное различение важно для нас, в особенности в связи с чеховскими героями. В пьесах Чехов совершил переход от одного главного героя к группе героев, тем самым поставив вопрос о том, как измерять потенциал группы. В зависимости от способа представления будет меняться результат. Группа в каждой пьесе состоит из героев интеллигентных, неглупых, любящих пофилософствовать. Это врачи, писатели, военные и актеры. По идее, они представляют довольно сильный агрегат. Переоценка происходит при введении параметров отношений, связанных с взаимодействием объектов этого агрегата. Система в каждом случае получается слабой, деструктивной, неспособной к развитию и нежизнедеятельной. Герои эгоистичны, каждый преследует собственные цели, не заботясь о другом, не демонстрируя никакой взаимопомощи и включенности в судьбу ближнего. Чехов, по сути, показывает, как общество с хорошими задатками может разрушить себя на уровне взаимодействия его членов. Они все могут быть гениями, но вместе они расшатывают сук, на котором сидят.

Чехов и Берталанфи: научный метод мышления

Ну а как же сам Чехов относился к подобным идеям? Ведь они только витали в воздухе в его бытность! Переписка с А. С. Сувориным наилучшим образом показывает чеховское отношение к этому.

3 ноября 1888 г., собираясь на «форменный бал» по поводу открытия Общества искусств и литературы, А. П. Чехов пишет А. С. Суворину:

> Для тех, кого томит научный метод, кому Бог дал редкий талант научно мыслить, по моему мнению, есть единственный выход — философия творчества. Можно собрать в кучу все лучшее, созданное художниками во все века, и, пользуясь научным методом, уловить то общее, что делает их похожими друг на друга и что обусловливает их ценность. Это общее и будет законом. У произведений, которые зовутся бессмертными, общего очень много; если из каждого из них выкинуть это *общее*, то произведение утеряет свою цену и прелесть. Значит, это *общее* необходимо и составляет

conditio sine qua non всякого произведения, претендующего на бессмертие (П. III, 54; курсив мой. — В. З.).

Итак, облачаясь «во фрачную пару», Чехов мимоходом формулирует то, что почти сто лет спустя изложит подробно и основательно Людвиг фон *Берталанфи, биолог по образованию,* в своей «Общей теории систем» (1968). Мысль Чехова сводится к тому, что существуют какие-то общие структуры или механизмы творчества, роднящие крупнейшие произведения из разных областей искусства, и для того, чтобы эти механизмы вычленить, нужно абстрагироваться от специфики произведений и вывести то общее, что поднимает их на высоту бессмертных творений. Именно вопросами общих принципов, присущих в корне различным системам, и занималась общая теория систем. Вот как формулирует эту мысль Берталанфи:

> …существуют модели, принципы и законы, которые применимы к системам или подсистемам независимо от их специфических свойств, природы составляющих их элементов и отношений или "сил" между ними. Посему имеет смысл поставить вопрос о теории не отдельных систем, но универсальных принципов, присущих всем системам. <…> Наличие общесистемных свойств ведет к образованию общих структур или изоморфизмов в различных областях. Существует соответствие принципов, управляющих поведением объектов, в корне различных [Bertalanffy 1976: 32; перевод мой. — В. З.].

Не о том ли писал и Чехов, утверждая, что «кто владеет научным методом, тот чует душой, что у музыкальной пьесы и у дерева есть нечто общее, что то и другое создаются по одинаково правильным, простым законам. Отсюда вопрос: какие же это законы?» (П. III, 53). На вопрос о законах Чехов отвечает с определенной долей иронии по отношению к своим современникам, желающим «обнять научно необъятное»:

> Кто усвоил себе мудрость научного метода и кто поэтому умеет мыслить научно, тот переживает немало очаровательных искушений. Архимеду хотелось перевернуть землю, а нынешним горячим головам хочется обнять научно необъятное, хочется найти

физические законы творчества, уловить общий закон и формулы, по которым художник, чувствуя их инстинктивно, творит музыкальные пьесы, пейзажи, романы и проч. Формулы эти в природе, вероятно, существуют. Мы знаем, что в природе есть а, б, в, г, до, ре, ми, фа, соль, есть кривая, прямая, круг, квадрат, зеленый цвет, красный, синий.., знаем, что все это в известном сочетании дает мелодию, или стихи, или картину, подобно тому как простые химические тела в известном сочетании дают дерево, или камень, или море, но нам только известно, что сочетание есть, но порядок этого сочетания скрыт от нас (П. III, 53).

Объектом чеховской иронии является желание ученых мужей свести все к единой науке — физике и по ее подобию выводить формулы для творческого процесса. В этом — главное несогласие Чехова с современниками. С этим же не согласен и Берталанфи. Приводя доводы в пользу необходимости появления общей теории систем, он отмечает, что господствовавший в XIX — начале XX века номотетический метод практически отождествил науку с теоретической физикой, пренебрегая другими областями знания, в частности биологией, бихевиоральными и социальными науками.

Проблемы, возникающие в этих областях, игнорировались классической наукой, рассматривавшей телеологию и другие понятия и категории, характерные для этих областей, как иллюзорные или метафизические. Все это обедняло понимание принципов, лежащих в основе более широкого поля наук, по-разному решающих свои задачи. Кроме всего — и это важно для нашего понимания в дальнейшем — классическая наука «занималась главным образом проблемами с двумя переменными (линейными причинными рядами, одной причиной и одним следствием) или в лучшем случае проблемами с несколькими переменными» [Берталанфи 1969: 25]. Для решения проблем со многими переменными (искусство и литература относятся к числу таких областей) требовалось выработать новые понятийные средства. На это и была направлена ОТС.

Как же системное мышление сказалось на творческом методе Чехова?

Начальную стадию работы с художественным произведением Чехов связывал не с отдельными образами или мыслями, а именно с определением границ целого. Формирование целого начинается с «вопроса». По Чехову, писатель должен задаться «вопросом» *до того*, как он приступит к разработке отдельных образов. «Художник наблюдает, выбирает, догадывается, компонует — уж одни эти действия *предполагают в своем начале вопрос;* если с самого начала не задал себе вопроса, то не о чем догадываться и нечего выбирать» (П. III, 45; курсив мой. — В. З.). Итак, по Чехову, вопрос предполагается «в начале»; он очерчивает целое, из которого проклюнется вся образная система, сюжет и пр. Целое — «вопрос» — отвечает за смысл всех составляющих художественного произведения. Они — все детали, герои, образы — обязательно и непременно связаны, и влияние их друг на друга обусловлено изначально, самим фактом сотворения системы, исключающим по определению наличие изолированных элементов.

С системных позиций целостности Чехов подходит и к другим областям, включая религию, бизнес и медицину. В письме к Суворину он интерпретирует успех людей в этих областях с точки зрения наличия у них целостного видения. Поясняет свою точку зрения Чехов с помощью системного, а не аналитического подхода. Так, на примере Христа он показывает, что в основе его мудрости лежит метод погружения частного случая в более общую систему отношений: «Если бы Иисус Христос был радикальнее и сказал: "Люби врага, как самого себя", то он сказал бы не то, что хотел. Ближний — понятие *общее*, а враг — *частность*. Беда ведь не в том, что мы ненавидим врагов, которых у нас мало, а в том, что недостаточно любим ближних, которых у нас много, хоть пруд пруди» (П. III, 36; курсив мой. — В. З.). Далее он переходит к анализу успеха Суворина по сравнению с его конкурентами в тех же терминах: «Вы усвоили себе *общее понятие*, и потому газетное дело удалось Вам; те же люди, которые сумели осмыслить *только частности*, потерпели крах...» (П. III, 37; курсив мой. — В. З.). Затем Чехов переносится в область медицины, ставя знак равенства между медицинским и целостным мышлением, и показывает, почему такие врачи, как Боткин и Пирогов, достигли успеха: «В медицине то же самое. Кто не умеет мыслить по-медицински, а судит *по частностям*, тот отрицает медицину; Боткин же, Захарьин, Вирхов и Пирогов, несомненно, умные и даровитые люди, веруют в медицину, как в Бога, потому что выросли до понятия "медицина"» (П. III, 37; курсив мой. — В. З.).

Выстроив всю эту цепь логических доказательств, он переходит к литературе, связывая тенденциозность с отсутствием целостного видения: «То же самое и в беллетристике. Термин "тенденциозность" имеет в своем основании именно неуменье людей возвышаться *над частностями*» (П. III, 37; курсив мой. — В. З.). Как видим, все письмо выстроено как доказательство преимуществ целостного видения над мышлением «частностями». Эта логическая цепь завершается выводом о том, что художник творит, исходя из заранее обдуманного цельного представления:

> Чтобы быть покороче, закончу психиатрией: если отрицать в творчестве *вопрос и намерение*, то нужно признать, что художник творит непреднамеренно, без умысла, под влиянием аффекта; поэтому, если бы какой-нибудь автор похвастал мне, что он написал повесть без заранее обдуманного намерения, а только по вдохновению, то я назвал бы его сумасшедшим (П. III, 45–46; курсив мой. — В. З.).

По частностям к целому не придешь — нужно иметь общее представление, а в нем уже рассматривать частности. Таков лейтмотив чеховских утверждений. Критикуя то, что Берталанфи впоследствии определит как механистический подход, заключающийся «в сведении живых организмов к частям и частичным процессам», когда «организм рассматривался как агрегат клеток, клетки — как агрегат коллоидов и органических молекул, поведение — как сумма безусловных и условных рефлексов и т. д.» [Берталанфи 1969: 27], Чехов пишет:

> Научно мыслить везде хорошо, но беда в том, что научное мышление о творчестве в конце концов волей-неволей будет сведено на погоню за "клеточками", или "центрами", заведующими творческой способностью, а потом какой-нибудь тупой немец откроет эти клеточки где-нибудь в височной доле мозга, другой не согласится с ним, третий немец согласится, а русский пробежит статью о клеточках и закатит реферат в "Северном вестнике", "Вестник Европы" начнет разбирать этот реферат, и в русском воздухе года три будет висеть вздорное поветрие, которое даст тупицам заработок и популярность, а в умных людях поселит одно

только раздражение (П. I, 53–54).

Чехов видит слабость в аналитическом способе описания целого, ведущего к отрывочному, механистическому видению. Системного мышления он требовал и от своего интерпретатора, будь то читатель, зритель, актер, режиссер или литературовед. Его читатель должен уловить более общее и в нем рассматривать частности, поэтому Чехов писал свои произведения «в полной надежде, что читатель и зритель будут внимательны и что для них не понадобится вывеска: "Це не гарбуз, а слива"» (П. III, 115).

Примечания

1. А. А. Кораблев пишет о школе целостников: «Фирменным знаком донецкой филологической школы стало понятие «целостность». Им определялись и работа теоретического семинара, и научные конференции, и выходившие в Донецке литературоведческие сборники, и проблематика диссертаций. Нельзя сказать, что это понятие было открытием или монополией дончан — в Кемерово, например, выходили сборники, аналогичные донецким, целостность была не последней категорией в концепциях холистов и герменевтов, «новых критиков» и даже структуралистов, не говоря уже о русских софиологах, немецких романтиках или древнегреческих платониках, неоплатониках и гностиках. Но нигде и, пожалуй, никогда слово «целостность» не повторялось с таким постоянством, с таким заклинательным шаманством, как это происходило в Донецке. Кто знает, может, только это и требуется, чтобы возникала школа: сосредоточение на одной идее, непрестанное исследовательское погружение вглубь избранного предмета и неустанная теоретическая медитация, вызванная стремлением понять многое в одном конкретном явлении. Несколько положений о природе целостности, многократно, во многих работах варьируемые, со временем стали как бы аксиомами, определяющими своеобразие теории целостности М. М. Гиршмана и его коллег. Первое: онтологичность; целостность — это «полнота бытия», которая представляет «первоначальное единство всех бытийных содержаний» [13, с. 7]. Второе: динамичность; «полнота бытия» осуществляется как «саморазвивающееся обособление» бытийных содержаний и проявляется в каждой частице и в каждом моменте этого саморазвития. Третье: асистемность; принципиальное различие

«целостности» и «целого» [13, с. 8]. Четвертое: художественная целостность, воспроизводимая в литературном произведении, рассматривается как творческий аналог мировой целостности [13, с. 8]» [Кораблев: URL].

2. В статье «"Доктор Живаго": композиция и архитектоника» В. И. Тюпа дает филигранный анализ деталей и элементов, на которых зиждется внутреннее и внешнее здание романа Бориса Пастернака. И хотя начинает он свое исследование не с описания целого, а с обсуждения композиционных моментов (числа 14 «в устроении художественного целого», он приводит нас к целостной парадигме с образом Христа как фокальной точки. Описывая целое в терминах развилья, вечной жизни и всего, что соприкасается с этим кругом метафор, он дает представление о сакраментальной надсистеме, выстроенной из отмеченных им деталей. «В ненаписанной поэме Живаго "Смятение" к Христу как живому олицетворению вечности тянутся в равной степени, но по-разному, силы статики и динамики: и ад, и распад, и разложение, и смерть», — пишет В. Тюпа, виртуозно развивая связь компонентов романа с целым [Тюпа 2011].

3. В. И. Тюпа определяет фокализацию как «особый уровень коммуникации между автором и читателем, где в роли знаков выступают не сами слова, а их денотаты — "допредикативные очевидности" (Гуссерль) рецептивного сознания, имплицитно моделируемого текстом» [Тюпа 2001: 63].

ПОЗИЦИОННЫЙ СТИЛЬ В ШАХМАТАХ И ЛИТЕРАТУРЕ: НОВАТОРСТВО ЧЕХОВА

Помня чеховское высказывание касательно универсальных принципов, лежащих в основе творческого процесса, попытаемся разобраться, какие принципы формируют его собственный стиль. С этой целью обратимся к методологии, разработанной Берталанфи. Имеется в виду поиск изоморфных процессов и структур в различных системах. Для чего это нужно?

Представим себе, что у нас есть две системы, одна из которых изучена хорошо, а другая слабо. Наличие изоморфизмов позволит пояснить в менее изученной системе то, что уже было понято в более изученной. Следующий шаг должен быть направлен на выявление особенностей каждой системы. Это обогатит наше представление о разновидностях одного и того же процесса и даст возможность усовершенствовать в одной области то, что уже усовершенствованно в другой, изоморфной ей. Следствия могут быть весьма разнообразными.

Чеховский стиль является тем не объясненным в строгих терминах феноменом, который был четко и точно объяснен в другой системе, а именно — в шахматной игре. Имеется в виду не только чеховское определение его, мягко говоря, несмешных пьес как комедий, но прежде всего его «скучный», «затянутый» стиль, который не снискал ему массового читателя и зачастую подвергался критике. Знаменательно, что этот «не в меру оригинальный» (П. II, 173) стиль развивается в то же самое время, что и аналогичный стиль в шахматах, то есть в 70-е годы XIX века.

Говоря о чеховских тенденциях в современной литературе, И. Б. Роднянская называет эту «трудную литературу» «литературой в квадрате» [Роднянская II, 173]. То же можно сказать и о позиционном стиле в шахматах: это «стиль в квадрате», требующий адекватного подхода со стороны аналитиков.

Как шахматы соотносятся с областью искусства

О пограничном положении шахмат по отношению к области искусства и науки писал основатель теории предрасположенностей профессор Пенсильванского университета Арон Каценелинбойген (1927–2005) [Прим. 1].

Шахматы по своей формулировке проблемы относятся к области искусства, а не науки, если критерием искусства считать создание моделей, которые не должны отражать реальности. Такого рода модели отличает от научных моделей то, что они не требуют экспериментальной проверки своей адекватности некоему реальному объекту.

Если же наукой считать область человеческой деятельности, которая вырабатывает объективные знания, т. е. знания, которым можно обучить других лиц, с тем чтобы они сумели воплотить их на практике с одинаковыми результатами, то шахматы можно считать областью науки, поскольку они частично позволяют вырабатывать такого рода знания. Вместе с тем, шахматам присуще широкое использование эстетического метода, являющегося доминирующим в создании и восприятии произведений искусства. Таким образом, шахматы занимают интересное положение в общей системе знаний, так как они могут относиться и к искусству, и к науке [Каценелинбойген 2014: URL].

«Интересное положение в общей системе знаний» занимает и литературоведение. Вряд ли его можно назвать наукой в строгом смысле слова, поскольку хоть оно и вырабатывает объективные понятия, все же не тяготеет к созданию моделей, отражающих реальность и требующих экспериментальной проверки. То же относится и к художественной литературе, частично связанной с реальностью, но не требующей верификации. Промежуточное положение шахмат по отношению к другим областям и тяготение некоторых видов искусства и науки к подобной половинчатости облегчает выявление изоморфных методов и стилей в этих системах.

Разработки «концептуальной модели» позиционного стиля, сделанные выдающимися теоретиками шахматной игры, приложимы к области литературы и искусства. Уяснив их, можно более концептуально подойти к вопросам описательности, статичности повествования, наличия «излишних» деталей, эпизодов и героев в чеховских произведениях.

Что же это за стиль, в чем его новизна и смысл и как он связан с чеховским стилем?

Позиционный стиль в шахматах

Почти до конца XIX века в шахматах господствовал комбинационный стиль, «привлекавший живой динамикой, хитроумными интригами и бурными конфликтами» [Ласкер 1980: 213]. Вот что пишет о зачатках позиционной игры и ее отличии от комбинационной Эммануэль Ласкер (1868–1941) — доктор математических наук, теоретик шахматной игры, второй в истории шахмат чемпион мира, автор книг по шахматам и редактор журнала «Lasker's Chess Magazine»:

С возрождением наук и искусств в Италии началась новая история создания плана в шахматной игре. Мастера того времени нашли здоровый и плодотворный план, сводившийся к тому, чтобы, пренебрегая пешками, достичь быстрого развития фигур для скорейшего нападения на неприятельского короля. В противовес этому был создан контрплан, сущность которого заключалась в том, чтобы развивать фигуры, выводя их на прочные позиции, принимать жертвы и затем выигрывать благодаря материальному превосходству. Мастера первого типа находили и осуществляли блестящие комбинации. Сначала они ограничивали свободу движений неприятельского короля, а затем путем пожертвований старались выиграть время и пространство для прямой атаки. Мастера второго типа изобрели систематический размен как средство ослабить и в конце концов отразить атаку. Мастера первого типа были изобретателями гамбитов, а мастера второго типа открыли qiuoco piano, фианкетто и сицилианскую защиту [Там же: 203].

К мастерам второго типа относились позиционно мыслящие игроки, которые делали акцент на упрочении позиции, а не расчете комбинации. Этот стиль не был популярным и не нашел своего развития вплоть до конца XIX века. Популярным был комбинационный стиль, который на протяжении всего длительного периода существования шахмат владел умами зрителей и критики, как остросюжетный приключенческий роман владеет воображением массового читателя. И вот в это самое время, в разгар комбинационных баталий, на сцену выходит тусклый, медленно развивающийся стиль игры, который поначалу воспринимается знатоками как недоразумение. Его высмеивают, пренебрежительно относятся к играющему этим стилем Полу Морфи [Прим. 2], но вскоре прекращают насмешки, встав перед фактом ничем необъяснимых побед Морфи, в девятилетнем возрасте уже блиставшего на шахматных турнирах.

«Но вот в Соединенных Штатах вспыхнула великая гражданская война, — пишет Ласкер, — и Морфи заболел душевным расстройством. Когда Морфи отошел от шахмат, музу охватила глубокая скорбь, и она погрузилась в мрачное раздумье. Ко многим мастерам, которые являлись к ней просить ее улыбки, она прислушивалась рассеянно — подобно тому, как выслушивает мать, похоронившая своего любимца, болтовню других детей. В партиях того времени трудно обнаружить план. Великие образцы прошлого известны, им следуют, им пытаются подражать, но... неудачно. Мастера также погружаются в раздумье. И вот, когда один из них размышлял о Морфи, благодарная муза вдохновила его, и появилось великое творение мысли — В. Стейниц провозгласил принципы шахматной стратегии» [Ласкер 1980: 206].

В 1873 году Стейниц знакомит мир с теорией позиционной игры и внедряет ее в практику под скептические комментарии поклонников комбинаций. Начиная с 1872 года Стейниц сотрудничает с английским журналом «The Field» в Лондоне, где на протяжении десяти лет излагает позиционную стратегию и поясняет ее особенности, подкрепляя примерами блестящие теоретические выкладки. Затем он основывает свой собственный международный журнал в Нью-Йорке и впоследствии пишет учебник «The Modern Chess Instructor» (1889).

Невзирая на занимательность и зрелищность, комбинационный стиль отступил перед подлинным высоким искусством игры. Первый матч на первенство мира стал одним из самых драматичных событий конца XIX века. С напряжением следили знатоки и любители шахмат за сражением между гением комбинационной игры Иоганном Германом Цукертортом и весьма посредственным комбинационным игроком Стейницем. Исход не вызывал ни у кого сомнений: блистательный Цукерторт был Дюма-отцом шахматных комбинаций. Игра Стейница против Цукерторта выглядела как «Скучная история» против «Трех мушкетеров». Переворот в сознании наблюдавших за матчем совершался постепенно, пока они следили за «странными» и «скучными» ходами Стейница, не предвещавшими никаких комбинационных фейерверков. «Цукерторт верил в комбинацию, одарен был творческой изобретательностью в этой области. Однако в большей части партий матча он не мог использовать свою силу, так как Стейниц, казалось, обладал даром предвидеть комбинацию задолго до ее появления и при желании препятствовать ее осуществлению» [Ласкер 1980: 211].

Турнир завершился неожиданным образом. Цукерторт проиграл — и притом с большим разрывом! — шахматисту, который не мог разработать ни одной оригинальной комбинации. На этом шахматная карьера Цукерторта, в сущности, закончилась. Стейниц показал, что с точки зрения позиционной игры, изощренные комбинации Цукерторта, которыми восхищался весь мир, были тривиальностью. Точно так же тривиальной считается остросюжетная литература и вообще любая занимательная жанровая литература, какие бы головокружительные интриги и приключения ни лежали в ее основе и как бы блестяще ее автор ни владел пером и художественным приемом.

«Великий комбинатор» Цукерторт закончил свои дни в клинике для душевнобольных, так и не сумев разгадать загадку Стейница, понять, как тому удалось «предугадать» его комбинации и отразить их. Пожалуй, подобный же шок пережил бы и соперник Чехова Игнатий Потапенко, один из плодовитейших писателей конца XIX века, чья популярность в 1890-х годах превышала популярность Толстого, когда б ему привелось узнать о своем посмертном забвении и непреходящем успехе Чехова. «Ирония судьбы, — пишет В. Б. Катаев, — Потапенко честно стремился следовать лучшим литературным традициям и образцам — "из существующих в обществе элементов и пробудившихся стремлений <…> создать идеальный тип как руководящее начало для людей, ищущих образцов". <…> Но… история предпочла ему Чехова — писателя, избравшего совершенно иную литературную позицию» [Катаев 2004: 217].

Основные принципы позиционной стратегии в шахматах

Прежде всего, это неспешно развивающееся действие, пошаговое укрепление позиции за счет мелких преимуществ, накопление этих преимуществ и выращивание из них комбинации. В отличие от дерзких тактических решений комбинационного толка, позиционная игра полностью базировалась на стратегии или, как называл это Ласкер, «плане», который он противопоставлял комбинационной «идее». Ласкер пишет:

> Мысль, лежащая в основе комбинации, называется идеей; мысль, руководящая позиционной игрой, называется планом. Идея содержит в себе pointe (вершину). Идея мгновенна. Она резко изменяет положение. План обладает импонирующими нам широтой и глубиной замысла, постепенное осуществление которого дает позиции определенную структуру. К анализу какого-либо положения можно подходить или с целью найти содержащиеся в нем возможности комбинации, или с целью создать тот или иной план, и род анализа определяется направлением нашего мышления [Ласкер 1980: 191].

Пока комбинационный игрок занят нападением и двигается наскоками, позиционный медленно разворачивается в пространстве, фокусируясь на укреплении и развитии позиции.

В литературе комбинационная идея соответствует заранее рассчитанным сюжетным поворотам, свойственным триллерам, приключенческим романам и произведениям, создающимся на сюжетной основе. Невзирая на свою изощренность, такое произведение несравненно проще того, что создается по другому принципу. Ярким примером комбинационного стиля являются произведения Конан Дойля или Агаты Кристи (ср. с произведениями Гоголя, для которого сюжет играл вспомогательную роль, или позднего Чехова).

В чем была революционность позиционного стиля

Дело в том, что комбинационный стиль не мог решить стратегических задач, связанных с вопросами обороны: он не давал ответа на то, как парализовать противника, не зная его планов, как успешно избегать последствий неожиданных ловушек, и т. п. «Несмотря на тот факт, что шахматы — конечная игра (т. е. потенциально детерминистская), — пишет Каценелинбойген, — мы не можем перебрать все возможные комбинации или найти алгоритм, позволяющий выработать такие оптимальные локальные решения, которые одновременно были бы и глобальными» [Каценелинбойген 2014: URL]. Просчитать ходы от начала до конца и таким образом «запрограммировать» победу и по сей день является нереальной задачей. И действительно, даже новейшие компьютеры, работающие со скоростью света, должны потратить огромное количество лет, чтобы перебрать 10^{120} комбинаций. У Дип Блю, работающего со скоростью 200 млн позиций в секунду, просчитать все возможные ходы заняло бы 10^{100} лет, тогда как возраст нашей вселенной составляет примерно 10^{10} лет. Поэтому Каценелинбойген называет шахматную игру «фактически индетерминистской, но практически детерминистской» [Там же].

То, что нельзя просчитать в такой детерминистской игре, как шахматы, тем более невозможно просчитать в протяженных индетерминистских системах, к которым относятся литература и искусство. Поиск максимина, т. е. оптимального алгоритма, который давал бы оптимальное решение для обоих игроков на каждом шаге и на каждой стадии игры, пока не привел к успеху. Как отмечает Каценелинбойген, «трудно построить систему, из которой можно было бы дедуктивно вывести все множество позиционных параметров, в конечном счете достаточных для построения "непобедимого" алгоритма шахматной игры» [Там же]. Счет вероятностей также не всегда возможен, поскольку игроками создаются все новые позиции, а попытки свести новую позицию к уже бывшей не увенчиваются успехом, поскольку критерии схожести не выработаны [Прим. 3].

Комбинационный стиль не давал ответа на вопрос о том, как действовать в рамках неопределенности, как планировать, если будущее «не дано предугадать» и невозможно просчитать. Идея постепенного создания прочной позиции, которая могла бы помочь игроку преодолеть непредвиденные ловушки и при этом еще и развивать позицию с максимальным успехом, пришла от позиционного стиля. Позиционный стиль возник как антидот от неизвестности, и его идеи были подхвачены институтом обороны.

Формирование мелких преимуществ и их аккумулирование стало основной стратегией по укреплению шахматной позиции и созданию предрасположенности к выигрышу.

Термин «предрасположенность» используется А. Каценелинбойгеном в двух смыслах. Первый — это предрасположенность (predisposition) как оценка потенциала системы, ее возможностей (предрасположенности к развитию). Для того чтобы выявить предрасположенность системы, нужно оценить ее потенциал. Как фаза развития предрасположенность находится между полной определенностью и полной неопределенностью, т. е. между полным порядком и хаосом. Это многоступенчатая фаза. Ее отличают динамика, неустойчивость и стремление к постоянному совершенствованию. Ее структура полуупорядочена: «Предрасположенность — это состояние, которое, с одной стороны, не упорядочено полностью, даже в терминах вероятности, а с другой — не является полностью беспорядочным (в отличие от хаоса…)» [Katsenelinboigen 1997a: 30; перевод мой. — В. З.]. Каценелинбойген пишет: «Я определяю эту структуру как предрасположенность, а технику ее создания — как метод создания предрасположенностей» [Katsenelinboigen 1997b: 3; перевод мой. — В. З.]. Из последнего определения следует второе значение термина «предрасположенность», обозначающего метод (predispositioning).

Предиспозишининг занимает промежуточное положение между программным и эвристическим и основывается на полуупорядоченных, полупрямых и во многом (но не полностью!) противоречивых увязках. В целом позиционный стиль в шахматах способствует тому, чтобы «а) индуцировать противника (к примеру, влиять на его выбор стратегии — агрессивной или оборонительной); б) обеспечить на каждом шаге создание позиции, которая позволит абсорбировать непредвиденный поворот событий на доске в пользу данного игрока; в) обеспечить на каждом шаге создание позиции, которая позволит устранить негативное влияние непредвиденных результатов» [Каценелинбойген 2014: URL].

Формирование предрасположенности идет пошагово, с оценкой всех параметров и с их последующей интеграцией. От того, насколько искусно будет создана позиция, зависит успех будущей комбинации. В приложении к литературе ходульность героев и надуманность конфликта связана с бедно сформированной позицией, где дань отдана преимущественно материальным параметрам (героям), выполняющим заранее расписанные функции. Это программный способ создания произведения, где характеры превращаются в марионеток, лишенных внутреннего потенциала. Чехов, сетуя на ограничения, которых он вынужден придерживаться в рассказах для «Северного вестника», пишет Суворину:

> …начало выходит у меня всегда многообещающее, точно я роман начал; середина скомканная, робкая, а конец, как в маленьком рассказе, фейерверочный. Поневоле, делая рассказ, хлопочешь прежде всего о его рамках: из массы героев и полугероев берешь только одно лицо — жену или мужа, — кладешь это лицо на фон и рисуешь только его, его и подчеркиваешь, а остальных разбрасываешь по фону, как мелкую монету, и получается нечто вроде небесного свода: одна большая луна и вокруг нее масса очень маленьких звезд. Луна же не удается, потому что ее можно понять только тогда, если понятны и другие звезды, а звезды не отделаны. И выходит у меня не литература, а нечто вроде шитья Тришкиного кафтана. Что делать? Не знаю и не знаю. Положусь на всеисцеляющее время (П. III, 47).

Иными словами, хорошо разработанное начало должно подготовить почву для формирования художественной позиции. Если автор лишен такой возможности, отношения остаются в зародышевой стадии. Сотканное из внутренних связей художественное пространство является предтечей взаимодействия героев, порождая конфликт (комбинацию) изнутри. Это процесс постепенного созревания, для которого нужно время как в литературе, так и в шахматах. В противном случае пространство превращается в декоративный фон для ходульных героев.

Говоря о шахматной позиции, Каценелинбойген пишет следующее:

> Можно полагать, что наивысшим достижением шахматной игры является разработка поисковых методов, связанных с созданием позиции как предтечи комбинации. Ни в одной другой области человеческой деятельности не удалось с такой полнотой

и конкретностью развить идею многообразия интегрирующих параметров, которые позволяют связать одну позицию с другой в условиях, когда нет ясного программного видения, как данная позиция повлияет на последующую игру. Эти интегрирующие параметры включают исходные и сопряженные объекты. Под исходными я понимаю материальные и позиционные параметры, а под сопряженными — их оценку. Интегрирующие параметры входят как аргументы в весовую функцию, оценивающую значимость позиции. Важнейшей особенностью этой весовой функции является то, что в нее наряду с материалом входят также позиционные параметры. При этом оба типа параметров берутся в качестве независимых переменных [Каценелинбойген 2014: URL].

А. Веселовский был одним из первых, кто интуитивно двигался в направлении метода предрасположенностей в оценке литературного процесса. Его «принцип постепенности» с пристальным вниманием ко всякой детали, ее оценке и интеграции во многом созвучен методике, разработанной для шахматной позиции. В своих трудах Веселовский противопоставлял два подхода — базирующийся на общей картине, «где многие подробности затушеваны, преобладают прямые линии», и базирующийся на «мелочных фактах» [Веселовский 2010: 58]. Первый напоминает комбинационную «идею» по Ласкеру, а второй — позиционный «план».

Веселовский обращался к частностям в рамках целого, как позиционный аналитик в шахматной игре обращается к различным параметрам, слагающим позицию. Комбинационный игрок упускает этот анализ, двигаясь в русле рассчитанной заранее комбинации. В его глазах картина будет более сглаженной по сравнению с той, которую видит позиционный игрок. Примерно о том же писал и Веселовский, говоря о значимости мельчайших деталей при изучении определенного исторического периода.

По Веселовскому, пренебрежение частностями может в корне поменять вывод об изучаемом периоде, сделав картину гладкой и идеализированной: «…идеализация часто напоминает старую монету, на которой видны одни контуры и исчезли мелкие штрихи. Нам важны именно эти мелкие черты, трепещущие жизнью» [Веселовский 1904: I]. На пристальном внимании к детали строится вывод о позиции в позиционной игре. В этом смысле можно сказать, что комбинационный игрок, не учитывающий всех нюансов позиции, видит картину «идеализированно».

Уже в своей первой лекции Веселовский противопоставил эти два подхода. Обращаясь к технике «научного обобщения», он показывает, из каких многочисленных деталей, шагов и отношений оно складывается, как важно не упустить ничего из этого многообразия, включая не только крупные явления, но и «житейскую мелочь», «которая обусловила их»: «…далее, вы придете к последнему, самому полному обобщению, которое, в сущности, и выразит ваш конечный взгляд на изучаемую область. Если вы вздумаете изобразить ее, этот взгляд сообщит ей естественную окраску и цельность организма. Это обобщение можно назвать научным» [Веселовский 2010: 12–13].

Позиционный стиль в литературе

Появление позиционного стиля в шахматах снискало признание далеко не сразу. Критики и гроссмейстеры следили с недоумением за медленно формирующимися позициями на шахматной доске, и точно так же литературная критика реагировала на «вяло развивающийся» чеховский сюжет, вытекающий из постепенно разворачивающейся картины жизни, на наличие «лишних» героев и «ненужных», «скучных» диалогов и отсутствие «типа, образа героя времени» [Веселовский 2010: 217].

Подобный стиль повествования существовал «вопреки всем правилам» и скорее считался недостатком писательского таланта, чем интересным новшеством. Добролюбов, например, советуя, как сделать литературное произведение более захватывающим, рекомендовал писателям включать «больше действия, больше жизни, драматизма» [Добролюбов 1986: 399]. Такое понимание «захватывающей» литературы шло вразрез с тем, что делал Чехов. И. Александровский пишет о «Чайке»: «Автор завязал несколько интриг перед зрителем, и зритель с понятным нетерпением ожидает развязки их, а герои Чехова, как ни в чем не бывало, ни с того ни с сего, усаживаются за лото! <...> Зритель жаждет поскорее узнать, что будет дальше, а они все играют в лото. Но, поиграв еще немножко, они так же неожиданно уходят в другую комнату пить чай...» (С. XIII, 376). Ему вторит столетие спустя Морис Валенси, критикуя наличие «ненужных» второстепенных героев и побочных сюжетных линий, которые, по его мнению, «ведут в никуда и служат ничему» [Valency 1966: 158; перевод мой. — В. З.].

Немудрено, что и Стейниц, и Чехов платили за свое новаторство непониманием в среде как профессионалов, так и непрофессионалов. Ласкер отмечал, что Стейниц опередил свое время, в котором комбинационное мышление превалировало, и это делало его чужаком. Его гений не был оценен по заслугам при жизни. «Мир не понимал, что подарил ему Стейниц; не понимали этого и шахматисты. А мысль его была поистине революционна. Она приложима, конечно, не только к шахматной игре, но и ко всякой разумной деятельности…» [Ласкер 1980: 211].

Так же как в шахматах, позиционный стиль в литературе развивался постепенно. Наличие позиционных фрагментов в произведениях Толстого [Прим. 4], Достоевского, Гоголя, Бальзака и других выдающихся писателей XIX века не вызывает сомнений. Именно это поставило их на порядок выше беллетристики и бульварного романа, в которых описания и детали привязывались к сюжету и конфликту. Детали и отступления в беллетристике и жанровой литературе в большей мере комбинационны, ибо направлены, в терминах Ласкера, на раскрытие «идеи». Увязки между деталями в подобных произведениях, как правило, последовательны, прямы и непротиворечивы. Писатели типа Агаты Кристи поначалу озадачивают читателя таинственными деталями, но как только наступает развязка, каждая деталь становится на свое место и не представляет больше загадки. Программный метод увязок лежит в основе таких построений, как аллегория и символика, имеющих конкретный, однозначный смысл. Произведения идеологического толка, научная литература, прибегающая к аналогиям в качестве иллюстраций научных выкладок, используют именно этот тип увязок. Позиционные увязки уводят от подобной однозначности, формируясь из разветвленной сети ассоциаций, как прямых, так и весьма отдаленных, что способствует возрастанию неопределенности.

В художественной литературе позиционный стиль отмечен размытым сюжетом, наличием отступлений, описаний, деталей, эпизодов и героев, не связанных прямо с сюжетом и конфликтом. Этот стиль принято называть описательным, но термин «описательность» не отражает сути, и даже наоборот — затуманивает ее, не давая операционального представления о том, какой конкретно смысл кроется за «излишними» деталями и персонажами.

С функциональной точки зрения позиционный стиль в литературе связан с формированием художественной позиции. Описания, лирические отступления, диалоги и отношения между героями направлены в таких произведениях именно на это. Начинающий писатель или писатель, не обладающий достаточным талантом, желая разнообразить движение сюжета описательными вставками, дабы добиться большей художественности, сделает их либо прямо привязанными к действию, либо чисто декоративными, пустыми отступлениями, которые ничего не прибавят к раскрытию позиции.

Сравнение шахматных стилей со стилем художественного произведения было впервые сделано известным драматургом и театральным критиком В. М. Волькенштейном (1883–1974). В своей книге по эстетике он ассоциировал комбинационный стиль в шахматах с драмой, говоря об острых коллизиях, перипетиях и неожиданных поворотах, издревле являющихся предметом восхищения и сенсаций в шахматном мире. Волькенштейн связывал понятие красоты в шахматах с комбинационным стилем.

> Шахматная красота возникает там, где есть целесообразность ходов, связанная с перипетией, т. е. неожиданным парадоксальным (на первый взгляд) преодолением в затруднительном положении. Таковы моменты пожертвования. Если же победа дается постепенным накоплением мелких преимуществ, без увлекательной комбинации, ведущих через выигрыш пешки или качества к верному выигрышу, такая игра может быть названа солидной, выдержанной, даже поучительной — даже тонкой; но красивой ее назвать нельзя [Волькенштейн 1931: 45–46].

Однако то, что казалось «некрасивым» Волькенштейну, было красивым для Ласкера, концептуально осмыслившего красоту позиционной игры, где комбинация не рассчитывается заранее, а медленно вызревает из складывающейся позиции. Разрабатывая комбинацию, комбинационный игрок отталкивается не от позиции, а от «идеи», тогда как позиционный идет от пошагового развития позиции. Но в любом случае комбинация, принимает ли это в расчет игрок или нет, влияет на позицию и не может быть рассмотрена в отрыве от нее.

В этой связи на ум приходит чеховское ружье. Можно ли считать его комбинационным приемом? На мой взгляд, нельзя. Комбинационный выстрел выстраивается программно, т. е. шаги, ведущие к нему, однозначно увязаны с ним наподобие детали в детективе. Чеховское «ружье» позиционное, и настолько, что иногда не замечаешь выстрела (вспомним хотя бы нарочито вынесенные сцены стрельбы в пьесах), а иногда — «ружья». И в этом он идет дальше своих предшественников и современников, концентрируясь исключительно на позиции, наподобие того, как это делал в шахматах Карпов, зачастую увлекаясь позицией и игнорируя комбинацию.

Позиционный стиль Чехова и школа Захарьина

Чехов был основателем позиционного стиля в литературе, но пришел он к пониманию его основ не из шахмат, а из медицины, в которой в то время наметилось два основных подхода к больному и болезни, напоминающих комбинационный и позиционный стили. Первый был представлен школой Боткина, а второй — школой Захарьина. Школу Захарьина отличал метод индивидуализации, о котором писал В. Б. Катаев в книге «Проза Чехова: проблемы интерпретации». Катаев пишет о Захарьине: «Чтобы предотвратить впадение в рутину, — учил он, — врач должен указывать на все особенности встречающихся случаев — индивидуализировать» [Катаев 1979: 91].

Термин «особенность» является для нас ключевым, поскольку метод предрасположенностей работает с особенностями, тогда как вероятностный отсекает особенное, сводя картину к прошлому опыту. Катаев выделил прием индивидуализации как определяющий для чеховской поэтики. Говоря о положении медицины в XIX веке, Катаев приводит такой любопытный факт: «Знаменитый терапевт Э. Э. Эйхвальд замечал, что врачу какой-нибудь сотней медикаментов приходилось лечить огромное число болезненных процессов, своеобразие которых еще увеличивается индивидуальными особенностями организмов» [Там же: 90]. Иными словами, и в медицине мы сталкиваемся с той же проблемой, когда ситуация, как в шахматах, «практически детерминистская», но «фактически индетерминистская». Просчитать количество комбинаций лекарственных препаратов, побочных эффектов, болезненных процессов и особенностей каждого больного хоть и возможно, но не операционально. Какое же решение проблемы предлагает Захарьин? Прежде всего, отказаться от шаблонных методов лечения «на основании готовых книжных симптомокомплексов». Захарьин отвергает «книжный» способ как малоэффективный. «Пример подобного подхода, — пишет Катаев, — Чехов описывает в последней главе "Припадка"» [Там же].

Катаев отмечает, что научные принципы, разработанные Захарьиным, «оказали мощное влияние на формирование писательского метода Чехова в целом» [Там же: 92]. И это не случайно, ибо сам Захарьин сравнивал врача с художником: «Врач должен быть независим не только как поэт, как художник, но выше этого, как деятель, которому доверяют самое дорогое — здоровье и жизнь» [Ивашкин: URL]. Чеховский принцип независимости в искусстве и жизни имеет общие корни с высказыванием Захарьина.

Чехов не только отразил принципы Захарьина в своих героях-врачах и их отношении к пациенту, но и перенес кропотливую технику захарьинского анамнеза на способ изложения, связанный с формированием позиции и предрасположенностей своих героев. Именно на выяснение предрасположенности больного и был направлен анамнез, разработанный Захарьиным. Вот что пишет об этом академик РАМН, профессор В. Т. Ивашкин:

Г. А. Захарьин начинал исследование (examen) с рассказа больного о его «главных страданиях» (например, одышки, болей, слабости и т. п.) и их давности (неделя, месяц и т. д.) и затем расспрашивал «сам по порядку», объясняя предварительно больному необходимость давать точные ответы, «в-1-х утверждать или отрицать лишь то, что ему твердо известно, твердо памятно,.. а во-2-х, отвечать лишь о том, что спрашивается». Далее шел расспрос о «…настоящем, …о важнейших условиях, в которых живет больной, и об образе жизни». Такой расспрос включал 12 пунктов: местность, жилое помещение, обмывание больного, одежда, перечисление nervina (табак, чай, кофе, вино, водка, пиво), питье, пища, семейное положение, характер и продолжительность сна, деятельность умственная и телесная, отдых, размеры ежедневного пребывания в помещении и на вольном воздухе». Далее шел расспрос о состоянии больного по «однажды принятому порядку», включавшему 21 пункт: аппетит и жажда, язык, зубы, полость рта и глотка, желудок; кишки; задний проход; опорожнение мочевого пузыря; мужские половые органы, женские половые органы, «живот вообще»; «грудь вообще», а также органы движения и кровообращения; сон; душевное состояние; головная боль; головокружения; боли в шее, спине и конечностях; парестезии и анестезии; нервно-мышечный аппарат; зрение и слух; «общие покровы» . Каждому пункту следовало подробное пояснение о способах получения достоверной информации.

Анамнез (anamnesis, воспоминание, припоминание) включал расспрос об истории «происхождения, течения и… лечения тех отклонений от нормы, наличность которых оказывается из расспроса о настоящем состоянии».

Распознавание (diagnosis) по Г. А.Захарьину не есть «чисто механическое занятие, сбор сведений по известному порядку, напротив… последнее есть весьма деятельное, пытливое душевное состояние…» [Там же].

Как видим, анамнез Захарьина был далек от механической описательности. Чеховский «анамнез» героев проистекает из той же функции захарьинского метода. Зачастую его рассказы и пьесы начинаются с разговора о «главных страданиях» героя, будь то Егорушка, Войницкий или Рагин, давности этих страданий, а за этим следует пошаговое исследование всех мельчайших подробностей, но не механическое и отстраненное (отстраненность часто приписывалась Чехову, с чем я не согласна в корне), а именно «деятельное» и «пытливое».

Чехов — не холодный наблюдатель, и объективность не синонимична равнодушию «к добру и злу» (П. IV, 54). Он вовлечен в судьбу своих героев, но вовлеченность эта проявляется не в оправдании их образа жизни, а в деятельном желании помочь им путем «анамнеза» и правильно поставленного «диагноза» («мое дело показать только, какие они есть» [П. IV, 54]). «Г. А. Захарьин, — пишет В. Т. Ивашкин, — распознавал главную болезнь (diagnosis morbi) и второстепенные расстройства (diagnosis aegri). Если "diagnosis есть заключение о настоящем, то prognosis — основывающееся на диагнозе предположение о будущем: о том, как пойдет болезнь…"» [Ивашкин: URL]. Чехов поясняет почти в тех же терминах свою писательскую задачу: «Мое дело только в том, чтобы быть талантливым, т. е. уметь отличать важные показания от не важных» (П. II, 280). В расстановке акцентов и сказывается субъективность оценки интерпретатора. Более талантливый расставит акценты так, менее — иначе. А жизнь верифицирует, кто оказался более прозорливым.

Что же касается чеховских героев, то чеховский врач также распознает «главную болезнь», связанную, как правило, с ленным образом жизни пациентов. На этом основании Дорн советует Сорину принять валериановых капель, говоря: «Надо относиться к жизни серьезно, а лечиться в шестьдесят лет, жалеть, что в молодости мало наслаждался, это, извините, легкомыслие» (С. XIII, 24). Ирония, однако, в том, что врач — не критик, у него другие задачи и обязанности. Он все-таки должен лечить, а не обличать, а иначе он выродится как врач. Задача распознавания «главной болезни» принадлежит как раз читателю на основе той предрасположенности, которую создает художник. Чехов так и пишет о своем литературном герое: «делать оценку ему будут присяжные, т. е. читатели» (П. II, 281).

Катаев показывает, что «Чехов, ставивший Захарьина в медицине наравне с Толстым в литературе (П. IV, 362), усвоил от своего учителя именно "метод", умение "мыслить по-медицински" (П. III, 37) и стремился развить его дальше. Известно, что Чехов одно время намеревался читать курс в университете, ставя себе задачей "возможно глубже вовлекать свою аудиторию в область субъективных ощущений пациента", то есть сопоставлять объективные данные о болезни с субъективным анамнезом» [Катаев 1979: 92].

В противовес С. П. Боткину Захарьин не признавал лабораторных тестов и не был приверженцем объективного исследования. Он делал упор не только на индивидуализацию каждого отдельного случая, но и на роль субъективности в его оценке. Захарьин пишет следующее о врачах клинической школы:

…набирает такой врач массу мелочных и ненужных данных (…напоминаю печальной памяти повальное «титрование») и не знает, что с ними делать; истратит свое время и внимание на сбор этих данных и, не пройдя правильной клинической школы, не замечает простых, очевидных и вместе важнейших фактов или замечает, но не умеет пользоваться ими, оставаясь таким образом надолго (пока не научится тяжелым опытом), если не навсегда, — мелочным семиотиком и жалким диагностом, а следовательно и немощным терапевтом. Такой врач полагает всю «научность» своего образа действий в приложении «тонких» и конечно последних, новейших методов исследования, не понимая, что наука, — высшее здравомыслие, — не может противоречить простому здравому смыслу, который предписывает брать из массы данных лишь нужные, — прибегать лишь к тем методам исследования, которые действительно необходимы [Ивашкин: URL].

Однако вопрос о том, что «действительно необходимо», также решается субъективно. Ни для кого не секрет, что значимость того или иного симптома воспринимается по-разному разными терапевтами, и лечение будет зависеть от того, какой вес врач придаст тому или иному симптому.

Субъективность и объективность

В своих работах по индетерминизму А. Каценелинбойген показывает, что принцип субъективности лежит в природе оценочной категории и является определяющим в анализе, построении и развитии позиции. Опираясь на шахматы как модель, верифицирующую это положение, Каценелинбойген пишет:

Субъективность является прерогативой шахматиста. Она связана с его неповторимой (пока) индивидуальностью. Объективность является общим, освоенным уже другими шахматистами и гарантирующим те же результаты вне зависимости от того, кто пытается их получить.

Субъективность начинается с момента обучения шахматной игре. Опыт ее показывает, что научиться играть в шахматы можно лишь до определенного уровня. После этого требуются уже творческие способности. Их можно развивать, но к ним должна быть предрасположенность. Роль этих способностей настолько велика, что ребенок или юноша без достаточного опыта, но имеющий эти способности, может достигать выдающихся результатов (подобные вещи можно наблюдать в математике, спорте, искусстве и т. п., но не в физике, социальных науках, истории и т. п.) [Каценелинбойген 2014: URL].

Субъективность, как показывает шахматная игра, начинается там, где требуется интерпретация игрока, раздумывающего над следующим ходом. Его решение будет базироваться на его собственных возможностях по воплощению задуманного. Тот же принцип распространяется на любую область, включая медицину и литературу. Поэтому там, где один видит образ с его многозначной метафорикой, другой может разглядеть только ряд слов в их ограниченной связи.

Аналогичная картина наблюдается и в построении шахматной позиции, где изощренность позиционных параметров зависит от изощренности игрока. «Полнота списка позиционных параметров совершенно неясна, — пишет Каценелинбойген. — Прежде всего, заметим, что язык шахматистов богат, но не строг. Поэтому представляет большие трудности формализовать даже параметры, выявленные шахматистами: подчас это не удается квалифицированным шахматным программистам. <…> Поскольку множество аспектов, с которых можно смотреть на множество объектов, по-видимому, бесконечно, то бесконечно и множество позиционных параметров. <…> К сожалению, до сих пор формирование множества позиционных параметров для алгоритмов шахматной игры осуществляется на основе опыта квалифицированных шахматистов, интуитивно ими выражаемого» [Там же]. Точно так же интуитивно строятся и позиционные увязки «квалифицированными» людьми от литературы, т. е. большими художниками и интерпретаторами.

Ну а как же это согласуется с чеховским принципом объективности?

Под объективностью Чехов понимал отказ от назидательности, желания принять ту или иную точку зрения своих героев, но не отказ от индивидуального подхода к ним. Это скорее не объективность, а беспристрастное (но не бесстрастное!) отношение. Чеховский принцип объективности базируется на отказе от прямых оценок, от тенденциозности. Именно это и помогает ему не наблюдать своих героев со стороны, вынося им «приговор», а быть каждым из них: «…чтобы изобразить конокрадов в 700 строках, я все время должен говорить и думать в их тоне и чувствовать в их духе, иначе, если я подбавлю субъективности, образы расплывутся и рассказ не будет так компактен, как надлежит быть всем коротеньким рассказам» (П. IV, 53). Иными словами, его метод объективности заключается в умении погрузиться в своего героя, стать с ним единым целым, отказавшись от провозглашения авторской позиции.

> Вы пишете, что ни разговор о пессимизме, ни повесть Кисочки нимало не подвигают и не решают вопроса о пессимизме. Мне кажется, что не беллетристы должны решать такие вопросы, как Бог, пессимизм и т. п. Дело беллетриста изобразить только, кто, как и при каких обстоятельствах говорили или думали о Боге или пессимизме. Художник должен быть не судьею своих персонажей и того, о чем говорят они, а только беспристрастным свидетелем. Я слышал беспорядочный, ничего не решающий разговор двух русских людей о пессимизме и должен передать этот разговор в том самом виде, в каком слышал, а делать оценку ему будут присяжные, т. е. читатели. Мое дело только в том, чтобы быть талантливым, т. е. уметь отличать важные показания от не важных, уметь освещать фигуры и говорить их языком (П. II, 280).

Именно такая техника включения автора в своего героя и дает наибольшую область свобод интерпретатору, не связанному авторской догмой. Чехов рассчитывал на тонкого читателя, который сумеет домыслить связи и отношения и добавить «субъективные элементы» к произведению: «Когда я пишу, я вполне рассчитываю на читателя, полагая, что недостающие в рассказе субъективные элементы он подбавит сам» (П. IV, 54).

У Чехова авторская позиция сказывается не в словах, а в способе компоновки материала и отборе («Художник наблюдает, выбирает, догадывается, компонует — уж одни эти действия предполагают в своем начале вопрос»). Здесь тоже действует принцип авторской субъективности — автор отбирает то, что важно именно ему, и компонует материал так, как он это видит. Но поскольку его точка зрения присутствует в латентной форме, то это лишает произведение внешней тенденциозности и делает его квазибеспристрастным.

Субъективность в шахматной игре проявляется так же, как и в художественном произведении. Она связана с «компоновкой» фигур на шахматной доске, т. е. с формированием и оценкой позиции.

Прежде всего, позиционный шахматный игрок может создавать лучшую позицию, находить для нее новые позиционные параметры и иметь свою шкалу, по которой он измеряет ценность позиции. Эта шкала выстраивается им на основании его личного опыта, знаний и способностей. Но дело не только в его индивидуальных способностях и опыте по созданию позиции (здесь он в таком же положении, что и комбинационный игрок). Главное — он сам не может строго выразить и четко объяснить советнику, в чем эти преимущества. Поэтому вокруг оценки позиции могут быть столь различные мнения, тогда как оценка комбинации с точки зрения конечного результата и проверки найденного пути решения может быть однозначно оценена экспертами.

<…> Во всех этих процессах господствует субъективный фактор, включая веру шахматиста в то, что, имея лучшую позицию, он сумеет ее реализовать. Поэтому позиционный шахматист в этих условиях не может точно показать своему советнику, как он реализует имеющееся позиционное преимущество; это остается уделом мастерства, изобретательности, находчивости данного игрока [Каценелинбойген 2014: URL].

Объективность предполагает «получение одинакового результата независимо от того, кто участвует в процессе, при условии, что все обучены процессу одинаково» [Там же]. На этом принципе основывалась школа Боткина в противовес школе Захарьина, показавшего, что медицина требует субъективных оценок.

Говоря о типе оценок в шахматной игре, А. Каценелинбойген различает их, прежде всего, по отношению к стилю игры. Позиционному и комбинационному стилю в шахматной игре сопутствуют различные типы оценок.

При комбинационном стиле игры шахматист должен обладать способностями, чтобы придумать комбинацию, включая, разумеется, не только конечную ее цель, но и программу по ее достижению. Поэтому после того как комбинация придумана, шахматист может достаточно строго выразить ее и предложить своему советнику для проверки до того, как он начнет ее реализовывать в матче со своим противником. И эта проверка может быть однозначна, по крайней мере в вероятностном смысле.

Совсем по-другому дело обстоит с позиционной игрой, в особенности если она неголевая или на стадии накопления мелких преимуществ. Прежде всего, позиционный шахматный игрок может создавать лучшую позицию, находить для нее новые позиционные параметры и иметь свою шкалу, по которой он измеряет ценность позиции. Эта шкала выстраивается им на основании его личного опыта, знаний и способностей. Но дело не только в его индивидуальных способностях и опыте по созданию позиции (здесь он в таком же положении, что и комбинационный игрок). Главное — он сам не может строго выразить и четко объяснить советнику, в чем состоят эти преимущества. Поэтому вокруг оценки позиции могут быть столь различные мнения, тогда как комбинация может быть однозначно оценена экспертами с точки зрения конечного результата и проверки найденного пути решения.

Более того, оценка позиции будет различаться не только по субъективному опыту шахматиста, связанному с формулированием позиций. В огромной мере будет играть роль и его опыт по реализации позиций, т. е. их перехода в комбинации. Когда возникнет ситуация, в которой данный игрок заметит начатки комбинации, — вопрос его субъективной оценки. Во всех этих процессах господствует субъективный фактор, включая веру шахматиста в то, что, имея лучшую позицию, он сумеет ее реализовать. Поэтому позиционный шахматист в этих условиях не может точно показать своему советнику, как он реализует имеющееся позиционное преимущество; это остается уделом мастерства, изобретательности, находчивости данного игрока [Там же].

Каценелинбойген подчеркивает, что «субъективность и объективность стилей отражает различия между эстетическим и научным методами, каждый из которых преобладает на той или иной стадии принятия решений» [Там же].

Судьба позиционного стиля в шахматах, литературе и медицине

Дальнейшая судьба позиционного стиля в шахматах, литературе и медицине, увы, разная. Если сегодня позиционный стиль является единственным стилем международных шахматных турниров и критика его понимает и приветствует, то в литературе он по сей день находится на правах Золушки, как в среде читателей, так и профессиональных критиков.

И в медицине, и в литературе позиционное мышление стало уделом одиночек-профессионалов, не востребованных рынком. Такая разница в судьбе стиля в этих областях объясняется массовым спросом, от которого зависит сегодня и врач, и издатель. Шахматы, напротив, игра элитарная, рассчитанная не на массового, а на образованного зрителя, владеющего языком и понятийным аппаратом шахматной игры.

И все же нужно сказать, что по крайней мере в медицине ситуация сегодня начинает меняться. Появляются не только врачи, практикующие индивидуальный подход, но и индивидуализированные лекарства. Гомеопатия, как известно, возможна только на основе индивидуального подхода. В современной медицине прорыв идет на уровне генетики, когда для больного изготовляется персональное лекарство, основанное на его уникальном генетическом коде. Такие перемены в медицине связаны опять-таки с рынком. Парадоксально, но непомерно возросшее количество медикаментов массового пользования способствует индивидуализации. То, на что указывал некогда Захарьин, еще более усугубилось за счет увеличения лекарств, изменения образа жизни человека и появления новых болезней. Перебрать все эти возрастающие комбинации симптомов в обозримое время представляется непосильной задачей для врача. В процессе проб и переборов пациент превращается в подопытного кролика, которому грозит, в довершиние к его собственным недомаганиям, получить осложнения от лекарств. Все это способствует притоку больных к врачам, занимающимся нетрадиционной медициной, опирающейся на индивидуализированный подход.

Писатель позиционного толка не может рассчитывать на ту же востребованность, что и шахматист или врач, занимающийся нетрадиционной медициной. Говоря о постчеховском периоде в русской литературе, Ирина Роднянская отмечает: «Отклики на эту литературу постчеховского периода такие же, как на "непривычные" чеховские рассказы: "отдельность", "незавершенность", "оборванность"; о "Даме с собачкой": "Этот рассказ — отрывок, он даже ничем не заканчивается". Ну, к Чехову привыкли, его прокомментировали, ввели в школьный курс. Но жанр не стал легче для восприятия» [Роднянская 2006: 442–443].

Чехов не только сделал позиционный стиль центральным в своих произведениях, но также представил идею двух стилей в «Чайке» в лице беллетриста Тригорина и молодого писателя Треплева. Тригорин — это типично комбинационный, мейнстримовский писатель. Как отмечала И. Роднянская, философия творчества беллетриста зиждется на искусном приеме, добротной «сделанности» и «точности <…> самоцельной и рассчитанной» [Там же: 387].

Это, по сути, и есть описание комбинационного стиля. Об отсутствии такого приема и сокрушается Треплев, говоря: «Тригорин выработал себе приемы, ему легко...» (С. XIII, 55).

Прием у Тригорина действительно мастерский, но как бы замечательно ни звучало описание лунной ночи через деталь («блестит горлышко разбитой бутылки»), Чехов говорит не об этом (точнее, не только об этом). Его акцент — на жанре спроса и предложения, где программа выдвигается читателем: «читатель понуждает беллетриста постигать свои хотения» [Роднянская 2006: 402].

Комбинация проста: беллетрист узнает спрос и выпускает «нужную» книгу, которую с успехом раскупают. Книга может быть и хорошо написанной, но до настоящей литературы такой жанр не дотягивает. Как это точно определяет сам Тригорин, «мило, но далеко до Толстого» (С. XIII, 9).

Некоммерческий художник идет не от «спроса», а от вопроса, «на который он пытается ответить в самом процессе воплощения художественной идеи» [Роднянская 2006: 401]. Таков Треплев. Его пронизанная символикой пьеса и есть шаг в сторону обогащенной художественной предрасположенности с возрастающей многозначностью, «неясными» описаниями и пр. Никто не может однозначно сказать, что такое треплевская пьеса или чеховская «Чайка», но каждый может ответить на вопрос, что такое «мышеловка» Гамлета — всего лишь рассчитанный от начала до конца трюк, способ разоблачения «злодеев». Она не имеет ничего общего с «туманной» пьесой Треплева, чья цель — создать сложный эстетический образ мира, невнятный потребителю коммерческого искусства. В незрелой треплевской пьесе есть и символика, и искренняя эмоциональность, которые немедленно находят отклик в сердце Дорна. Увы, Треплеву как обладателю квазисильного потенциала не хватило именно внутренней силы и выдержки, чтобы пройти нелегкий путь художника, у которого прием не нарабатывается, а мучительно рождается по мере становления.

Чехов в чем-то как Гоголь, для которого образ, характер, описание героев и пространства превалируют над сюжетом [Прим. 5]. Однако чеховский стиль еще более позиционный, поскольку он далек от гоголевской колоритности и сочности, равно как от накаленности страстей, царящих в мире Достоевского, и внутренних душевных глубин толстовских героев. Он создает свой мир нарочито «неприметным», невыдающимся, подспудным, почти бессюжетным — и тем самым подчеркнуто позиционным. «В рассказ не погрузишься, как в толстовский "поток жизни", едва влез, зачитался — уже выталкивают на берег; он требует от читателя не самозабвения, а натренированного внимания, самоконтроля, навыков, квалификации» [Роднянская 2006: 443]. То же и с мастерами позиционной шахматной игры, которые могут увлечь только «квалифицированного» зрителя и интерпретатора, потому что позиционный стиль — это язык больших мастеров, к какой бы сфере они ни принадлежали.

Примечания

1. Теория предрасположенностей, возникшая как альтернатива теории вероятностей, была разработана в трудах ученика Канторовича, профессора Пенсильванского университета Арона Каценелинбойгена. Семья Каценелинбойгенов уехала из Москвы осенью 1973 года, и, уже будучи в Риме, Арон получил приглашение на работу в США в Беркли благодаря тому, что его основные работы были известны в кругу западных специалистов, положительно оценивавших их новизну и оригинальность. В середине января 1974 г. его приглашают на годичное преподавание в Пенсильванском университете, где впоследствии он остается работать, получив через два года постоянную позицию в Уортоне. На заседании персональной комиссии один из ее членов назвал Арона человеком

ренессанса. В ряде книг по экономике и индетерминистским системам того времени Арон развивает идеи по теории предрасположенностей. В 1989 г. выходит его книга «Selected Topics in Indeterministic Systems», состоящая из различных статей, как опубликованных, так и новых. Одной из базисных работ этой книги, послужившей дальнейшему развитию теории предрасположенностей, является доклад «Indetermining the Future: A Systems Approach to Some Old Problems», сделанный на 6-м Интернациональном конгрессе по вопросам кибернетики и систем. В этом докладе А. Каценелинбойген знакомит своих коллег с идеями предрасположенности и потенциала. Это одна из его наиболее существенных работ по индетерминизму как неотъемлемой части теории предрасположенностей. В результате работы с первоисточниками Арон приходит к выводу, что категория индетерминизма не развита в философии и в силу этого замещается или «синонимизируется» с другими философскими категориями, такими как категория причинности, предсказуемости, неопределенности и т. п. Одним из главных признаков неразвитости этой (и вообще любой) категории является отсутствие категории меры. Как отмечает Арон во многих своих работах, введение меры сигнализирует переход от дихотомии мышления к более развитой структуре спектра. Что же касается категории индетерминизма, то в существующей литературе рассматриваются только две крайности — детерминизм и индетерминизм. Введение же меры индетерминизма по-новому заставляет осмыслить эту категорию, увидеть ее своеобразие. Из идеи меры индетерминированности системы произрастает его понимание роли позиционного и комбинационного стиля. Дело в том, что Каценелинбойген связывает индетерминизм с мерой отвратимости, а не с неопределенностью, как это принято в традиционных трудах по индетерминизму. Возможность отвратить программную заданность системы он называет индетерминизмом. Меру неопределенности Каценелинбойген связывает с фазами развития системы, проходящей сложный многоступенчатый путь от полной размытости к полной определенности. За стадией полной размытости следует хаос, где наблюдаются отдельные разорванные структурные образования, а затем область предрасположенности, которая тоже имеет стадии перехода от менее к более развитой. Стадию полной определенности, завершающую фазовое развитие системы, отличают полные и непротиворечивые (т. е.

программные) увязки всех ее компонентов.

2. Пол Морфи (1837–1884) — выдающийся американский шахматист, разработавший стратегии открытых позиций, но не оставивший после себя теоретического наследия.

3. На это указывал Арон Каценелинбойген в статье «License for Subjectivity» [Katsenelinboigen 2007: URL].

4. О позиционных фрагментах стиля Толстого писал в своей монографии Гарри Сол Морсон, изучавший с Ароном Каценелинбойгеном теорию предрасположенностей [Morson 1987].

5. «Сделайте милость, дайте какой-нибудь сюжет, хоть какой-нибудь смешной или не смешной, но русской чисто анекдот. Рука дрожит написать тем временем комедию. Если ж сего не случится, то у меня пропадет даром время, и я не знаю, что делать тогда с моими обстоятельства<ми>» [Гоголь 1949: 54].

ФОРМИРОВАНИЕ ХУДОЖЕСТВЕННОЙ ПОЗИЦИИ
(«Скрипка Ротшильда», «Дама с собачкой», «Дуэль»)

«Скрипка Ротшильда»
(о роли материальных и нематериальных параметров в формировании предрасположенности литературного героя)

Вопрос о том, что является первичным в оценке чеховского героя, до сих пор дебатируется в критике. Одни полагают, что герой раскрывается в словах, другие утверждают, что определяющими являются поступки. Например, Харви Питчер настаивает на том, что нужно прислушаться к тому, как герои произносят свои реплики: «нужно быть чувствительным к эмоциональной окраске сказанного, наряду со смыслом самих слов» [Pitcher 1973: 101]. Это верно, поскольку интонации могут многое открыть слушателю. Вопрос лишь в том, кто эти интонации задает. Не секрет, что у различных режиссеров одни и те же реплики будут звучать по-разному в силу того, как режиссер интерпретирует говорящего. То же и при чтении пьес — у каждого читателя сложится свое представление о том, с какой интонацией герои произносят свои реплики, а также и с какой «интонацией» совершают те или иные поступки. Но и интонация может быть поддельной. Что же тогда принимать в расчет? Ответ — и то, и другое, и поступки, и слова, но только в совокупности с предрасположенностью героя. Предрасположенность героя первична, а его слова и поступки — производные, они относятся к сфере бихевиоризма и могут как выявлять, так и скрывать истинные побуждения индивидуума. Для получения полного представления о говорящем следует прежде всего понять, кто стоит за определенными словами и кто кроется за определенными поступками. А это, в свою очередь, ведет к изучению потенциала и предрасположенности литературного персонажа.

Потенциал системы, в том числе и художественной, складывается из множества характеристик, которые в шахматах представлены двумя типами параметров — материальными (шахматные фигуры) и позиционными (расположение фигур). К этому следует добавить параметры отношений, присущие социальной, биологической, а также физической системе. (К примеру притяжение и отталкивание в физической системе изоморфно притяжению и отталкиванию в биологическом мире или социальной среде.) Систем без потенциала не существует — для того чтобы удержать вместе ее элементы, требуется определенный потенциал. При этом следует помнить акоффское определение системы как взаимовлияния и взаимозависимости всех подгрупп и элементов системного множества [Акофф 1985: 38–39]. А для того чтобы оказывать влияние на целое, опять-таки нужен потенциал.

Три типа параметров отвечают за меру силы и богатства потенциала системы. Эта мера варьируется в различных системах. Все три типа параметров должны приниматься во внимание при анализе потенциала. Нематериальные параметры (т. е. позиционные и параметры отношений) не менее важны, чем материальные, и должны рассматриваться как независимые переменные. Без них картина потенциала будет неполной. Например, в художественном произведении описание хороших физических данных литературного героя (материальные параметры) может сочетаться с отсутствием воли или энергии (позиционные параметры) и неумением строить отношения с окружающими (параметры отношений). Эффект Ильи Муромца, просидевшего без движения тридцать лет и три года, дает наглядное представление о несоответствии между развитыми физическими и неразвитыми позиционными параметрами, которые набирают силу лишь со временем. Задача интерпретатора найти те скрытые характеристики, которые позволили бы понять, что же предрасполагало героя типа Муромца к внезапному перерождению и была ли неподвижность действительно связана с отсутствием воли и энергии или это все же был длительный (позиционный) период вызревания.

Чтобы лучше почувствовать разницу между материальными и нематериальными параметрами, обратимся к примеру. Возьмем для простоты единичный предмет, пусть это будет стол, и рассмотрим его с точки зрения составляющих параметров. Поскольку стол — неодушевленный предмет, то задача сводится только к двум типам параметров — материальным и позиционным. К материальным относятся ножки стола, его поверхность, ящики, если таковые имеются, и материал, из которого он изготовлен. Иными словами, материальные параметры описывают скелет объекта. Форма стола, его, длина, высота, расположение ножек по отношению друг к другу — это уже позиционные параметры. По сочетанию материальных и позиционных параметров мы определяем, является ли стол обеденным, письменным, журнальным и т. п. Важно то, что все типы параметров «берутся в качестве независимых переменных» [Каценелинбойген 2014: URL].

Так же как читатели, герои литературных произведений разделяются на тех, кто более чувствителен к материальным параметрам, и тех, кто более чувствителен к нематериальным. У Чехова таким вырожденным типом героя, нечувствительного к параметрам отношений, является Яков Иванов из «Скрипки Ротшильда» (1894).

Яков придавал большое значение прочности гробов (прочность — атрибут) — его «хорошие, прочные» гробы снискали ему славу отменного гробовщика. В размерах гроба (размер — позиционный параметр) Яков тоже не ошибся ни разу, поскольку для мужчин он снимал мерку с себя (он был самым высоким в деревне). Эта подробность показывает, насколько Яков нечувствителен к параметру отношений («живое / неживое»). Он не испытывает дискомфорта или неприятных мыслей, играя роль образца для очередного гроба, поскольку рассматривает человека (и себя в том числе) как материал. «Яков делает гробы "на свой рост"… ясно, что герой выходит уже за пределы жизненной реальности, он одновременно и в жизни, и вне жизни, как художник (такая внежизненность вообще характерна для чеховских людей искусства — достаточно вспомнить вялость Тригорина). И Яков Бронза как раз соединяет искусство со смертью», — пишет Элина Свенцицкая [Свенцицкая 2010: 116]. С этим приходится частично не согласиться — на этапе сколачивания гробов Яков еще далек от того, чтобы приравниваться к художнику. Художник отличается от ремесленника тем, что он, во-первых, чувствителен к нематериальным параметрам, а во-вторых, не работает по лекалу. К значимости отношений Яков только придет, но в начале он черствый ремесленник, и скрипка его «взвизгивает» во время игры в оркестре у Шахкеса. И даже визит к фельдшеру и приговор, вынесенный его внезапно заболевшей жене, не влияют на него существенным образом. Сочувствие (интегральный параметр отношений) не проснулось в тот момент в его душе, в которой не было ничего, кроме скуки.

> А Яков глядел на нее со скукой и вспоминал, что завтра Иоанна Богослова, послезавтра Николая Чудотворца, а потом воскресенье, потом понедельник — тяжелый день. Четыре дня нельзя будет работать, а наверное Марфа умрет в какой-нибудь из этих дней; значит, гроб надо делать сегодня. Он взял свой железный аршин, подошел к старухе и снял с нее мерку. Потом она легла, а он перекрестился и стал делать гроб.
>
> Когда работа была кончена, Бронза надел очки и записал в свою книжку:
>
> «Марфе Ивановой гроб — 2 р. 40 к.» (С. VIII, 301).

Прощаясь с Марфой, он только «потрогал рукой гроб и подумал: «Хорошая работа!» (С. VIII, 301). Казалось бы, Яков безнадежен в своей глухоте, и тем интереснее наблюдать, как Чехов ведет своего героя к пробуждению. Он делает это медленно, пошагово, позиционно, начиная с отношений со скрипкой, которая по ночам утешала Якова, когда тот притрагивался к ее струнам. Тогда это был процесс односторонний: Яков в то время еще не пытался утешить скрипку. Все его действия были направлены лишь на него самого, на получение удовлетворения, на желание избежать всепоглощающей скуки. Она не оставляет Якова даже в тот момент, когда он смотрит на свою смертельно больную жену («Яков глядел на нее со скукой и вспоминал, что завтра Иоанна Богослова, послезавтра Николая Чудотворца, а потом воскресенье, потом понедельник — тяжелый день» [С. VIII, 301]). Следующий шаг — это трансформация скуки (бедного одномерного параметра отношений) в тоску.

В отличие от скуки, тоска направлена на другой объект (тоска по дому или по любимому человеку). В минуты тоски и начинает пробуждаться запоздалое чувство привязанности Якова к покойной жене, и душа его со скрипом отворяется.

> Но когда он возвращался с кладбища, его взяла сильная тоска. Ему что-то нездоровилось: дыхание было горячее и тяжкое, ослабели ноги, тянуло к питью. А тут еще полезли в голову всякие мысли. Вспомнилось опять, что за всю свою жизнь он ни разу не пожалел Марфы, не приласкал. Пятьдесят два года, пока они жили

в одной избе, тянулись долго-долго, но как-то так вышло, что за все это время он ни разу не подумал о ней, не обратил внимания, как будто она была кошка или собака. А ведь она каждый день топила печь, варила и пекла, ходила по воду, рубила дрова, спала с ним на одной кровати, а когда он возвращался пьяный со свадеб, она всякий раз с благоговением вешала его скрипку на стену и укладывала его спать, и все это молча, с робким, заботливым выражением (С. VIII, 301–302).

Яков идет на речку и вспоминает молодость, сокрушаясь о потерянных возможностях, но думает об этом все еще в терминах материального «убытка»: «Какие убытки! Ах, какие убытки! А если бы все вместе — и рыбу ловить, и на скрипке играть, и барки гонять, и гусей бить, то какой получился бы капитал!» (С. VIII, 303). Однако те вопросы, которыми он задается, и то новое чувство, которое в нем забрезжило, служат дальнейшему прозрению. Постепенно в материальное понятие «убытка» вплетаются параметры отношений, дополняя и расширяя значение убытка до вселенской потери человечности. И тут происходит скачок в сознании и душе Якова. Он начинает оценивать жизнь шире — как позицию, и ему открывается шаткость и убогость этой позиции и своей скверной роли в ней:

Спрашивается, зачем срубили березняк и сосновый бор? Зачем даром гуляет выгон? Зачем люди делают всегда именно не то, что нужно? Зачем Яков всю свою жизнь бранился, рычал, бросался с кулаками, обижал свою жену и, спрашивается, для какой надобности давеча напугал и оскорбил жида? Зачем вообще люди мешают жить друг другу? Ведь от этого какие убытки! Какие страшные убытки! Если бы не было ненависти и злобы, люди имели бы друг от друга громадную пользу (С. VIII, 304).

Этот ход мыслей ведет за собой пробуждение жалости — еще более сложного, по сравнению с тоской, чувства, связанного со способностью к сопереживанию. Вся эта гамма чувств и проявляется в прощальной игре на скрипке, отношения с которой также претерпевают существенные изменения. Думая о том, что после его смерти скрипка пропадет, Яков поначалу жалеет ее как материальный объект, но вскоре начинает думать о ней как о чем-то одушевленном, и более того — как о своем ребенке («теперь она останется сиротой»). Она связывается в его сознании с лесом, который, оказывается, тоже жив и пропадает по воле безразличных потребителей, и постепенно вся эта глобальная картина общего упадка, пронзившая его перед смертью, перерастает в его последнюю жалобную песнь — панихиду по загубленному миру. Она гораздо шире и всеохватнее, чем «жалоба на жизнь» [Свенцицкая 2010: 118]. Это скорее реквием пробудившейся души по тем, кто не пробудился и продолжает разрушать и разорять живую красоту мира. И здесь уже зарождается то, что присуще большому искусству, — ощущение причастности к судьбе мира. Но было бы большой натяжкой даже в этом последнем эпизоде приравнять Якова к художнику. Речь в рассказе о пробуждении души, а скрипка — индикатор этого пробуждения.

Проводя параллель с искусством, Э. Свенцицкая выделяет важный момент в отношениях творца и инструмента: они должны откликаться друг на друга (параметр отношений). Именно это и будет отличать ремесленника от художника при наличии других качеств. На пороге смерти Яков увидел всю сложную и печальную картину отношений человека и всего сущего, и ему открылся нематериальный смысл «убытка», наносимого человеком ежедневно и ежечасно. Подобное прозрение напоминает перемену в ментальности комбинационного игрока, начинающего вдруг осознавать, что он имеет дело с палитрой отношений, а не только материалом.

«Дама с собачкой»
(о роли позиционных параметров в формировании позиции)

А. Каценелинбойген подчеркивает, что если материальные параметры в шахматах заданы изначально, то позиционные выстраиваются игроком в процессе партии. Чем изощренней игрок, тем изощренней будут и позиционные параметры. Аналогия с художественным произведением налицо: большой художник славен не количеством действующих лиц и деталей, а тонко выстроенными позиционными параметрами и параметрами отношений, вырабатываемыми в процессе развития художественной позиции. Иными словами, важна не просто деталь, но ее расположение по отношению к другим деталям и важен не просто диалог, а то, в какую атмосферу он вписан. «Полнота списка позиционных параметров совершенно неясна», — пишет А. Каценелинбойген касательно шахмат. Это связано с тем, что на сегодняшний день отсутствует формализованная методология по их формированию и каждый новый сильный игрок добавляет что-то, чего не было разработано до него. Точно так же и новый серьезный художник всходит не на небывалом сюжете, характерах и высказываниях, а на новизне позиционных параметров, выращивающих оригинальную художественную позицию.

В связи с тем, что, начиная со Стейница, «шахматисты уделяют большое внимание первичным позиционным параметрам» [Прим. 1], А. Каценелинбойген особо выделяет вклад Ласкера. Ласкер пошел дальше Стейница, обратив внимание на множество других позиционных параметров и доказывая их важность в формировании позиции. Например, подчеркивая важность оценки позиционных параметров в расположении фигур, Ласкер пишет: «Два коня, стоящие рядом или так, что их действие равномерно распределяется на комплекс важных пунктов, могут оказать большее сопротивление, чем два коня, защищающие друг друга» [Ласкер 1980: 118].

Литературоведы иногда упускают эту самостоятельную ценность расположения объектов и героев в сцене, принимая складывающуюся позицию за простое реалистическое описание и забывая, что большой писатель не просто описывает место действия, а формирует определенную позицию.

После любовной сцены в номере Анна Сергеевна и Гуров берут извозчика и едут в Ореанду. Там они располагаются на скамейке неподалеку от церкви и смотрят на море. Вот как это описано у Чехова:

> В Ореанде сидели на скамье, недалеко от церкви смотрели вниз на море и молчали. Ялта была едва видна сквозь утренний туман, на вершинах гор неподвижно стояли белые облака. Листва не шевелилась на деревьях, кричали цикады, и однообразный, глухой шум моря, доносившийся снизу, говорил о покое, о вечном сне, какой ожидает нас. Так шумело внизу, когда еще тут не было ни Ялты, ни Ореанды, теперь шумит и будет шуметь так же равнодушно и глухо, когда нас не будет. И в этом постоянстве, в

полном равнодушии к жизни и смерти каждого из нас кроется, быть может, залог нашего вечного спасения, непрерывного движения жизни на земле, непрерывного совершенства (С. X, 134).

В приведенном выше отрывке интересно то, как Чехов располагает своих героев. Из описания следует, что они оказываются между церковью и морем. Позиционный параметр, указывающий на промежуточное пространственное положение героев, не менее важен для понимания позиции, чем материальные объекты. Выступая в качестве независимой переменной, он имеет самостоятельную значимость, меру которой выставляет каждый интерпретатор субъективно. Для меня лично значимость промежуточного положения героев в этом эпизоде достаточно высока: природная стихия и церковь являются двумя полюсами, вокруг которых вращается имплицитный сюжет рассказа.

При взгляде на море у Гурова рождаются мысли о вечности как механическом движении жизни, лишенной высшего смысла. Это мир, где отсутствует Творец, где немыслящая природа равнодушна к своим существам и где связь всего со всем чисто механическая. Сразу же приходит на ум монолог Тузенбаха в «Трех сестрах»:

Т у з е н б а х . <...> Смейтесь! *(Вершинину.)* Не то что через двести или триста, но и через миллион лет жизнь останется такою же, как и была; она не меняется, остается постоянною, следуя своим собственным законам, до которых вам нет дела или, по крайней мере, которых вы никогда не узнаете. Перелетные птицы, журавли, например, летят и летят, и какие бы мысли, высокие или малые, ни бродили в их головах, все же будут лететь и не знать, зачем и куда. Они летят и будут лететь, какие бы философы ни завелись среди них; и пускай философствуют, как хотят, лишь бы летели...

М а ш а . Все-таки смысл?

Т у з е н б а х . Смысл... Вот снег идет. Какой смысл? (С. XIII, 147).

Что касается Гурова, то мысли о спасении возникают у него при взгляде на стихию вод, хотя по идее эта концепция закреплена за церковью. Как человек светский, впитавший в себя мировоззрение естественников, столь популярное в пору расцвета естественных наук, Гуров не ищет ответов в религии. Он словно переписывает идею спасения на язык «естественного человека», и картина получается механистически унылой. Отсутствие Творца лишает вселенную высшего участия, сострадания и всепрощения. Вместо этого — равнодушие и непрерывное совершенство (взгляд на вселенную как на механизм, который высмеивал Чехов в письмах к Суворину).

В последней пьесе Чехова мотив замещения веры звучит в карикатурном монологе Гаева:

> *Гаев* (негромко, как бы декламируя). О природа, дивная, ты блещешь вечным сиянием, прекрасная и равнодушная, ты, которую мы называем матерью, сочетаешь в себе бытие и смерть, ты живишь и разрушаешь... (П. XIII, 224).

Ср.: «Ты — один дивный / и к людям верным милостивый!» (Канон, глас 4, Песнь 3). В молитве «дивным» назван Творец, который также назван милостивым, в отличие от природы в монологе Гаева, названной «дивной» и «равнодушной».

Гуров по своим взглядам ближе к чеховским «естественникам». На отношения с женщинами он смотрит как на процесс захватывающий, но лишенный таинства. Институт брака для него не является священным, как и для многих его современников. В Библии измена супругу — один из тягчайших грехов, поскольку клятва во время венчания приносится Богу. Кто изменяет супругу или супруге, изменяет Господу. Однако в продвинутом обществе, где брак переходит из сферы сакраментальной в сферу социальную, формулировка измены несколько меняется. «Кто изменяет жене или мужу, тот, значит, неверный человек, тот может изменить и отечеству!» — плачущим голосом говорит Телегин Войницкому, рассуждающему в терминах новой морали: «Изменить старому мужу, которого терпеть не можешь, — это безнравственно; стараться же заглушить в себе бедную молодость и живое чувство — это не безнравственно» (С. XIII, 68). Гуров стоит на позициях Войницкого, не видя большого греха в том, чтобы изменять нелюбимой и непривлекательной жене, которая к тому же «казалась в полтора раза старше его» (С. X, 128).

Гурова вдохновляет мимолетность, но ненадолго. Очень

скоро красота бывших возлюбленных начинает возбуждать в нем ненависть и «кружева на их белье» кажутся ему «похожими на чешую» (С. Х, 132). Разумеется, метафора чешуи в контексте обольщения и супружеской измены связывается с мотивом грехопадения, но только у читателя. Сам же Гуров в подобных терминах не мыслит. То, что он ощущает и подмечает, остается в сфере подсознательного.

Гуров, несомненно, тоньше своего окружения. Сочетание артистической натуры (он филолог по образованию и готовился петь в частной опере) с прагматизмом (бросил оперу, служит в банке и имеет два дома в Москве) делает его позицию особенной. С одной стороны, он не столь эмоционален и безрассуден, как люди искусства, а с другой — не столь циничен и материалистичен, как банкиры. В нем сочетаются те и другие черты, что отражается и в его поведении (поедание арбуза во время покаяния Анны Сергеевны аналогично «осетрине с душком»). Как гуманитарий, он способен тонко подметить особенности другого. Так, он про себя отмечает, что его жена не просто неумна, но «неизящна», и под этим подразумевается отсутствие не телесного, а эстетического изящества. Сам же он удивительно привлекателен, и даже не столько за счет внешности (о ней в тексте практически ничего нет, кроме упоминания о том, что он начал седеть), сколько за счет особенных внутренних качеств, отличающих его от других. «В его наружности, в характере, во всей его натуре было что-то привлекательное, неуловимое, что располагало к нему женщин, манило их» (С. Х, 129).

Во всем остальном Гуров — человек модерновых тенденций. Бог для него — понятие абстрактное, мифическое, умозрительное, философское – какое угодно, только не сущностное, не приложимое к его собственной жизни, текущей по законам светского общества. Немудрено, что природа порождает в нем больше мыслей, чем Библия, хоть мысли эти все еще очерчиваются кругом христианских понятий. Тем не менее тайная жизнь для Гурова в порядке вещей. Она неудобна, поскольку не позволяет видеться так часто, как хотелось бы, но вместе с тем вносит элемент приключения, избавляя от рутины. Для него «личное существование держится на тайне» (С. Х, 142). Для Анны Сергеевны — на таинстве. Она мыслит в категориях христианской морали, и жизнь ее омрачена содеянным грехом. Эта часть ее мира Гурову недоступна. Поначалу он полагает, что она притворяется, но после того, как убеждается в ее искреннем раскаянии, начинает испытывать скуку.

> Гурову было уже скучно слушать, его раздражал наивный тон, это покаяние, такое неожиданное и неуместное; если бы не слезы на глазах, то можно было бы подумать, что она шутит или играет роль.
>
> — Я не понимаю, — сказал он тихо, — что же ты хочешь? Она спрятала лицо у него на груди и прижалась к нему.
>
> — Верьте, верьте мне, умоляю вас... — говорила она. — Я люблю честную, чистую жизнь, а грех мне гадок, я сама не знаю, что делаю. Простые люди говорят: нечистый попутал. И я могу теперь про себя сказать, что меня попутал нечистый.
>
> — Полно, полно... — бормотал он (С. X, 133).

Приведенное объяснение происходит накануне (позиционный параметр) их отъезда в Ореанду, где они найдут скамейку, расположенную между церковью и морем. Появление церкви предваряется библейскими аллюзиями в описании Анны Сергеевны, сидящей в комнате на кровати «в унылой позе, точно грешница на старинной картине» (С. X, 132). За этим следует комментарий о том, что к происшедшему она «отнеслась как-то особенно, очень серьезно, точно к своему падению» (С. X, 133). Образ церкви в следующей сцене соотносится именно с героиней рассказа, а не ее спутником.

Гуров так и не найдет слов утешения для Анны Сергеевны. Спустя годы он будет сидеть в кресле и пить чай в «Славянском базаре» (как некогда он ел арбуз в Ялте), пережидая, пока она закончит плакать. В конце Чехов бегло передает их разговор от третьего лица: «Потом они долго советовались, говорили о том, как избавить себя от необходимости прятаться, обманывать, жить в разных городах, не видеться подолгу» (С. X, 143). Читателю остается только проницательно догадываться о том, кто из героев сокрушался больше по поводу необходимости «прятаться» и «обманывать», а кто — по поводу жизни в разных городах и невозможности часто встречаться.

Две тенденции, намеченные в обществе, преломляются

во взглядах главных героев «Дамы с собачкой», ставя проблему совместимости двух типов ценностей. Анна Сергеевна, хоть родом из Петербурга, несет в себе целомудренность не тронутого столицей мира. Она именно целомудренна, а не провинциальна. В ее манере держаться и говорить проглядывает стыдливость почти библейская, свидетельствующая о внутренней чистоте («Дама взглянула на него и тотчас же опустила глаза. — Он не кусается, — сказала она и покраснела» [С. Х, 129]). И грехопадение ее описано почти как любопытство Евы, вкусившей запретный плод («…меня томило любопытство <…> Любопытство меня жгло...» [С. Х, 132]), и живет она на Старо-Гончарной улице (ассоциация с Ветхим Заветом и Гончаром). В ней нет жажды столичного шика. Она верна своим представлениям и не пытается оправдать себя на светский манер. Безусловная значимость заповедей ей ясна и не ставится под сомнение.

С одной стороны, герои настроены на единую волну эмоционального восприятия, когда смотрят на море и ощущают загадочность бытия. Но когда речь касается моральных ценностей, они говорят на разных языках. В этой связи по-новому читается метафора дамы с собачкой как сочетание животного (собачка) с возвышенным (дама). Животное отличает естественность, идущая от инстинкта, и отсутствие стыдливости: Гуров «ласково поманил к себе шпица», и «тот подошел». Дама же «взглянула на него и тотчас же опустила глаза» (С. Х, 129). Она могла бы рассмеяться, пошутить, и тогда ее поведение соответствовало бы поведению идущей навстречу знакомству собачки. Анна Сергеевна тоже делает шаг навстречу, сказав свою робкую и в чем-то двусмысленную фразу «он не кусается», но делает это с ощущением стыда. Как открывается позднее, стыд ее проистекает из осознания греховности, которое всегда будет сопутствовать ей. В ее присутствии Гурова начинают одолевать мысли о человеческом достоинстве. «Сидя рядом с молодой женщиной, которая на рассвете казалась такой красивой, успокоенный и очарованный в виду этой сказочной обстановки — моря, гор, облаков, широкого неба, Гуров думал о том, как, в сущности, если вдуматься, все прекрасно на этом свете, все, кроме того, что мы сами мыслим и делаем, когда забываем о высших целях бытия, о своем человеческом достоинстве» (С. Х, 134–135). Что разумеется здесь под «человеческим достоинством»? В каком контексте или в какой связи с происшедшим возникают эти мысли у Гурова? На мой взгляд, речь идет об укрощении инстинкта, сиюминутных желаний, которые заглушают высшее начало в человеке, низводят его до животного и лишают достоинства. Больше на эту тему Гуров не задумывается, но эта мимолетная мысль позволяет надеяться на то, что в будущем он поймет, о чем кручинится Анна Сергеевна.

Сделав выбор в пользу внебрачной связи, герои перемещаются в поле несвободы, где все подчинено сиюминутному удовлетворению желаний с последующей потерей моральных ориентиров, сумятицей и бесперспективностью. В конце рассказа мелькает следующая фраза: «...им казалось, что сама судьба предназначила их друг для друга, и было непонятно, для чего он женат, а она замужем; и точно это были две перелетные птицы, самец и самка, которых поймали и заставили жить в отдельных клетках» (С. X, 143). Здесь прежде всего интересно восприятие героями своего положения, будто навязанного им извне. Они словно забыли, что сами сделали однажды выбор, решив связать себя узами брака. И хотя о Гурове говорится, что «его женили» (С. X, 128), это скорее ирония по поводу его инертности, нежели намек на безысходность. Ни один из них не любил своего будущего спутника жизни, но это не было для них помехой. Точно так же ни один из них не был влюблен, вступая в интимную связь в Ялте. Был обычный, тривиальный интерес, подогреваемый внешней симпатией, влечением. Любовь пришла позже, но это не облагораживает начального решения Анны Сергеевны разделить ложе с незнакомцем.

Сравнение с птицами в клетках звучало бы банальностью, шаблоном, несвойственным Чехову, если бы не уточнение «самец и самка», на первый взгляд излишнее для лаконичного Чехова (из контекста более чем ясно, что речь не об однополых птицах). Красивость сравнения с птицами разбивается об это зоологическое уточнение, которое снижает образ любящих до самки и самца. И действительно, отдаляясь от сакраментального, от заповедей, человек становится рабом страстей и теряет связь с высшим смыслом. Кстати сказать, впервые опубликованные в книге Дональда Рейфилда «Жизнь Антона Чехова» чеховские письма, благодаря которым читатель наконец получил полное представление о неблаговидных подробностях интимной жизни русского писателя, свидетельствуют о том, что все эти приключения относятся к холостому периоду и что Чехов серьезно относился к браку. Можно только сказать, что его герой не отличается подобным отношением, чего не скажешь о чеховских героях.

Будущее Анны Сергеевны и Гурова будет зависеть от того, придут ли они к духовному единению, как герои другой чеховской повести — «Дуэль».

«Дуэль»: предрасположенность к преображению

Спор между Лаевским и Самойленко в «Дуэли» выстраивается вокруг тех же вопросов. Для Лаевского, живущего в гражданском браке с Надеждой Федоровной (имя «Надежда» знаменательно и обретает дополнительный смысл в контексте повести), все, о чем говорит Самойленко, не актуально. Лаевский рассуждает в русле прогрессивных идей, вульгарно прилагая их к отношениям между мужчиной и женщиной. «Женщине прежде всего нужна спальня», — откровенничает он с Самойленко (С. VII, 360). Все проникнуто у него этой идеологией, заменившей ему на какое-то время духовность — и Ромео у него «такое же животное, как и все» (С. VII, 386), и о России он тоскует через желудок: «В буфетах щи, баранина с кашей, осетрина, пиво, одним словом, не азиатчина, а Россия, настоящая Россия» (С. VII, 363). Даже сильные чувства типа ненависти проявляются в нем слегка по-животному: «...он слышал ее глотки, им овладела такая тяжелая ненависть, что у него даже зачесалась голова» (С. VII, 365–366). Что-то в этом есть «зоологическое», как, впрочем, и в его фамилии, ассоциирующейся с лаем.

«История Лаевского в этой повести — это своего рода история происхождения человека, рождения в нем настоящего человека, — отмечает В. Катаев. — Дело не только в отрицании крайностей социал-дарвинизма, выражаемых зоологом фон Кореном (это очевидно и давно показано). Дело в отношении Чехова к вопросу, который стал главным в полемике вокруг дарвинизма. Этот вопрос таков: достаточно ли идеи эволюции путем естественного отбора для того, чтобы объяснить появление человека? Как дарвиновская теория согласуется с представлением о божественной природе человека и об участии Бога в творении человека?» [Катаев 1989: URL]. Бесспорно, повесть дает повод порассуждать обо всем этом, о диалоге Христа и Дарвина, эволюции чеховских взглядов. Только сам Чехов протестовал против такого подхода к его произведениям. Он утверждал, что не научные, или политические, или религиозные взгляды формируют его произведения, а то, что творится в умах и душах людей, высказывающих те или иные взгляды. Потому «невозможно ответить на вопрос: спорит ли Чехов с Евангелием или подтверждает его правоту» [Степанов 2005: 186], что не эти проблемы решает он в своих произведениях. Мнения его героев выступают «симптомами» в «диагнозе» их характеров. «Для меня, как автора, все эти мнения по своей сущности не имеют никакой цены, — объясняет Чехов Суворину на примере «Скучной истории». — Дело не в сущности их; она переменчива и не нова. Вся суть в природе этих мнений, в их зависимости от внешних влияний и проч. Их нужно рассматривать как вещи, как симптомы, совершенно объективно, не стараясь ни соглашаться с ними, ни оспаривать их. Если я опишу пляску св. Витта, то ведь Вы не взглянете на нее с точки зрения хореографа? Нет? То же нужно и с мнениями. Я вовсе не имел претензии ошеломить Вас своими удивительными взглядами на театр, литературу и проч.; мне только хотелось воспользоваться своими знаниями и изобразить тот заколдованный круг, попав в который добрый и умный человек, при всем своем желании принимать от бога жизнь такою, какая она есть, и мыслить о всех по-христиански, волей-неволей ропщет, брюзжит, как раб, и бранит людей даже в те минуты, когда принуждает себя отзываться о них хорошо» (П. III, 266).

Именно в такой «заколдованный круг» «внешних влияний» попадает Лаевский, пытающийся приложить к себе популярные прогрессивные теории. Русскому интеллигенту нужны идеи, и он хватает их, примеривает на себя, забывая, что все это лишь костюмированный маскарад модных веяний, а истинное приходит изнутри. Лаевский мечется в поисках идей, пытается исповедовать убеждения, которые чужды его природе.

Он признается Самойленко в том, что мечтает бежать «на север. К соснам, к грибам, к людям, к идеям» (С. VII, 358). Он также часто «обвинял себя в том, что у него нет идеалов и руководящей идеи в жизни, хотя смутно понимал теперь, что это значит» (С. VII, 363). Это «симптом» того, что он еще не обрел себя и вместо того, чтобы идти вглубь, к себе, к корням, устремился вовне, примеривая на себя модные веяния.

Чеховский герой с русской ментальностью достаточно тонок, чтобы не ощущать присутствие тайны, высокого, но стыдливость, боязнь быть осмеянным не позволяет ему быть самим собой. Это гнетет его, он заискивает перед сильными и отыгрывается на деликатных, как это проделывает Лаевский с Самойленко — добрым малым, тяготеющим к ортодоксальным ценностям. Самойленко стоит на страже порядочности и даже в чем-то похож на обманчиво-грозного пса «с большой стриженой головой, без шеи», «мохнатыми черными бровями» и голосом «хрипуна». У него развито чувство долга, и он не терпит скабрезности. Но это не останавливает Лаевского, выкладывающего интимные подробности перед другом. Вряд ли он не замечает, что Самойленко неприятны подобные разговоры, но он нарочно эпатирует его, словно внутренняя неудовлетворенность подстрекает его на это. И совершенно другое, заискивающее поведение мы наблюдаем во время его встреч с фон Кореном. «Я пустой, ничтожный, падший человек, — говорит Лаевский Самойленко. — Воздух, которым дышу, это вино, любовь, одним словом, жизнь я до сих пор покупал ценою лжи, праздности и малодушия. До сих пор я обманывал людей и себя, я страдал от этого, и страдания мои были дешевы и пошлы. Перед ненавистью фон Корена я робко гну спину, потому что временами сам ненавижу и презираю себя» (С. VII, 399). Это уже не поза. Здесь Лаевский совершенно искренен.

Чуждые прогрессивные взгляды, словно вирусы, проникают в умы героев повести, и тема нездорового мозга периодически возникает тут и там. Так, на увещевания и тираду Самойленко о терпении Лаевский отвечает: «Ты веришь своему старичку-агенту, для меня же его совет — бессмыслица. <...> если мне захочется упражняться в терпении, то я куплю себе гимнастические гири или норовистую лошадь, но человека оставлю в покое» (С. VII, 357). Сразу же после этого следует диалог, начинающийся с вопроса о размягчении мозга. И хотя разговор касается диагноза мужа Надежды Федоровны, иронический контекст рикошетом затрагивает и умозаключения Лаевского. «Скажи, пожалуйста, что значит размягчение мозга?» — спрашивает он Самойленко. И так и напрашивается ответ: «То, что ты сейчас сказал, и есть размягчение мозга». Самойленко же дает медицинское пояснение, в котором звучит надежда.

> — Это, как бы тебе объяснить... такая болезнь, когда мозги становятся мягче... как бы разжижаются.
> — Излечимо?
> — Да, если болезнь не запущена (С. VII, 358).

У Лаевского «болезнь» не запущена, но симптомы ее дают себя знать. «Вялые, тягучие мысли все об одном и том же потянулись в его мозгу, как длинный обоз в осенний ненастный вечер», — читаем о нем (С. VII, 362). «У этих сладострастников, должно быть, в мозгу есть особый нарост вроде саркомы, который сдавил мозг и управляет всею психикой», — говорит фон Корен дьякону, имея в виду Лаевского (С. VII, 362). «Болезнь» распространяется и на окружение. Дьякон жалуется на то, что у него «от жары мозги раскисли» (С. VII, 377), а позже на вопрос зоолога о том, хорошо ли он знает свою богословскую часть, отвечает: «Плоховато» (С. VII, 383). И это становится непрямой увязкой между «раскисанием мозгов» и отсутствием интереса к своему делу.

Немудрено, что роль судии в таком «слабоумном» мире берет на себя зоолог с «биологической» фамилией фон Корен (шутливый намек на то, что он смотрит в корень). Теперь не малообразованный, вялый дьякон, а он, ученый муж, проникнувшийся идеями, которые проповедует, стоит на страже морали. И он частично прав, когда говорит, что «серьезное страдание мозга и все так называемые душевные болезни выражаются прежде всего в извращении нравственного закона» (С. VII, 383). Только вот критерий, который он предлагает дьякону, уже из области тех «научных» воззрений, над которыми иронизировал Чехов. Точные знания для него — это мерило истины, а философия — это то, что «зыбко и расплывчато» (С. VII, 430–431) и потому ненужно. Это с точностью до наоборот повторяет слова из письма Чехова Суворину: «Для тех, кого томит научный метод, кому Бог дал редкий талант научно мыслить, по моему мнению, есть единственный выход — философия творчества» (П. I, 53).

Фон Корен не мыслит научно, и в этом все дело. Не о дарвинизме речь в повести, а о примитивизме тех, кто пытается перекроить общество, исконные ценности, отношения и мораль, не имея целостного видения и ничего в сущности не понимая в том, за то ратует.

На языке ранних чеховских юмористических рассказов сюжет «Дуэли» звучал бы как история о некоем зоологе, задумавшем покарать особь с лающей фамилией (собаке собачья смерть). Так мог бы рассматривать свои отношения с Лаевским фон Корен. «Убери его, Александр Давыдыч, а то я уйду. <…> Он меня укусит», — восклицает фон Корен, имея в виду Лаевского (С. VII, 426). Здесь прямо выказывается его «зоологическое» восприятие Лаевского. В сцене дуэли, описывая, как целится фон Корен, Чехов вводит собачку в качестве оружейной детали: «Я его сейчас убью, — думал фон Корен, прицеливаясь в лоб и уже ощущая пальцем собачку» (С. VII, 448). Все это создает непрямые юмористические аллюзии.

Начиная со сцены, когда фон Корен промахивается, история наполняется новым смыслом и глубиной. Вдруг понимаешь, что настоящие дуэлянты не Лаевский и фон Корен. Хоть они и представлены как антагонисты, но конфликт между ними бытовой — идейно они не шибко расходятся. Их отношение к библейской морали поначалу идентично. Разница лишь в том, что Лаевский хочет действовать стихийно, руководствуясь своими собственными желаниями, тогда как фон Корен стоит за «научность» и коллективную целесообразность.

По большому счету это не противники, и в имплицитной дуэли они находятся по одну сторону барьера. По другую — Дуэлянт незримый. И побеждает Он, при пособничестве дьякона Победова (фамилия говорит сама за себя). В результате на имплицитном уровне констатируется якобы смерть Лаевского — «тяжелого, невыносимого человека, который мешал всем жить» — с последующим возрождением его в новой ипостаси в пространстве действия (С. VII, 450). Это парадигма блудного сына, который «был мертв и ожил» (Лк. 15:24). В нее вписываются и странствия Лаевского, и его «распутный» образ жизни, и неудовлетворенность, и желание возвратиться на родину. В имплицитном пространстве он и возвращается в Россию после дуэли, только это возвращение не пространственное, а духовное.

Дуэль сыграла роль внешней встряски, которая спровоцировала внутренние перемены героя. Побывав мысленно на острие небытия, Лаевский испытал шок, подобный эффекту клинической смерти, после которой возвращаются преображенными. Будучи врачом, Чехов прекрасно знал этот эффект мгновенной переоценки ценностей в экстремальных обстоятельствах. Только преображение Лаевского начинается не после, а до дуэли. Близость смерти меняет в нем что-то, обнажая истинные струны души, которые доселе молчали. Идея всепрощения, покаяния приходит к нему по зову сердца, а не рассудка. Это естественный порыв, который знаменует возврат к себе и очищение от всего наносного, умственного, идеологического.

> Он чувствовал в своем теле что-то новое, какую-то неловкость, которой раньше не было, и не узнавал своих движений; ходил он несмело, тыча в стороны локтями и подергивая плечами, а когда сел за стол, то опять стал потирать руки. Тело его потеряло гибкость.
>
> Накануне смерти надо писать к близким людям. Лаевский помнил об этом. Он взял перо и написал дрожащим почерком:
>
> «Матушка!»
>
> Он хотел написать матери, чтобы она во имя милосердного бога, в которого она верует, дала бы приют и согрела лаской несчастную, обесчещенную им женщину, одинокую, нищую и слабую, чтобы она забыла и простила все, все, все и жертвою хотя отчасти искупила страшный грех сына... (С. VIII, 436–437).

Странствия «блудного» Лаевского были направлены вовне, а возвратили его внутрь. Отныне его природа сама должна вести его по пути, подсказанному душой. Проводя аналогию между историей Лаевского и блудным сыном, я имею в виду не мифопоэтику. Блудный сын — не прототип Лаевского и не архетип. Речь идет только о близости сюжетных парадигм. Очистившись от всего наносного, Лаевский возвращается к исконным ценностям, соответствующим его натуре. Эта модель воскрешения через искреннее, глубоко эмоциональное раскаяние характерна для русской ментальности, русского мироощущения. Ей противостоит западная модель идеологичного фон Корена, ни в чем не раскаявшегося и ни о чем не сожалеющего («Я действовал искренно и не изменил своих убеждений с тех пор...» [С. 7, 452]). В его глазах Лаевский просто жалок.

Мир фон Корена выстраивается вокруг другой парадигмы, изоморфной парадигме Вечного жида. «Странствия» естественника фон Корена перекликаются со странствиями Агасфера в поисках Истины. Образ этого странствия передан в монологе Лаевского: «Он идет, идет, идет куда-то, люди его стонут и мрут один за другим, а он идет и идет, в конце концов погибает сам и все-таки остается деспотом и царем пустыни, так как крест у его могилы виден караванам за тридцать-сорок миль и царит над пустыней» (С. VII, 397). Это агасферовское движение по пустыне духа, не знающее покоя, продолжающееся на фоне смертей всех тех, кто сопровождал его, не заканчивающееся даже и после физической смерти.

Желание включить в экспедицию дьякона тоже весьма символично, как символичны и тяга фон Корена к ремесленничеству (по преданию, Агасфер был иудеем-ремесленником), и намек на еврейство в реплике Лаевского («Оставьте меня в покое! Я ничего не хочу! Я хочу только, чтобы вы и немецкие выходцы из жидов оставили меня в покое!» [С. 7, 426]). В рамках этой парадигмы признание фон Корена о том, что он не мог предвидеть перемены, происшедшей с Лаевским, ассоциируется с неведеньем Агасфера: «Он знает, что если бы я мог тогда предвидеть эту перемену, то я мог бы стать его лучшим другом», — говорит фон Корен Самойленко (С. VII, 452). По аналогии, признав Христа, Агасфер мог рассчитывать на Его благословение. Но предвидение дано было только Христу. Все, что требовалось от Агасфера, — быть милосердным к страждущему. Этого милосердия не было ни у него, ни у фон Корена. В отличие от Лаевского этот чеховский герой не притворяется. Он есть то, во что верит. И рядом с ним Лаевский еще сильнее ощущает фальшь своих наносных убеждений.

Странствия — общий знаменатель для обеих парадигм (блудного сына и Агасфера). Разница — в способности вовремя прозреть. Из двух протагонистов прозревает Лаевский — в том смысле, что ему открывается высший смысл. Он его ощущает, но не декларирует. Идеология больше не занимает его, как наносное и преходящее. То, что открылось ему, шире идеологий и связано с таинством. В финальной сцене, наблюдая за гребцами, Лаевский раздумывает о таинстве истины. Все описание дается сквозь призму его обновленного зрения, где библейские аллюзии возникают сами собой.

Лодку бросает назад, — думал он, — делает она два шага вперед и шаг назад, но гребцы упрямы, машут неутомимо веслами и не боятся высоких волн. Лодка идет все вперед и вперед, вот уж ее и не видно, а пройдет с полчаса, и гребцы ясно увидят пароходные огни, а через час будут уже у пароходного трапа. Так и в жизни... В поисках за правдой люди делают два шага вперед, шаг назад. Страдания, ошибки и скука жизни бросают их назад, но жажда правды и упрямая воля гонят вперед и вперед. И кто знает? Быть может, доплывут до настоящей правды...» (С. VII, 455).

Но, повторяю, Лаевский — не блудный сын. А фон Корен не чеховский Агасфер — он только продукт агасферовой ментальности, снаряжающей его в эти странствия. В общем и целом, повесть не о концепциях, а о людях и шире — о русском человеке, его стремлении обрести себя и следовать своей, а не заимствованной системе ценностей. Главный вопрос, который здесь решается, связан не с тем, что говорят или делают герои, а кто стоит за словами и поступками. Это дуэль между исконным и наносным, внутренним и внешним, духовностью и идеологией.

Примечание

1. Под «первичными» Арон Каценелинбойген понимал далее неразложимые параметры.

ЧЕХОВСКАЯ КОМЕДИЯ НОВОГО ТИПА

Жанровое единство

Из всех новшеств, которые Чехов ввел в свои пьесы (включая и статичное действие, и размытый сюжет, и открытые концовки, и отказ от главного героя), самым шокирующим было определение их жанра. Это-то и послужило скандальному провалу «Чайки» (1896). Зритель, пришедший в театр на бенефис любимой комедийной актрисы, посчитал, что его просто надули, показав ему мрачную драму с самоубийством главного героя. Можно только догадываться, что думал о Чехове-драматурге освиставший его завсегдатай театра комедии, знавший толк в этом жанре. В том же замешательстве была и критика, не понимавшая, как же Чехов сам не видит, что комедией здесь и не пахнет. Но Чехов продолжал настаивать на своем, вопреки мнению зрителей, критики и режиссеров. Следующие свои пьесы он также называет комедиями, порождая тем самым непрекращающийся поток исследований, направленных на то, чтобы найти ключ к определению его комедии.

Все началось с ранней версии «Иванова», возвестившей приход в литературу комедии нового типа. Ее встретило полное непонимание. «По словам Ежова, "на столе лежала толстейшая тетрадь, четко, красивым и своеобразным почерком Чехова переписанная". Ежов прочел пьесу вслух от начала до конца, без перерыва. Чехов "слушал и все время молчал <...> очевидно, взвешивая и оценивая им самим написанное". Ежов читал "с изумлением", так как вместо ожидаемой веселой комедии в чеховском жанре встретил "мрачную драму, переполненную тяжелыми эпизодами"» (С. XII, 413). Следующей была «Чайка». История повторилась. Это огорчило Чехова ровно настолько, чтобы он поклялся впредь не писать пьес, но не настолько, чтобы он сдержал свою клятву. «Дядя Ваня» (1896) вырастает из комедии «Леший» (1889), и, хотя авторское определение жанра в ней предусмотрительно отсутствует, подзаголовок «сцены из деревенской жизни» (С. XIII, 61) намекает на комедию, только в бальзаковском плане. Именно Бальзак дал аналогичный подзаголовок своей «Человеческой комедии»: «сцены из парижской жизни».

Имя Бальзака появляется в «Трех сестрах» (1901) в реплике Чебутыкина: «Бальзак венчался в Бердичеве» (С. XIII, 147). «Три сестры» также писались как комедия, даже водевиль. «Узнав из газет, что Чехов написал или пишет новую "комедию", В. М. Лавров 14 октября 1900 г. обратился к нему с просьбой: "...я намереваюсь просить тебя отдать эту комедию "Русской мысли"» (С. XIII, 434).

Чеховское определение жанра этой пьесы послужило возникновению конфликтной ситуации на предварительной читке «Трех сестер» в Художественном театре 29 октября 1900 г. По воспоминаниям Станиславского, «между автором и театром наметилось тогда расхождение в понимании жанровой природы пьесы, в определении границ между драмой и комедией» (С. XIII, 430). Немирович-Данченко вспоминал, что после чтения пьесы Чехов «боролся со смущением и несколько раз повторял: я же водевиль писал» (С. XIII, 430). «Что его больше всего по-ражало и с чем он до самой смерти примириться не мог, — вспоминал Станиславский, — это с тем, что его "Три сестры", а впоследствии "Вишневый сад" — тяжелая драма русской жизни. Он был искренне убежден, что это была веселая комедия, почти водевиль. Я не помню, чтобы он с таким жаром отстаивал какое-нибудь другое свое мнение, как это, в том заседании, где он впервые услыхал такой отзыв о своей пьесе» [Станиславский 1986: 394].

Все это, и в особенности последнее замечание Станиславского о невиданной горячности, с которой Чехов отстаивал жанр «Трех сестер», заставляет усомниться в том, что он так молниеносно мог поменять свое мнение о жанре. И тем не менее в подзаголовке «Трех сестер» значится «драма», и остается неясным, откуда этот подзаголовок взялся. Борьба за жанр «Трех сестер» шла не на жизнь, а на смерть в том смысле, что на прицел было взято чеховское определение пьесы. В своих мемуарах Немирович-Данченко утверждает, что одной из загвоздок в понимании жанра «Трех сестер» был подзаголовок «драма» на рукописи, которую Чехов принес на читку. Но в таком случае подзаголовок, по-видимому, означал «драматургическое произведение», а не жанр, поскольку Чехов там же во всеуслышание объявил, что написал комедию.

Немирович-Данченко был виновником многих «разночтений» и «ошибок», найденных в первой публикации рукописи, которую он подготавливал к печати. А рукопись с авторскими правками, которую Чехов лично подготовил для издателя в декабре 1900 г., была на много лет заточена в архиве Немировича-Данченко. В письме Книппер от 22 февраля 1891 г. Чехов досадовал на то, что «Русская мысль» опубликовала пьесу, не учитывая его корректуры. «Исправлял», т. е. правил по-своему, пьесу, по словам Лаврова, Немирович-Данченко. Все дальнейшие издания «Трех сестер», включая издание Маркса, базировались на публикации в «Русской мысли». Только в 1954 г. в «Литературной газете» появилась небольшая заметка Е. Костровой «К истории текста "Трех сестер"», где говорилось о злоключениях чистового варианта рукописи, которая, как граф Монте-Кристо, все это время пробыла в заточении и увидела свет только благодаря группе кинематографистов, готовивших документальный фильм к пятидесятилетию со дня смерти писателя.

Итог всех мытарств: «Три сестры», написанные как комедия, впервые вышли в свет с фотографиями почти что тургеневских девушек на обложке, то есть трех драматических актрис: М. Г. Савицкой (Ольга), О. Л. Книппер (Маша), и М. Ф. Андреевой (Ирина).

Хоть борьба и была проиграна, Чехов не сдавался. Стойкости его духа и убежденности в том, что его новаторский подход к комедийному жанру найдет однажды свое место в ряду всего, что «из ряда вон», приходится только поражаться. Работая над «Вишневым садом», он сообщает Немировичу-Данченко о том, что пишет новую пьесу и что это будет «комедия, местами даже фарс», и этот подзаголовок остается в пьесе.

«Нет, для простого человека это трагедия», — восклицает Станиславский в своем письме к Чехову от 22 октября 1903 г., абсолютно не поняв новаторства создателя комедии нового типа. При этом он добавляет: «Кто ее не понимает, тот дурак. Это — мое искреннее убеждение» [Станиславский 1954: 235]. И хоть позднее он сменит взгляд на жанр этой пьесы на противоположный, ясно одно: чеховская комедия действительно не для «простого человека».

Позиционный стиль и комедия нового типа

Позиционный стиль Чехова с акцентом на квазисильный потенциал героев положил начало его комедии нового типа (КНТ), которая по сути есть квазидрама. Между прочим, термин «квази» был не чужд и Чехову. Он использовал его как-то в критической рецензии на пьесу Николаева «Особое поручение». Выступив в роли критика, Чехов написал следующее: «Все авторы стараются, но никому из них так не "удался" этот quasi-тип, как г. Николаеву, автору "Особого поручения" — пьесы, дававшейся в текущий сезон в московском "театре Корша" раз 20–30, по три раза в неделю, и во все разы дававшей полный сбор» (С. XVI, 231). «Quasi-тип» — это ходульный, одномерный типаж, потенциал которого обозначен скудно, схематично. Поэтому чеховское определение распространяется не только на героев пьесы Николаева, но и на их незадачливого драматурга, не сумевшего создать настоящий, полноценный литературный типаж. Николаев вывел свой quasi-тип «ради эффекта (двадцать третьего по счету), а нравственная физиономия его выжата г. Николаевым не откуда, как только из глубины "внутреннего миросозерцания"» (С. XVI, 231). Так Чехов подводит читателя к тому, что сам Николаев и есть quasi-писатель.

Рецензия эта интересна еще и тем, что в ней как нельзя лучше представлена идея квазисильного потенциала как сочетания сильной части и слабого целого. И действительно, с одной стороны, пьеса собирает полный аншлаг и пользуется успехом у обывателя, что является ее сильной стороной, а с другой — она обречена на осмеяние и забвение в силу малого таланта ее автора. Потенциал многих чеховских героев именно такого свойства, но увидеть их квазидраматическую природу можно только в чеховском пенсне.

Категория драматического

То, что сделал Чехов в драме, выходит за рамки традиционных интерпретаций, парадигма мышления которых может быть описана как комбинация двух «таких жанровых полюсов, как трагедия и комедия» [Андреев 2008: 120]. Чехов не занимался рекомбинацией жанров и не шел по частностям, создавая свою комедию нового типа. Он осуществил реконструкцию жанра по большому счету, а не на уровне вкраплений бурлескных или пародийных элементов [Прим. 1], включающих в себя «изобилие комических интермедий», «и брачный финал, и какие-то фарсовые интонации, сопровождающие смерть героя» [Андреев 2008: 126]. Посему подходить к жанру его произведений с точки зрения традиционной жанровой типологии [Прим. 2] означает сгладить его новаторство, которое не ограничивается рекомбинацией жанров или жанровых элементов, как это трактуется, к примеру, в работах Н. И. Фадеевой или Ф. Лукаса [Фадеева 1991; Lucas 1963].

Чеховская парадигма мышления не подпадала под существовавшие в то время представления о комедии и комическом. Не подпадает она и сейчас. Определение жанра его комедий осложняется еще и тем, что Чехов не любил разъяснять своих инноваций, хотя иногда и делал это. Однако опыт показал, что его пояснениям не внемлют, и он в конце концов перестал вдаваться в подробности, ограничиваясь краткими репликами типа «Послушайте же, я же там написал все, что знал» [Станиславский 1986: 394]. И действительно, что он мог противопоставить существующему со времен Аристотеля пониманию комического как синонима смешного? Для этого ему потребовалось бы переквалифицироваться и стать литературоведом. К счастью, он продолжал делать то, что делал, невзирая на все трудности и минуты разочарования.

Чтобы понять суть чеховского новаторства, нужно прежде всего сменить традиционный взгляд на категорию драматического в целом, а это требует пересмотра взглядов не только на природу комического, но и на то, что было сделано писателями и драматургами в этом плане.

Вопрос неразработанности категории

Прежде всего, определимся с названием общей категории для комического, трагического и драматического. Поскольку иного термина не существует, придется использовать термин «драматическое» в качестве названия как общей, так и конкретной категории. Сразу отметим: общая категория драматического (не путать с драматургическим!) и по сей день является неразработанной.

Напомню, что категория считается неразработанной, если она, во-первых, оперирует крайностями, а во-вторых, сводится к другой категории. Например, в литературной энциклопедии Мэрриам-Вэбстер комедия и трагедия определены как «серьезное и легковесное», а драма как сочетание этих крайностей. Это определение является базисным и лишь несущественно варьируется в различных трудах и словарях. Мера серьезного и легковесного, как правило, не обсуждается в критике, хотя она (мера), несомненно, разная в разных произведениях. Отсутствие меры является сигналом того, что не найден объективный критерий, по которому она устанавливается.

Что же мы понимаем под серьезным?

Конфликт считается *серьезным*, если *его последствия сказываются на будущем.* По той же причине мы относимся серьезно ко всему, что способно оказать влияние на нас или наше окружение. Следующий вопрос связан с тем, почему одна система может влиять сильнее, а другая слабее. Причина кроется в мере силы и богатства ее потенциала, представленного различными внутренними характеристиками. Системы с более сильным потенциалом оказывают более сильное влияние и наоборот. Грубо говоря, речь идет о трех основных типах потенциалов — мощном, среднем и слабом.

Сила конфликта определяется потенциалом конфликтующих сторон, поэтому как в жизни, так и в художественном произведении важно понять, с каким типом потенциала мы сталкиваемся. Комическое (не путать с комичным, т. е. однозначно смешным!) легковесно за счет потенциала героев, который может порождать различные реакции наблюдателя / зрителя — от смеха до слез и равнодушия. Поэтому реакция зрителя не должна приниматься в расчет при определении жанра. Предметом рассмотрения должно быть влияние литературного героя *на его собственное окружение, а не на зрителя.* В способности влиять и в мере этого влияния и будет раскрываться потенциал литературного героя.

Замещение одной категории другой:
Аристотель и Веселовский

Что касается замещения одной категории другой при определении комедии, то с этим мы сталкиваемся вплотную, когда речь идет о комическом, которое сплошь и рядом приравнивается к смешному. Аристотель был первым, кто связал комедию со смешным, и с того самого времени комическое трактуется как синоним смешного.

Комедия, как мы сказали, это воспроизведение худших людей, но не во всей их порочности, а в смешном виде. Смешное — частица безобразного. Смешное — это какая-нибудь ошибка или уродство, не причиняющее страданий и вреда, как, например, комическая маска. Это нечто безобразное и уродливое, но без страдания [Аристотель 1927: 46].

Все последующие школы и теории базировали свой подход к комедии на этой парадигме, «и на всем протяжении истории теории смешного формировали теории комедии» [Encyclopedia of Aesthetics 1998: 402]. Комическое и смешное приравнивались друг к другу в философских и литературоведческих трудах. О смешном писал Шопенгауэр, разработавший теорию смешного как теорию несоответствий интуиции и концепта. Бергсон создает известную работу «Смех»; Кант, говоря о комическом, исследует механизмы, порождающие смех и осмеяние; то же, по сути, делает и Фрейд, связывая комическое с остроумием, в частности с намеками на сексуальную тему; Бахтин говорит о смеховой культуре; Пропп сводит вопросы комизма к смеху [Прим. 3]. Э. Олсон подходит к жанру с точки зрения предмета, средств и способа подражания. Комическое он приравнивает к смешному и всему, что порождает смех: «Комическое включает только смехотворное, курьезное и все, что с этим соотносится, остроумное и юмористическое» [Olson 1968: 23]. А. Боуи выводит комическое и комедию из «безвредных уродств» [Bowie 1993: 15].

Приравнивание комического к смешному в корне неверно: комическое — это категория, а смешное — единичная характеристика. Характеристика не может быть равна категории по определению. Неслучайно, невзирая на обширный эмпирический материал, аристотелевская школа не сумела дать удовлетворительного ответа на вопрос о том, что такое комедия (как не сумела дать и удовлетворительного ответа на вопрос о том, что такое трагедия, на что не раз указывали современные теоретики и исследователи комического и трагического — такие как Ричард Саймон, Марвин Т. Геррик, Пол Гроу и др.) Ричард Саймон сетует на то, что «теория комического обделена вниманием критиков, которые заняты более серьезными предметами анализа» [Simon 1985: 12–13; перевод мой. — В. З.]. Пол Гроу отмечает, что одним из самых больших заблуждений теоретиков комического является приравнивание комедии к смешному:

> Самой большой ошибкой было поставить знак равенства между комедией и смехом, но еще хуже то, что мы словно не замечаем, что самые блестящие комедии Шекспира, к примеру, гораздо менее смешны, чем второсортные, построенные по клише, пошлые комедии, и что некоторые комедии мирового уровня содержат в себе ничтожную толику смешного [Grawe 1983: 5; перевод мой. — В. З.].

Гроу с сожалением констатирует тот факт, что «комедия была ошибочно определена изначально, и это определение держится на протяжении двух тысячелетий, что определило ее место Золушки рядом с сестрой-трагедией» [Там же: 9; перевод мой. — В. З.]. Теоретики отмечали также отсутствие симметрии в определении этих двух жанров, что еще больше осложняет их сопоставление.

Определение трагедии дается в рамках парадигмы мышления, связанной с исключительной ролью внешних воздействий на развитие системы. Аристотель в «Физике» развивает идею о том, что система приводится в движение только внешними силами. Это же понимание роли внешнего фактора на систему было перенесено им и на литературное произведение, где главной движущей силой был объявлен сюжет. Аристотель развил идеи сюжета и характера в своей «Поэтике», следуя постулату, что «все движущееся непременно приводится в движение чем-нибудь» [Аристотель 1936: 205]:

…трагедия есть подражание не [пассивным] людям, но действию, жизни, счастью, [а счастье и] несчастье состоят в действии. И цель [трагедии — изобразить] какое-то действие, а не качество, между тем как характеры придают людям именно качества, а счастливыми и несчастливыми они бывают [только] в результате действия. Итак, [в трагедии] не для того ведется действие, чтобы подражать характерам, а[, наоборот,] характеры затрагиваются [лишь] через посредство действий; таким образом, цель трагедии составляют события, сказание, а цель важнее всего. Кроме того, без действия трагедия невозможна, а без характеров возможна… [Аристотель 1983: 653]

По мнению представителей аристотелевской школы, характер — марионетка, управляемая действием, заданным в фабуле; действие определяет и трагичность конфликта. Эта концепция и по сей день является доминирующей при определении жанра. Вопрос о том, что герой имеет свой внутренний потенциал, свою предрасположенность, определяющую его побуждения, глубину и остроту конфликта, не обсуждается аристотелевской школой и по сей день. В лучшем случае выделяются единичные характеристики типа воления или статуса героев, по которым выводится жанровая специфика. В целом же акцент делается на внешних структурах и приемах, таких как сюжет, мотив, конфликт, mimetic mode и т. п. И хотя, как отмечал Нортроп Фрай, «Аристотель вместо понятий добро и зло использовал термины spuodaios и phaulos, обозначающие весомость и легковесность» [Frye 1957: 33], вопрос серьезного и легковесного решался в сфере внешних влияний и общих философских понятий, не затрагивая роли потенциала героя.

Те ценные наблюдения над трагедиями и комедиями, которые были сделаны этой школой, не выходили за рамки эмпирики. Проблема всякого эмпирического подхода в том, что он не в состоянии систематизировать все то количество частных наблюдений, которыми располагает, и это накопление частностей вольно или невольно толкает систему в направлении энтропии. Пример тому — громоздкий список типов римской драмы, составленный Элием Донатом, где он «без всякого пояснения» ввел такие названия, как «praetextata, togata, attellana, rhyntonica, tabernaria, mimus» и др. [Herrick 1962: 2]. Подобную же кропотливую работу по комплектации признаков, присущих различным комедиям, проделал Гелений Акрон. В его список входят такие типы комедий, как «stataria [статичное действие], motoria [много действия, динамики], praetextata, tabernaria [по одежде и обуви актеров], togata [комедия тоги — одежда], palliate» и др. [Там же].

Веселовский выступал против бессистемных попыток описания жанра. Критикуя эмпирические исследования романтизма, он называет набор внешних признаков «перечнем», «в котором соединено многое несоединимое» [Веселовский 1904: 18]. Не случайно аристотелевская школа вынуждена была признать, что она не смогла выработать стройного определения комедии. Да и с трагедией и драмой дела обстоят не лучше.

Во «Введении в историческую поэтику» Александр Веселовский переформулировал представления о драме и драматическом, сместив фокус с внешнего на внутреннее. Термин «литературный герой» он заменяет терминами «личность» и «человек», вынося разговор о драме и драматическом за пределы драматургии. Направленность его мысли идет в русле, противоположном Аристотелю и его последователям. Он фактически оспаривает постулат о том, что «без действия трагедия невозможна, а без характеров возможна…» [Аристотель 1983: 653], ставя во главу угла характер и внутренний конфликт, вытекающий из особенностей личности:

> Драма, стало быть, внутренний конфликт личности, не только самоопределившейся, но и разлагающей себя анализом. Конфликт этот может выражаться во внешних формах, объективирующих психические силы и верования в живых лицах мифологии, в божествах, определяющих долю, враждебную самоопределению личности; но он может представляться и совершающимся внутри человека, когда ослабнет или видоизменится вера во внешние предержащие силы [Веселовский 2006: 66].

Затрагивая вопрос о способности личности к самоопределению и самоанализу, говоря о внутренних борениях как признаке совершающегося качественного скачка, подчеркивая роль волевого акта, Веселовский, по сути, формулирует новый подход к категории драматического как общей для комического и трагического. Его подход связан не с анализом действия или фабулы, а с внутренними характеристиками героя, такими как интеллект, способность к самооценке, предрасположенность к анализу, умение выбрать направление своего развития (с этим связано самоопределение, о котором он пишет) и пр. Все это и есть параметры, слагающие (но не исчерпывающие) категорию потенциала человека. Этот подход в дальнейшем развивается в трудах психологов, генетиков и обобщается в общей теории систем.

Вторая важная вещь, на которую указывает Веселовский в своем определении драмы, связана с вопросом судьбы, воплощенной в Мойрах, и случая как орудия богинь Ананке, Тихе и др. Веселовский подчеркивает, что, пока понимание внутреннего не развито, конфликт осмысляется как борение внешних сил — богов или богинь, управляющих судьбой. Но как только «вера во внешние предержащие силы» «ослабнет или видоизменится», придет понимание того, что все свершается «внутри человека». Однобокое понимание роли случая или судьбы как всемогущих факторов, детерминирующих систему, лежит в основе определения комедии и трагедии аристотелевской школой. Оно присуще и некоторым чеховским героям, чья ограниченность проступает в недооценке роли внутреннего фактора и вере «во внешние предержащие силы». «Значит, Марина Тимофеевна, не судьба им жить тут. Не судьба... Фатальное предопределение», — глубокомысленно заявляет в последнем акте «Дяди Вани» Телегин (С. XIII, 105). С этим перекликается вывод Ирины в «Трех сестрах»: «Я так и решила: если мне не суждено быть в Москве, то так тому и быть. Значит, судьба. Ничего не поделаешь...» (С. XIII, 176). Тот же ход мыслей и у Вершинина («Такова уж судьба наша, ничего не поделаешь [С. XIII, 128]), и у Маши («…такая, значит, судьба моя. Значит, доля моя такая…» [С. XIII, 169]), и у героев других чеховских произведений.

Конечно, можно возразить, что Веселовский говорит об эволюции сознания, а у древних оно было связано с верой в детерминирующую роль бога и фатума. Вера, конечно, была, но не совсем такая, какой ее пытаются представить, говоря об античной трагедии. Прежде всего, судьба в лице богинь судьбы непоколебима только в смысле рождения и смерти: что рождено, то умирает. Все, что «между», т. е. судьба человека, может меняться в зависимости от того, как человек поведет себя, насколько сумеет убедить Зевса, что он достоин того, чтобы судьба его изменилась к лучшему. Вот что об этом пишет Р. П. Уиннингтон-Инграм:

> Боги — и в частности самый главный из них, Зевс, — настолько могущественны, что изъявления судьбы естественным образом воспринимаются как изъявления богов; тем не менее, время от времени возникает ощущение, что даже боги не могут — или не должны — отменять решение судьбы, в особенности когда речь идет о смерти <...> Разница между размытой судьбой и действенным богом заключается в следующем. Прежде всего, богиня судьбы непреклонна, тогда как боги могут менять свои решения под влиянием молитв и жертвоприношений. В этом смысле «действенный бог» может интерпретироваться как метафора меняющегося мира: пересмотр собственной модели поведения (раскаяние) может повлечь за собой перемены в судьбе героев (благодаря податливости богов) [Winnington-Ingram 1980: 152, 155: перевод мой. — В. З.].

В «Царе Эдипе» обычно обращают внимание только на предсказание, упуская характер самого Эдипа. Но этот герой известен вспыльчивостью, нетерпимостью, даже жестокостью. Случайно ли Софокл наградил его подобными чертами? Если бы он сделал своего героя крайне внимательным, уравновешенным и рационально мыслящим и если бы при этом показал, что Эдип дал обет не убивать вообще никого и ни при каких обстоятельствах и после этого все равно убил бы своего отца, тогда бы имело смысл говорить о неотвратимости. В пьесе же все совершенно по-другому. Услышав предсказание, Эдип идет по пути наименьшего сопротивления — вместо того, чтобы изменить свою натуру, он просто-напросто меняет место проживания. Перемещение Эдипа, его встречи и конфликт — это движение сюжета. Все остальное — вопрос потенциала и предрасположенности героя, которые раскрываются в принятии решений, отношении к окружающим, образе мысли, системе ценностей и многом другом. Предсказание срабатывает только потому, что Эдип хочет «увернуться» от судьбы (направленность на внешнее), но не изменить себя внутренне. Мысль о том, что следует изменить себя, приходит к нему, но только после трагической развязки. Однако, понимая свою натуру, свой темперамент и силу, он даже и в трагическую минуту не уверен, послужит ли ему происшедшее уроком на будущее. Тогда он идет на крайнюю меру и — в качестве вечного напоминания — выкалывает себе глаза. Он надеется, что слепота внешняя станет прозрением внутренним.

Аристотелевская школа не позволяет адекватно проанализировать подобные произведения, фокусируясь на сюжете, суть которого в том, что сбывается предсказание богов. То же относится и к роли случая, который никогда не рассматривается аристотелевской школой в комбинации с предрасположенностью героя. Любые внешние влияния трактуются последователями этой школы как детерминирующие, и развязка ставится в зависимость от этого. Подобный подход критикуется Веселовским.

> Средние века остановились на формуле типа и не добрались до личности; и они не миновали борьбы, и много ее выпало на их долю, но ни одной они не разрешили, оставив вопросы открытыми для будущего: эпоха искания, ожиданий и попыток, где как будто не люди, какие-то мировые силы движут историей, церковь и империя, массовые движения и сословные предприятия, и чудо иногда спускается на землю на помощь людскому бессилию, и личность постоянно выгораживается личной инициативой [Веселовский 2010: 237—238].

По Веселовскому, за всеми идеями и движениями стоят не абстрактные мировые силы, а люди: инициатива рождается изнутри, а не дается извне. Люди меняют структуру общества в соответствии с собственными внутренними потребностями, «ощущениями» и возможностями. Их вкусы, система ценностей и пр. формируют потенциал системы, в которой они живут.

> Когда из среды, коллективно настроенной, выделился, в силу вещей, кружок людей с иными ощущениями и иным пониманием жизни, чем у большинства, он внесет в унаследованные лирические формулы новые сочетания в уровень с содержанием своего чувства; усилится в этой сфере и сознание поэтического акта, как такового, и самосознание поэта, ощущающего себя чем-то иным, чем певец старой анонимной песни. И на этой стадии развития может произойти новое объединение с теми же признаками коллективности, как прежде… [Веселовский 2006: 242].

Внутренний принцип, идущий от потенциала и предрасположенности личности или коллектива, является основополагающим в работах Веселовского. Например, выступая против ложной трактовки Боккаччо, Веселовский критикует неспособность интерпретаторов оценить по внутреннему, а не внешнему принципу созданную Боккаччо систему отношений. Внешний принцип идет от постулата о фабуле, через который не могут перешагнуть и выдающиеся критики Боккаччо, рассматривающие его как поэта «сладострастия по преимуществу» [Веселовский 2010: 267]. Веселовский с горечью отмечает, что «даже новые исследователи приняли его в наследие от старших вместе с массой тому подобного хлама; потому ли, что, ограничиваясь внешностью явления, они не дали себе труда распознать его внутреннюю суть…» [Там же].

В работах ученого формируется психофизический принцип, который и есть шаг «вовнутрь». Выявление внутреннего является первичным в его методике. Затем следует анализ внешних условий. А уже после того, как эти две фазы завершены, он приступает к сопоставлению внутренних возможностей системы и внешних условий.

К внешнему в литературной системе Веселовский относит художественные средства, образующие жанровые особенности произведения, и все то, что составляет материальные, сущностные характеристики, определяющие внешний вид произведения и помогающие отличить, к примеру, песню от пьесы, стихотворное произведение от нестихотворного и т. п. «В основе греческой драмы лежат обрядовые хоровые песни, вроде наших весенних хороводов; их простейшее религиозное содержание обобщилось и раскрылось для более широких человеческих идей в культе Диониса» [Веселовский 2006: 66]. На Западе появляется мистерия, лишенная народной основы. «Площадная сцена, куда переселился впоследствии этот религиозный театр, могла внести в него несколько бытовых сцен и комических типов» [Там же]. Однако внешние характеристики не являются показательными для того, что Веселовский понимает под драмой и драматическим. «Психологический анализ» и «понятие внутреннего конфликта», который «может выражаться во внешних формах», но не определяется ими, — вот что формирует драму по Веселовскому.

101

Потенциал и новая классификация драматического жанра

Типы потенциала

Сила потенциала литературного героя определяется: 1) мерой его влияния на его же среду и 2) его собственной способностью к развитию. При этом развитие понимается в строгих терминах системного подхода, различающего развитие и рост [Прим. 4]. Влияние героя на читателя не учитывается при оценке его потенциала. Чувства и реакции, которые вызывает герой у интерпретатора, выносятся за скобки.

Три типа потенциала — мощный, средний и слабый — слагают три типа произведений, в которых герои раскрываются с точки зрения меры их влияния на свое окружение и способности развиваться. Герои с мощным потенциалом способны кардинально влиять на свой круг или общество; средний потенциал отличает влияние средней силы, а слабый дает ничтожное влияние. При формировании потенциала писатель отталкивается не от читателя или зрителя, а от окружения самого героя, моделируя ситуации, в которых тот с наибольшей эффективностью проявит свой потенциал.

Герои с сильным потенциалом образуют то, что я называю драмедией. Драмедия — не сочетание драмы и комедии. Это один из трех типов драмы, сформированный за счет исключительно сильного потенциала героев. Герои с умеренным потенциалом формируют второй тип — драму как промежуточный тип между комедией и драмедией. Соответственно герои со слабым потенциалом относятся к третьему типу — комедии. Комедийный герой не имеет существенного влияния на свое окружение и не способен развиваться.

В традиционной комедии потенциал героев скудно однороден. Это недотепы типа Труффальдино в «Слуге двух господ» Гольдони. Их отличает малый интеллект, слабая способность влиять на свое окружение и развиваться (не путать с пьесами, которые названы комедиями только по признаку «счастливой» развязки. Многие из них не являются комедиями в строгом смысле, как не являются трагедиями или драмами в строгом смысле пьесы или произведения с несчастливой развязкой.)

Так же как традиционная комедия, чеховская комедия содержит в основе своей слабый потенциал главных героев. Стреляется Треплев — и это сопровождается репликой Дорна «лопнула склянка с эфиром». Три сестры так и не сдвинулись с места. Вишневый сад так никто и не спас. И самое главное, герои не развиваются, т. е. качественного скачка у них не наблюдается. «Мне сорок семь лет», — восклицает Войницкий в начале пьесы, говоря о своем разочаровании в жизни (С. XIII, 70). «Мне сорок семь лет, — вздыхает он в конце, — если, положим, я проживу до шестидесяти, то мне остается еще тринадцать. Долго! Как я проживу эти тринадцать лет?» (С. XIII, 107).

Обращение к потенциалу героя помогает уяснить разницу между трагедией и комедией с грустным концом. Смерть трагического героя способна повлечь за собой коренные изменения в его среде. Последствия ухода трагического героя могут быть даже более значимыми, чем факт его жизни, который общество не в состоянии было оценить в силу собственного ограниченного потенциала. «Ромео и Джульетта» — классический пример того, как смерть влюбленных полностью переворачивает прежние ценности общества и служит примирению, казалось бы, непримиримо враждующих сторон. Концовка свидетельствует об их мощном преобразовательном потенциале.

Сравним их гибель с гибелью Треплева в «Чайке». Вряд ли его смерть изменит что-либо в образе жизни и мыслей его родных и близких. Не однажды Чехову пеняли на включение «лишних» эпизодов в его пьесы, в частности эпизода, когда Треплев просит мать перебинтовать ему голову. Смысл «лишней» сцены может быть объяснен с точки зрения ее позиционной значимости: она призвана ответить на вопрос, насколько угроза потерять Треплева способна изменить отношение к нему. Первая попытка самоубийства показывает, что с его чувствами никто не считался и считаться не станет. Ни мать, разбинтовывающая рану и видящая, как близко ее сын был от смерти, ни Нина, ни Тригорин не желают поступиться своими интересами и пристрастиями. А это, в свою очередь, свидетельствует о довольно слабом влиянии Треплева на домочадцев.

Как видим, несчастливая развязка служит лакмусом,

определяющим силу потенциала литературного героя. Здесь мы переходим к следующей ступени классификации, включающей две размерности — потенциал героя и развязку. Появление специфики (в смысле вариантов развязки) образует жанровый вид. Трагедия относится к жанровому виду. Она отличается от комедии или драмы с несчастливым концом мощью потенциала героев. Преуспевающие герои с крайне сильным потенциалом формируют жанровый вид, который я назвала саксидией (от английского succeed). Трагедия и саксидия закреплены за драмедией. «Сон в летнюю ночь» может служить одним из примеров саксидии, поскольку главные герои, невзирая на негативное вмешательство волшебных сил, находят возможность дожить до того момента, когда чары рассеиваются и все становится на свои места. Аристотелевская школа трактует подобные повороты вмешательством внешних сил — случая или судьбы. Для нас же «Сон в летнюю ночь» — не сказка о благополучной развязке по воле счастливого случая, а история о том, как влюбленным Гермии и Тесею удается выстоять благодаря правильному принятию решений, включающему продуманную стратегию и тактику [Прим. 5]. Эта интерпретация выстроена в русле взглядов Веселовского и подкреплена теорией предрасположенностей о роли внешних влияний на систему. Саксидия будет антиподом трагедии — оба вида отличает необыкновенно сильный потенциал героев, но финалы диаметрально противоположны.

Помимо драматических видов можно выделить подвиды, образующиеся в результате сочетания потенциала и концовки с другими характеристиками, такими как веселое и грустное и т. п. Например, добавив ракурс смешного, можно говорить о таком подвиде, как веселая драма со счастливой / несчастливой / открытой концовкой и т. д. Отличие веселой драмы от веселой комедии кроется в типе потенциала героев. Шекспировские пьесы включают в себя как веселые драмы, так и комедии, но в ситуации, когда отсутствует ясная классификация, все это называется комедиями. Тем не менее все прекрасно понимают, что есть герои, над которыми смеются, и есть герои, с которыми смеются. Второе подразумевает остроумие и находчивость, а это, в свою очередь, сигнал хорошего интеллекта, который немаловажен в формировании сильного потенциала литературного героя.

Произведения-двойники

Особенно хорошо концепция потенциала иллюстрируется на примере произведений-двойников, т. е. комедий и трагедий, героями которых являются одни и те же литературные персонажи. Количество Дон Жуанов, скупых, разлученных возлюбленных и пр., кочующих из комедий в трагедии и наоборот, достаточно велико. Как отмечает Элмер Блиштейн, «присутствие Юпитера в различных версиях поразительным образом сказывается на разнице результата. У Плавта его присутствие неизбежно ведет к рождению божественного героя; у Мольера он трансформирует постельный фарс в высокую комедию, что приводит к появлению на свет полубожественного героя; у Драйдена его присутствие <...> способствует появлению фарсового треугольника, состоящего из надменной красотки, сварливой шлюхи и высокопарного рогоносца» [Blistein 1964: 99].

Разные Юпитеры, о которых пишет Блиштейн, являются носителями разных по силе и богатству потенциалов этих персонажей — от слабого и умеренного, порождающего полубога и фарсовый треугольник, до мощного, идущего от божественного происхождения героя. Разница потенциала обусловила и появление столь разных Дон Жуанов у Мольера («Дон Жуан», 1665) и Пушкина («Каменный гость», 1830). Герой Мольера открыто примитивен, и его слуга Сганарель не случайно сравнивает его с животным. Его ограниченный потенциал не позволяет ему по-настоящему испытать чувство влюбленности, пусть и сиюминутной. Для него очередной объект вожделения не более, чем шахматная фигура. Как только комбинация свершается и он снимает «ферзя», то тут же приступает к следующей «партии».

Дон Жуан. <...> Словом, нет ничего более сладостного, чем одержать верх над красавицей, которая сопротивляется, и у меня на этот счет честолюбие завоевателя, который всегда летит от победы к победе и не в силах положить предел своим вожделениям. Ничто не могло бы остановить неистовство моих желаний. Сердце мое, я чувствую, способно любить всю землю, и я, подобно Александру Македонскому, желал бы, чтобы существовали еще и другие миры, где бы мне можно было продолжить мои любовные победы [Мольер 1957: 106–107].

В его эмоциональной памяти не остается ни следа от прошлых встреч. И избранниц он оценивает, как лошадей, заглядывая им в рот и восторгаясь материальными характеристиками. Пушкинский Дон Гуан — совершенная противоположность мольеровскому. Это поэт от природы, обладающий богатым воображением, высоким интеллектом и способностью видеть уникальное в каждой из своих возлюбленных. Его неотесанный слуга Лепорелло представил суть своего хозяина наиболее точно:

У вас воображенье
В минуту дорисует остальное;
Оно у нас проворней живописца,
Вам все равно, с чего бы ни начать,
С бровей ли, с ног ли [Пушкин 1978: 322].

Воображение — исключительно важная характеристика, ставящая пушкинского Дон Гуана на ступень выше Дон Жуана мольеровского. У Пушкина это художник, поэт, который не только воспламеняется новизной, но и несет в душе образ каждой возлюбленной. Все они прекрасны в его воспоминаниях, как звезды в созвездии любви, и при этом каждая отмечена индивидуальностью. Описание его покойной возлюбленной Инезы полно тонких деталей и нюансов, которые невнятны его слуге, явно не понимающему загадочной прелести этой женщины.

Дон Гуан (задумчиво).
Бедная Инеза!
Ее уж нет! как я любил ее!

Лепорелло.
Инеза! — черноглазую... о, помню.
Три месяца ухаживали вы
За ней; насилу-то помог Лукавый.

Дон Гуан.
В июле... ночью. Странную приятность
Я находил в ее печальном взоре
И помертвелых губах. Это странно.
Ты, кажется ее не находил

Красавицей. И точно, мало было
В ней истинно прекрасного. Глаза,
Одни глаза. Да взгляд... такого взгляда
Уж никогда я не встречал. А голос
У ней был тих и слаб — как у больной —
Муж <у н>ее был негодяй суровый,
Узнал я поздно... Бедная Инеза!... [Там же: 318].

В отличие от слуги, который помнит физические атрибуты, такие как цвет глаз Инезы, Дон Гуан обращает внимание на параметры нематериальные — взгляд, особенности голоса, помертвелые губы и т. п. Не физические прелести привлекают его, а внутренняя жизнь, загадка, без которой любая красота мертва. Дон Гуан не прельщается внешней красотой:

А женщины? Да я не променяю,
Вот видишь ли, мой глупый Лепорелло,
Последней в Андалузии крестьянки
На первых тамошних красавиц — право.
Они сначала нравилися мне
Глазами синими да белизною
Да скромностью — а пуще новизною;
Да слава богу скоро догадался —
Увидел я, что с ними грех и знаться —
В них жизни нет, все куклы восковые [Там же: 317].

Лепорелло не способен увидеть и понять все эти тонкости; он — воплощение обывательской точки зрения. В его глазах Дон Гуан всего лишь бабник, не пропускающий ни одной юбки. Эта пропасть между обывательским миром, грубым и примитивным, не знающим взлетов и падений, и тем, что несет в себе Дон Гуан, непреодолима. Обыватель не понимает, что в глазах Дон Гуана каждая встреча значима и незабываема, и в этом смысле он хранит верность каждой из своих возлюбленных. Немудрено, что с гибелью этого героя мир погружается во мрак обыденности, где нет места певцу. И для мира потеря Дон Гуана действительно трагична.

Сопоставление пьес-двойников подтверждает, что не сюжет и не художественные средства, а потенциал героев лежит в основе драматической категории. Это достаточный признак, который в сочетании с необходимыми делает возможной более четкую классификацию драматического, присущего любому художественному произведению, будь то пьеса, роман, рассказ, поэма или стихотворение. Этот момент требует разъяснений. Традиционная классификация, при всей разнородности мнений литературоведов по поводу того, что считать жанром, а что — видом и родом, шла в русле представлений о художественном произведении как словесном искусстве. Если же подходить к произведению как системе, то первый вопрос, который придется решать, будет связан с типом её потенциала. Без представления о потенциале нет и представления о системе. Категория драматического, связанная с типом потенциала, присуща любому художественному произведению — от стихотворного до прозаического. Поэтому для себя я разработала следующую классификацию. Родовыми понятиями для меня являются (1) художественная система, порождающая художественные произведения, и (2) словесное искусство, дающее эссеистику, беллетристику и другие виды нехудожественных текстов. Вопрос потенциала связан исключительно с художественной системой. Жанр — это системное образование, основанное на потенциале художественного мира. Все, что описывает произведение как систему, относится к категории жанра. Драма, поэзия и проза — жанры, описывающие потенциал произведения по двум ракурсам: ракурс силы (драматический жанр) и ракурс богатства (поэзия и проза). Богатство потенциала художественного произведения поверяется уровнем образности. Поэзия (не стихи!) — это жанр, наиболее насыщенный образами. Для поэзии характерно наличие большого числа «избыточных» образов, т. е. прямо не связанных с сюжетом. Не случайно интуиция подсказала Гоголю определить жанр «Мертвых душ» как поэму: многообразие детально обрисованных второстепенных героев, количество всевозможных описаний — от внешнего вида героев до их повадок, окружения и пр. — скорее размывает сюжет, чем ведет за событием. Пушкин, напротив, указал в подзаголовке «Евгения Онегина» «роман в стихах», поскольку основным был сюжет, включающий в себя героев и описания. Как жанр поэзия базируется на позиции, формирующейся при помощи разветвленной образной системы. Мера поэтического в каждом произведении разная.

В отличие от жанра, вид и тип не являются системными образованиями. Они относятся как к словесному, так и к художественному роду. Два основных вида — стихотворный и нестихотворный — порождают типы всевозможных текстов: рассказы, стихи, романы, эссе, публицистику, трактаты (в том числе в стихах) и т. д. Если к основным видам прибавить ракурс, связанный с наличием или отсутствием повествователя, то в подвиде получим произведение в диалогах. Оно может быть написанным в стихотворной или нестихотворной форме и относиться к художественному или словесному роду. Драматургия — один из типов этого подвида, включающий в себя нескольких ракурсов, превращающих диалоговое произведение в драматургическое.

Комедия нового типа. Чехов и Бальзак

Есть нечто, отличающее по существу чеховского героя от героя традиционной комедии.

Чехов впервые в русской литературе поставил вопрос об интеграции явно сильного единичного и неявно слабого целого в потенциале героя. Сочетание сильного единичного и слабого целого и составляет ядро чеховской комедии нового типа или квазидрамы. До-чеховская мировая комедия за редкими исключениями базировалась на откровенно слабом потенциале героев, не имеющих серьезного веса в своем окружении. Их легковесность была очевидна, для ее выявления не требовалось специального аналитического метода, поскольку часть и целое в потенциале традиционного комедийного героя однородны. У чеховского героя, напротив, есть и сильные стороны, и они могут быть достаточно привлекательными, но все это лишь сегментарные проявления сильного в слабом целом. Поэтому «массовый гамлетизм», который, по словам Н. Берковского, исповедуют «лучшие из действующих лиц» в чеховских произведениях [Берковский 1969: 153], на самом деле — квазигамлетизм, не дотягивающий до уровня Гамлета.

В этом смысле чеховский герой — это антигерой по отношению к традиционному персонажу русских сказок и былин, где Иванушка-дурачок и Илья Муромец представлены носителями квазислабого потенциала, то есть потенциала, в котором откровенно слабые характеристики составляют единичное, а скрытые сильные слагают целое. В результате Иванушка-дурачок оказывается самым смекалистым, а Илья Муромец, неподвижно пролежавший на печи тридцать лет и три года, — самым сильным. Это традиционное представление фольклорного героя находит развитие в образах «святых», «праведников» и «юродивых» в русской литературе.

У Чехова же все наоборот. Его герои зачастую разыгрывают из себя героев романов Достоевского, Тургенева или Толстого («он, видите ли, Фауст, второй Толстой...» [(С. VII, 374)]), но до них явно не дотягивают. Сложность опознания их квазисильной природы заключается в том, что слабое целое упрятано в подтекст в надежде на то, что «читатель и зритель будут внимательны и что для них не понадобится вывеска: "Це не гарбуз, а слива"» (П. III, 116). И действительно, чеховские герои — интеллигентные люди, писатели, врачи, актеры, учителя. Они образованны, начитанны, умеют рассуждать, чувствительны к красоте. На первый взгляд, это типичные герои драмы, герои тургеневского типа, в чем-то — как лишние люди. Но Чехов протестует против такого поверхностного прочтения. В письме к Суворину от 30 декабря 1888 года он с явным раздражением пишет:

> Режиссер считает Иванова лишним человеком в тургеневском вкусе; Савина спрашивает: почему Иванов подлец? Вы пишете: «Иванову необходимо дать что-нибудь такое, из чего видно было бы, почему две женщины на него вешаются и почему он подлец, а доктор — великий человек». Если Вы трое так поняли меня, то это значит, что мой «Иванов» никуда не годится. У меня, вероятно, зашел ум за разум, и я написал совсем не то, что хотел. Если Иванов выходит у меня подлецом или лишним человеком, а доктор великим человеком, если непонятно, почему Сарра и Саша любят Иванова, то, очевидно, пьеса моя не вытанцевалась, и о постановке ее не может быть речи (П. III, 109).

Критик, обращающий внимание лишь на сильные стороны и за ними не видящий целого, напоминает доктора Львова, которому Иванов бросает следующую фразу: «Нет, доктор, в каждом из нас слишком много колес, винтов и клапанов, чтобы мы могли судить друг об друге по первому впечатлению или по двум-трем внешним признакам» (С. XII, 54). По сути, Иванов выражает кредо самого Чехова о том, как анализировать его героев. Но не будем приводить высказывания чеховских героев как доказательство чеховского метода, а обратимся непосредственно к тому, как сам Чехов их интерпретировал.

В том же письме к Суворину Чехов дает подробнейший анализ героев «Иванова» именно с позиций части и целого. Он пишет: «Героев своих я понимаю так. Иванов, дворянин, университетский человек, ничем не замечательный; натура легко возбуждающаяся, горячая, сильно склонная к увлечениям, честная и прямая, как большинство образованных дворян» (П. III, 110). Здесь, прежде всего, Чехов призывает отказаться от шаблонного деления его героев на положительных и отрицательных. Вместо этого он предлагает подойти к ним с точки зрения спектра характеристик, слагающих их потенциал. К «явным» характеристикам относятся честность, прямота, образованность и благородное происхождение — качества, которые ослепляют читателя и зрителя настолько, что они уже не замечают ничего остального. К «незамеченным» качествам Иванова относятся легкая возбудимость, повышенная эмоциональность, склонность к увлечениям и пр. Поначалу еще неясно, почему эти качества не дают возможности развиваться его сильным характеристикам. Однако Чехов детально анализирует потенциал героя, поясняя, как именно происходит интеграция части и целого применительно к этому и другим персонажам.

Разочарованность, апатия, нервная рыхлость и утомляемость являются непременным следствием чрезмерной возбудимости, а такая возбудимость присуща нашей молодежи в крайней степени. <…> Война утомила, Болгария утомила до иронии, Цукки утомила, оперетка тоже... Утомляемость (это подтвердит и д-р Бертенсон) выражается не в одном только нытье или ощущении скуки. Жизнь утомленного человека нельзя изобразить так: ～～～～～ .

Она очень не ровна. Все утомленные люди не теряют способности возбуждаться в сильнейшей степени, но очень не надолго, причем после каждого возбуждения наступает еще бо́льшая апатия. Это графически можно изобразить так:

Падение вниз, как видите, идет не по наклонной плоскости, а несколько иначе. Объясняется Саша в любви. Иванов в восторге кричит: «Новая жизнь!», а на другое утро верит в эту жизнь столько же, сколько в домового (монолог III акта); жена оскорбляет его, он выходит из себя, возбуждается и бросает ей жестокое оскорбление. Его обзывают подлецом. Если это не убивает его рыхлый мозг, то он возбуждается и произносит себе приговор (П. III, 111−112).

Итак, несколько сильных качеств Иванова, упомянутых в самом начале письма, тонут в омуте слабого целого. Это типичная картина квазисильного потенциала. Столь же скрупулезно Чехов анализирует характер доктора Львова. В основе анализа лежит уже знакомый нам метод вычленения части из целого с изначальным акцентом на сильные стороны героя: «Это тип честного, прямого, горячего…» — и далее идет перечень характеристик, слагающих слабое целое:

…но узкого и прямолинейного человека. Про таких умные люди говорят: «Он глуп, но в нем есть честное чувство».

Все, что похоже на широту взгляда или на непосредственность чувства, чуждо Львову. Это олицетворенный шаблон, ходячая тенденция. На каждое явление и лицо он смотрит сквозь тесную раму, обо всем судит предвзято. Кто кричит: «Дорогу честному труду!», на того он молится; кто же не кричит этого, тот подлец и кулак. Середины нет. <…>

Львов честен, прям и рубит сплеча, не щадя живота. Если нужно, он бросит под карету бомбу, даст по рылу инспектору, пустит подлеца. Он ни перед чем не остановится. Угрызений совести никогда не чувствует — на то он «честный труженик», чтоб казнить «темную силу»!

Такие люди нужны и в большинстве симпатичны. Рисовать их в карикатуре, хотя бы в интересах сцены, нечестно, да и не к чему. Правда, карикатура резче и потому понятнее, но лучше не дорисовать, чем замарать... (П. III, 111−112).

«Драматического писателя должно судить по законам, им самим над собою признанным», — писал Пушкин по поводу «Горя от ума» [Пушкин 1979: 96]. Приведенное выше письмо наилучшим образом поясняет те законы, по которым Чехов создавал своих героев.

Чехов не случайно выступает против карикатуры в

изображении героев. Карикатура снимает вопрос соотношения целого и части и делает потенциал однородным. Чехову же важно показать, что его герой включает и сильные качества, но не они являются определяющими. Безусловно, каждый большой писатель комбинирует разные черты характера при создании литературного героя. Новизна Чехова не в этом, а в том, что сильный сегмент контрастно вычерчен по отношению к слабому целому и поначалу затмевает его своей яркостью, вводя в заблуждение читателя и зрителя относительно целого. Иными словами, слабое целое и сильный сегмент у Чехова представлены как крайности.

Говоря о перекодировке печатного текста в театральный, Ю. В. Доманский указывает на то, что важно не только «что произносится, а как произносится» [Доманский 2005: 7]. Но для того, чтобы понять как, нужно понять, кто стоит за словами и действиями. Это, в свою очередь, требует обращения к потенциалу героя, который раскрывается Чеховым подспудно, позиционно, то есть небольшими штрихами, требующими достраивания и домысливания целостной картины. Чеховский герой требует анализа, наподобие того как это сделал сам Чехов. Например, по словам Раневской, трагическая гибель сына заставила ее все бросить и уехать с любовником за границу. Желание сменить место, где все напоминает о страшной утрате, понятно. Только вот одно настораживает: у нее остается дочь, которую Раневская бросает именно в том месте, где погиб сын. А вдруг и с ней приключится что-то подобное? Казалось бы, материнский инстинкт должен был подсказать Раневской другое решение, тем более что в момент ее отъезда Ане было всего 12 лет! «На родину», к «девочке» ее «потянуло вдруг», когда наступил кризис отношений с любовником и деньги все были потрачены (С. XIII, 120). Она приезжает, умиляется увиденному и нахлынувшим воспоминаниям, но целовать неодушевленные предметы и раздавать деньги случайным нищим гораздо проще, чем нести ежедневную вахту, оберегая семью от невзгод. И вопрос не в искренности ее излияний, а в глубине ее чувств и привязанностей.

Чеховские квазидраматические герои способны на чувствительность, но поверхностную, на щедрость, но импульсивную, на помощь, но не требующую постоянной вовлеченности. Зачастую их сентиментальность принимается за непрактичность. Возможно, такими непрактичными добряками они и хотят быть в глазах других. Однако, если под практичностью понимать четкое осознание собственных возможностей и умение сделать выбор между желаемым и действительным, то Раневская и Гаев предстают весьма практичными в своем обоюдном, хоть и негласном решении сбыть с рук вишневый сад.

Эта парочка прекрасно понимает, что такого бремени им не потянуть, и по молчаливому уговору разыгрывает прощальное представление со слезами и патетическими речами. Их пародирует Шарлотта, суть фокусов которой сводится к «закулисной» игре всего происходящего в усадьбе. В заключительном действии Шарлотта «берет узел, похожий на свернутого ребенка», ласково говорит ему: «Мой ребеночек, бай, бай...». Но как только «слышится плач ребенка», она требует, чтобы «хороший», «милый мальчик» замолчал, и после тщетных попыток успокоить младенца, говорит ему: «Мне тебя так жалко!», — и отбрасывает узел в сторону (С. XIII, 248). Это в точности отражает ментальность Раневской, да и Гаева, по отношению к близким, которых они отбрасывают в сторону, как только те начинают причинять им неудобства. Фокусы с распродажей девиц в третьем действии пародируют желание Раневской сбыть с рук приемную и родную дочь. Частично ей удается задуманное: Аня уходит с Петей, а вот попытка сосватать Варю терпит фиаско. Непрактичным оказывается как раз Лопахин, делающий ставку на какого-то идеализированного дачника, который вместо того, чтобы пить да гулять, как все чеховские дачники, вдруг превратится в какого-то дачного Штольца и начнет «дело делать». Квазисильный потенциал Лопахина проявляется в том, что он сумел нарастить мощь, встав на ноги материально, но во всем остальном этот герой остался столь же примитивен, сколь бальзаковский отец Горио.

До Чехова квазидраматический потенциал разрабатывался Бальзаком в его «Человеческой комедии». Описание отца Горио может служить образцом того, как Бальзак формировал потенциал своего героя, начиная с описания сильного сегмента и переходя затем к слабому целому. Ниже я приведу отрывок, касающийся Горио, метод описания которого удивительно схож с тем, о чем говорил Чехов в письме к Суворину. Поначалу Бальзак поет панегирик сильным чертам Горио:

> Он не имел себе равных, когда дело шло о зерне, муке, крупе, их качестве, происхождении, хранении, когда требовалось предвидеть цену, предсказать недород иль урожай, дешево купить зерно, запастись им в Сицилии, на Украине. Глядя, как он ведет свои дела, толкует законы о ввозе и вывозе зерна, изучает их дух, подмечает их недостатки, иной, пожалуй, мог подумать, что Горио способен быть министром. Терпеливый, деятельный, энергичный, твердый, быстрый в средствах достижения цели, обладавший орлиным зрением в делах, он все опережал, предвидел все, все знал и все скрывал, дипломат — в замыслах, солдат — в походах [Бальзак 1952: 81].

Сразу после этого Бальзак переходит к общей картине, и контрастность целого и части поражает, не оставляя больше сомнений относительно квазисильной природы этого героя:

> Но вне этой особой отрасли, выйдя из простой и мрачной своей лавки, где он сидел в часы досуга на пороге, прислонясь плечом к дверному косяку, Горио вновь становился темным, неотесанным работником, не мог понять простого рассуждения, был чужд каких-либо духовных наслаждений, засыпал в театре и казался одним из парижских Долибанов, сильных только своею тупостью [Там же: 82].

На этом принципе выросла целая галерея бальзаковских героев, успешных поначалу, далеко неглупых, но в результате закончивших крахом. Гобсек, Растиньяк, Люсьен де Рюбампре... Этот список пополняется от романа к роману, расширяя понятие комедии и комического. Чехов продолжил и развил бальзаковский принцип на основе позиционного стиля, т. е. отказавшись от сюжетности, ярких коллизий и сделав своих героев еще более похожими на героев драмы.

В общем и целом, комедия нового типа — интеллектуальная комедия, но не в смысле интеллектуальности героев (они как раз не блещут), а в смысле интеллектуальности автора, рассчитывающего на адекватного читателя. Когда Чехов отказывался пояснять актерам, почему он назвал «Три сестры» комедией («Послушайте же, я же там написал все, что знал»), то делал это не потому, что, как полагал Станиславский, «никогда не умел критиковать своих пьес» [Станиславский 1986: 394] (его письмо к Суворину свидетельствует как раз об обратном), а потому, что полагал, что «имеющий глаза да увидит».

Развитие категории драматического шло по пути создания новых способов интеграции внутренних характеристик героя. Наибольших высот в интеграции противоречивых характеристик литературного героя достиг Толстой. Другой путь связан с проблемой интеграции явно сильного сегмента и скрытого слабого целого. Результатом такой интеграции и явилась чеховская комедия нового типа.

Примечания

1. Савелий Сендерович сделал много ценных наблюдений по поводу бурлескных и травестийных элементов в чеховских комедиях, назвав их бурлеском и травести [Senderovich 1994].
2. См., например, статью Г. С. Морсона «"Uncle Vanja" as Prosaic Metadrama» [Morson 1993].
3. См. его работу «Проблемы комизма и смеха» [Пропп 1999], а также исследование ритуального смеха в фольклоре в сказке о Несмеяне [Пропп 1986].
4. Типология разработана в трудах Акоффа и Каценелинбойгена [Ackoff 1981: 45; Katsenelinboigen 1992: 33–35].
5. Новой трактовке этой пьесы Шекспира посвящена одна из глав моей монографии по теории драматического жанра [Ulea 2002].

ПРИНЯТИЕ РЕШЕНИЙ
И ПОТЕНЦИАЛ ЛИТЕРАТУРНОГО ГЕРОЯ

Принятие решений во многом проясняет потенциал литературного героя. По тому, какие цели он ставит, какие методы по их достижению использует, мы можем судить о его предрасположенности. Строго говоря, принятие решений — это лакмус меры интеллекта героя. Комбинационно мыслящий герой заинтересован исключительно в получении «материала» (в шахматных терминах) и не заботится о складывающейся позиции. Парадокс заключается в том, что на каждом шаге он может выигрывать, но в конце его ждет полный крах. Прекрасным примером тому в истории служит Пиррова победа («Еще одна такая победа, и я останусь без войска»). В русской литературе таким «победителем» оказывается Чичиков, получивший желаемый «материал», но проглядевший позицию, не сулившую ничего хорошего. Чичиков был достаточно изощрен на комбинационные выдумки, но абсолютно глух и слеп к той позиции, которая вырисовывалась в результате его махинаций.

Помимо материальных и позиционных, цели делятся на локальные и глобальные, краткосрочные и долгосрочные (классификация дана в трудах А. Каценелинбойгена). Они могут достигаться при помощи позиционного или комбинационного стилей, которым соответствуют три метода: программный, эвристический и метод предрасположенностей. Программным методом действует Яков («Скрипка Ротшильда») в желании обогатиться. В отличие от Чичикова, он даже и не комбинационный игрок. Он слишком примитивен, чтобы разрабатывать какие-либо комбинации. У него есть простая программа, которую он выполняет профессионально и которая не требует взаимодействия с людьми. Он строгает гробы, используя свой опыт, и получает за это деньги. На его примере можно лучше увидеть разницу между методом и стилем. Программный метод является основой комбинационного стиля, но если сама комбинация не разработана, а есть лишь рутинная программа по выполнению каких-либо операций, то речь идет не о стиле, а только о методе. В позиционном стиле все три метода имеют место на разных стадиях игры, но преобладающим является метод формирования предрасположенностей.

Каценелинбойген также выделяет два субстиля: реактивный и селективный. Примером реактивного субстиля может служить накопление сюжетов Тригориным: «Вижу вот облако, похожее на рояль. Думаю: надо будет упомянуть где-нибудь в рассказе, что плыло облако, похожее на рояль. Пахнет гелиотропом. Скорее мотаю на ус: приторный запах, вдовий цвет, упомянуть при описании летнего вечера. Ловлю себя и вас на каждой фразе, на каждом слове и спешу скорее запереть все эти фразы и слова в свою литературную кладовую: авось пригодится!» (С. XIII, 29). В случае, когда речь идет о процессе выбора, мы имеем дело с селективным субстилем.

«Чайка» в свете принятия решений

С точки зрения принятия решений «Чайка» дает наиболее яркую группу чеховских «игроков». Она представлена четырьмя типами, чьи цели прямо или косвенно сформулированы в пьесе. Так, цель Нины можно определить как «завоевание мира» с театральных подмостков; цель Треплева — создание новых форм («Новые формы нужны»); цель Тригорина — потрафить своему читателю, чтобы оставаться популярным; и наконец, цель Аркадиной можно интерпретировать как сохранение за собой позиции примадонны из Харькова в московских кругах.

Все четыре типа относятся к разряду позиционных долгосрочных целей. Но методы по их достижению разные у разных героев. Разница методов и стилей вскрывает разницу потенциала действующих лиц: далеко не каждый из них понимает, что невозможно достичь позиционной цели рассчитанными комбинациями или просто двигаясь наугад. Более примитивный литературный герой не понимает, чем чревато пренебрежение позицией.

К героям с ограниченным потенциалом относится прежде всего Нина Заречная. Ее желание стать известной актрисой предполагает скрупулезное внимание к позиции. Известность — позиционный параметр. Чтобы добиться известности в своей области, одного профессионального таланта недостаточно. Необходимо установить не только связи, но и хорошие отношения с окружающими. Но поскольку в обществе все меняется слишком быстро, то программным образом, т. е. просчитав наперед, с кем и какие отношения лучше устанавливать, это сделать невозможно. Тот, кто сегодня занимал ведущее место в прессе или театре, может завтра смениться кем-то другим. Требуется неординарное стратегическое мышление, чтобы развивать свою позицию в условиях неопределенности.

У Нины стратегические способности отсутствуют начисто. Она двигается навстречу своей цели при помощи тактических приемов. Ее тактические ходы хороши сами по себе, но в отсутствие стратегии все победы оборачиваются против нее. Вместо того чтобы воспользоваться добрым расположением к себе семьи Треплева, она, как вирус, внедряется в отношения между матерью и сыном, любовником и любовницей, не испытывая ни малейших угрызений совести. Ничто не останавливает это хрупкое на вид создание. Даже попытка самоубийства Треплева не трогает ее сердца, и она продолжает в том же духе очаровывать Тригорина.

Похоже, «взятие» известного писателя занимало ее воображение еще до знакомства с ним. Когда она прибегает в усадьбу тайком от родителей, чтобы сыграть в пьесе Треплева, первая мысль, которая приходит на ум: Нина хочет, чтобы ее прослушала Аркадина и, возможно, помогла ей в дальнейшем становлении. Не тут-то было! Оказывается, мечтающая стать актрисой Нина ничуть не робеет перед примадонной. Ее замешательство связано с другим: «Ваша мама — ничего, ее я не боюсь, но у вас Тригорин... Играть при нем мне страшно и стыдно... Известный писатель... Он молод?» (С. XIII, 10). Этот вопрос говорит о многом. Все дальнейшие комментарии Нины в этом диалоге направлены на противопоставление Тригорина и Треплева не в пользу последнего:

> Т р е п л е в. Да.
> Н и н а. Какие у него чудесные рассказы!
> Т р е п л е в (холодно). Не знаю, не читал.
> Н и н а. В вашей пьесе трудно играть. В ней нет живых лиц.
> Т р е п л е в. Живые лица! Надо изображать жизнь не такою, как она есть, и не такою, как должна быть, а такою, как она представляется в мечтах (С. XIII, 10—11).

Судя по дальнейшим репликам на протяжении трех действий, профессиональное совершенствование вряд ли является предметом ее озабоченности. Это сказывается и на формулировке цели: Нина стремится к славе, известности, а не постижению мастерства, о чем не стесняясь говорит Тригорину: «За такое счастье, как быть писательницей или артисткой, я перенесла бы нелюбовь близких, нужду, разочарование, я жила бы под крышей и ела бы только ржаной хлеб, страдала бы от недовольства собою, от сознания своих несовершенств, но зато бы уж я потребовала славы... настоящей, шумной славы... (Закрывает лицо руками.) Голова кружится... Уф!..» (С. XIII, 31). Интересна ее фраза «писательницей или артисткой». Это «или» намекает на то, что профессия актрисы для Нины не призвание, а один из возможных трамплинов к славе. В терминах шахматной игры, профессия становится для нее промежуточной целью, которая должна привести к конечной путем жертв. И все это видится ей эдакой блестящей комбинацией, завершающейся шумной победой. Тем не менее как игрок она не столь примитивна, поскольку понимает роль жертвы. Каценелинбойген отмечает, что четыре типа жертв свидетельствуют об уровне мастерства игрока. «Начинающий игрок стремится выиграть на каждом шаге, он не допускает жертв. <...> Следующий этап в формировании шахматиста связан с пониманием комбинационной жертвы» [Каценелинбойген 2014: URL]. Комбинационная жертва состоит в пожертвовании материала во имя будущего выигрыша, заранее рассчитанного игроком. «На третьем этапе идея комбинационной жертвы дополняется вероятностной оценкой. Реализация такой комбинации, естественно, требует большего мастерства от шахматиста» [Там же]. Вероятностной оценки у Нины нет. Конечная цель сформулирована ею в сослагательном наклонении, но, что важно, в виде требования награды за жертву. В этом и проявляется ее комбинационный ум.

Желание блистать руководит и ее выбором возлюбленного. Конечно, это не холодный расчет. Нина импульсивна, впечатлительна, эмоциональна и искренне привязывается к Тригорину, ослепленная ореолом его славы. Но была ли бы она влюблена в него в той же мере, будь он столь же неизвестен, как Треплев? И наоборот — была ли бы она равнодушна к Треплеву и его пьесе, будь у него слава Тригорина? Ответ напрашивается сам собой.

В отличие от нее Аркадина развивает позицию мастерски. Она трудолюбива, профессиональна и хорошо разбирается в людях. Сцена — ее призвание, и она делает все возможное, чтобы успешно продвигаться в этой сфере. Она также понимает роль позиционной жертвы. В шахматной игре это свидетельствует о высоком уровне мастерства. «Важным моментом в позиционной игре является *позиционная жертва*, т. е. жертва материала во имя улучшения значения позиционных параметров и в целом роста предрасположенности. Как указывает шахматная литература, позиционная жертва доступна игрокам высокого класса, так как нужно реализовывать преимущества позиции в неопределенных ситуациях. Многие ошибки работников бизнеса, к примеру, связаны с недооценкой трудностей реализации позиционной жертвы» [Каценелинбойген 2014: URL]. При позиционной жертве игрок жертвует материалом во имя улучшения позиции, но этому сопутствует «незнание того, как она будет реализовываться».

Посмотрим в этой связи, как действует Аркадина. Добившись известности в Харькове, она не спешит перебраться в Москву, поскольку прекрасно понимает, что годы идут и удержаться на московской сцене в качестве примадонны ей будет все труднее. Поэтому она принимает решение сохранить синицу в руках, упрочив свою позицию примадонны связью с известным писателем, который к тому же моложе ее. Укрепляя свои позиции на периферии и не претендуя на московскую сцену, она сразу же ставит себя вне конкуренции, и московский круг театралов всегда с радостью встречает ее как приезжую знаменитость. Иными словами, Аркадина приносит в жертву столичную жизнь ради выигрышной позиции заезжей примадонны.

В отличие от нее Нина не понимает роли позиции. Свою цель она пытается достичь серией комбинаций, выигрывая на время в материале, но в результате проигрывая все. Ей явно не хватает пиррова стратегического мышления, чтобы увидеть, что серия ее сомнительных побед ведет к краху. Переехав к Тригорину, не имея ни сценического, ни жизненного опыта, она моментально попадает в мир жесткой конкуренции, которую, естественно, не выдерживает.

Уступая ей Тригорина, т. е. делая материальную жертву, Аркадина прекрасно понимает, чем все закончится. Эта жертва — ловушка для Нины, полагающей, подобно всякому комбинационному игроку, что она одержала победу. Аркадиной, конечно, эта история с молодой любовницей Тригорина неприятна, но она сотрет ее из памяти, как стирает все, что может пошатнуть ее равновесие. Об этом свидетельствует ее разговор с Треплевым:

Т р е п л е в . <...> Помню, очень давно, когда ты еще служила на казенной сцене, — я тогда был маленьким, — у нас во дворе была драка, сильно побили жилицу-прачку. Помнишь? Ее подняли без чувств... ты все ходила к ней, носила лекарства, мыла в корыте ее детей. Неужели не помнишь?

А р к а д и н а . Нет. *(Накладывает новую повязку)* (С. XIII, 38–39).

Возможно, Аркадина действительно не помнит прачки, как не помнит чайки Тригорин. А может быть, и скорее всего, она просто не хочет этого помнить. Для того чтобы разобраться в причинах ее беспамятства и увидеть, какая именно стратегия и тактика кроется за этим, перечитаем всю сцену ее ссоры с Треплевым, учитывая те подспудные задачи, которые каждый из них ставит перед собой.

Итак, Треплев, обращаясь к Аркадиной с просьбой сменить ему повязку, надеется склонить мать на свою сторону, чтобы избавиться от Тригорина. Делает он это, взывая к ее материнским чувствам. Однако он забывает, что роль матери при взрослом сыне не ее амплуа.

Аркадина понимает, какие струны пытается затронуть Треплев, когда просит ее сменить повязку, желая, чтобы она воочию увидела, как близок он был к смерти. Понимает она также и то, что он нуждается не в ней, а в Нине и что весь этот разговор о любви к ней имеет отнюдь не эдипову подоплеку. Треплев хочет избавиться от Тригорина, чтобы быть со своей возлюбленной, и весь ход сцены показывает, как он подводит к вопросу измены Тригорина, пытаясь манипулировать Аркадиной. Но делает это неумело.

У Аркадиной же совершенно иная цель — ей во что бы то ни стало нужно сохранить свою позицию возлюбленной. Используя свое актерское мастерство, сдобренное психологизмом, наблюдательностью и прекрасной интуицией, она отражает поползновения Треплева ослабить ее позицию. Хороший актер должен играть по слуху, чтобы выйти из любого положения на сцене. А неожиданности во время спектакля случаются, и иногда они могут разрушить актерскую карьеру (как, например, в романе Сомерсета Моэма «Театр», где Джулия Ламберт уничтожает свою соперницу-дебютантку, размахивая красным шарфом и меняя тем самым весь смысл мизансцены в свою пользу).

Понимая, куда клонит Треплев, Аркадина делает все возможное, чтобы направить сцену в то русло, которое ей самой выгодно. На его просьбу сменить повязку она умышленно не отвечает «хорошо» или «конечно», а молчаливо берет все необходимое из аптечки и замечает только, что «доктор опоздал». В этом — первый шаг к снижению драматизма, необходимого Треплеву. Второй шаг — более сложный. Размотав повязку, она должна созерцать рану, а это исключительно эмоциональный момент, на который Треплев и рассчитывал. И тогда Аркадина меняет смысл мизансцены с завидным изяществом и большой долей актерского воображения.

А р к а д и н а . Садись. *(Снимает у него с головы повязку.)* Ты как в чалме. Вчера один приезжий спрашивал на кухне, какой ты национальности. А у тебя почти совсем зажило. Остались самые пустяки. *(Целует его в голову.)* А ты без меня опять не сделаешь чик-чик? (С. XIII, 37).

Повязка — это уже не повязка, а чалма, и Треплев уже не раненый сын, а интригующий своей национальностью молодой человек. Придав легковесность этой ситуации, она заявляет, что все уже зажило и остались пустяки. Это слово «пустяки» должно поставить точку на драме. Оно выходит за пределы того контекста, в котором оброрнено, и распространяется на всю эту нелепую историю неудавшейся попытки самоубийства, которая есть сущие пустяки. Таков подтекст Аркадиной. И дабы усилить этот игровой тон, она называет попытку Треплева стреляться «сделать чик-чик».

Это уже следующий тактический шаг, направленный на то, чтобы потрафить Треплеву, а именно: здесь она переходит на детский язык, играя в мать и сынишку, с которого берет слово, что он не будет больше озорничать в ее отсутствие. Таким образом, Аркадина убивает сразу двух зайцев. С одной стороны, она словно бы идет на уступки Треплеву, играя роль заботливой матери, а с другой — подменяет суть конфликта. Теперь выходит, что сын стрелялся из ревности к матери — намек на тот самый Эдипов комплекс для светских сплетен, который должен поднять ее в глазах коллег и публики. Эта удивительная способность оборачивать все в свою пользу коренится в позиционном мышлении Аркадиной, выходящей победительницей из любой ситуации. Треплев немедленно попадается на ее удочку и отвечает ей воспоминаниями из детства: «...я тогда был маленьким, — у нас во дворе была драка, сильно побили жилицу-прачку. Помнишь? Ее подняли без чувств... ты все ходила к ней, носила лекарства, мыла в корыте ее детей. Неужели не помнишь?» (С. XIII, 37–38). Это уже слишком! Если Треплев думает, что она так же начнет ухаживать сейчас и за ним, то нет, она ничего подобного не помнит.

Исчерпав тему детства, Треплев скачком переходит к сути: «В последнее время, вот в эти дни, я люблю тебя так же нежно и беззаветно, как в детстве. Кроме тебя, теперь у меня никого не осталось. Только зачем, зачем между мной и тобой стал этот человек» (С. XIII, 39). Именно это и нужно Аркадиной, тонко меняющей русло конфликта, превращая ссору в ссору из-за нее. Нина остается вне поля зрения. «Наша близость, конечно, не может тебе нравиться, — говорит она, с тайным удовольствием развивая тему дуэли из-за нее, — но ты умен и интеллигентен, я имею право требовать от тебя, чтобы ты уважал мою свободу» (С. XIII, 38). И вот тут Треплев срывается, понимая, что она обходит стороной роль Нины во всем этом, а без Нины не изгнать Тригорина: «Вот мы с тобою почти ссоримся из-за него, а он теперь где-нибудь в гостиной или в саду смеется надо мной и над тобой, развивает Нину, старается окончательно убедить ее, что он гений» (С. XIII, 38).

В ответ Аркадина делает ход конем. Не касаясь опять-таки Нины, она интерпретирует выпад Треплева как зависть, что является еще одной запасной версией семейного скандала. Это срабатывает мгновенно — Треплев забывает о Нине и разражается гневной речью. В конечном итоге весь конфликт разгорается вокруг истеблишмента в искусстве, а не Нины, как того и хотела Аркадина.

> Т р е п л е в *(иронически).* Настоящие таланты! *(Гневно.)* Я талантливее вас всех, коли на то пошло! *(Срывает с головы повязку.)* Вы, рутинеры, захватили первенство в искусстве и считаете законным и настоящим лишь то, что делаете вы сами, а остальное вы гнетете и душите! Не признаю я вас! Не признаю ни тебя, ни его!
>
> А р к а д и н а . Декадент!..
>
> Т р е п л е в . Отправляйся в свой милый театр и играй там в жалких, бездарных пьесах!
>
> А р к а д и н а . Никогда я не играла в таких пьесах. Оставь меня! Ты и жалкого водевиля написать не в состоянии (С. XIII, 40).

Безусловно, Аркадина взволнована и эмоциональна, как и подобает хорошей актрисе, но она ни на минуту не теряет нить и проводит свою роль отменно. В конце она обещает ему увезти Тригорина, прося у него прощения за вспышку, тоже весьма эмоционально и одновременно театрально. «Прости свою грешную мать. Прости меня несчастную» (С. XIII, 40), — это звучит перепевом из «Гамлета», которого она цитировала в начале пьесы: «Мой сын! Ты очи обратил мне внутрь души, и я увидела ее в таких кровавых, в таких смертельных язвах — нет спасенья!» (С. XIII, 12).

Вся сцена ссоры ярко демонстрирует, насколько Аркадина умело развивает позицию, удерживая «центр» и повернув дело так, словно все баталии происходят из-за нее. По тому же принципу она «дарует» свободу Тригорину, зная, что он отправится за ней после всех тех комплиментов, которые она щедро обрушила на него. И для нее неважно, что будет дальше, поскольку даже если Нина и сбежит к нему, то в Москве этот роман уже не выживет. Тригорин не приспособлен к тому, чтобы участвовать в становлении провинциалки — слишком уж он эгоистичен и эгоцентричен и слишком уж ценит собственный комфорт. В Москве очарование Нины поблекнет, как блекнет очарование пастушки при дворце. Для Аркадиной важно было уехать вдвоем, чтобы не слыть «побежденной».

Треплев не унаследовал от своей матери способности мыслить стратегически. Он вызывающе ведет себя с окружающими, хотя мог бы и по-другому построить отношения с Тригориным, который благожелателен к нему. Так же как Нина, Треплев недооценивает роли человеческих отношений. Никто не призывает его кривить душой, ему следовало бы лишь избавиться от негативного отношения, которое идет от ощущения собственной неполноценности, которая идет от непомерных амбиций и гордыни, которые идут от жажды признания (этакий дом, который построил Джек). В этом он сродни Нине. Только если она излагает свои желания открыто, то он делает это в форме протеста против старой школы в искусстве. В конце оба они одиноки. Положим, Треплев ставил себя в оппозицию всему свету с самого начала, но ведь Нина была окружена знаменитостями и профессионалами, а также теми, кто ее любил искренне и был готов помочь в становлении!

Извечный вопрос о том, «взлетит или не взлетит» Нина-чайка, сводится обычно к тому, обладает ли она необходимым талантом. Мне думается, вопрос нужно поставить чуть по-другому: не «или — или», а какова мера ее таланта. Мера определяет высоту полета. Что-то она действительно делает талантливо («талантливо вскрикивала»), но в целом мы имеем дело со слабым потенциалом. Талант должен включать в себя не только сильные профессиональные задатки, но и желание развиваться, учиться мастерству, способность быть чутким к другим и критически относиться к себе. Нина закрыта для других. Она не принимает в расчет никого, кроме себя, что бы она сама об этом ни думала. Ее появление в усадьбе Сорина в последнем акте еще разрушительнее, чем в первом. Она оказывается той каплей, которая переполняет чашу душевных мытарств Треплева. Но ей даже в голову подобное не приходит. Такая черствость определяет и ее актерскую глухоту, а это сулит провал на сцене, потому что помимо всего актер должен чувствовать своего партнера, а заодно и зрителя. Произнося свой мелодраматический монолог о кресте и вере, она вскользь замечает: «Теперь уж я не так... Я уже настоящая актриса, я играю с наслаждением, с восторгом, пьянею на сцене и чувствую себя прекрасной» (С. XIII, 58). И ждешь, что закончит она той самой фразой, которую сказала некогда Тригорину: «Голова кружится... Уф!..» (С. XIII, 31) Чехов словно дает понять, что ничего не изменилось, что перед нами прежняя Нина — провинциальная и амбициозная.

Пожалуй, самой большой иронией Чехова по отношению к этой героине является ее «ссылка» в Елец. В контексте чайки название города ассоциируется с рыбой. Елец — небольшая рыбешка из семейства карповых. Это все, что достается Нине-чайке, «пьянеющей» на сцене Ельца.

Символика чайки многопланова в пьесе. Она пронизывает как сюжетные линии, так и характеры. Глядя на чайку, каждый из трех главных действующих лиц рисует себе судьбу, которая сбывается. При этом Тригорин, сам того не понимая, навязывает сюжет судьбы впечатлительной Нине. С этим сюжетом она и последует по жизни. Что же до самого Тригорина, то, усвоив, как потрафить читателю, он удерживает свое положение и успех, с горечью осознавая его мимолетность. И думаешь, глядя на чучело чайки — героини его устного рассказа: не так ли и его собственные творения будут пылиться на библиотечных полках в недалеком будущем?

ПРОСТРАНСТВО ДЕЙСТВИЯ И ИМПЛИЦИТНОЕ ПРОСТРАНСТВО

Образная система художественного произведения описывается в системных терминах как матрешка, состоящая из ряда подсистем и надсистем. Надсистемы делятся на две большие категории, одна из которых формирует пространство действия, а другая — имплицитное пространство. Я предложила эти термины для того, чтобы отличать эти две основные надсистемы от подтекста, интертекста, сверхтекста, текста или лотмановского локуса как сочетания пространственных структур — точечных, плоскостных, линеарных или объемных [Лотман 2005: 622].

Пространство действия и имплицитное пространство сформированы по-разному, и подход к ним тоже должен быть разный. Их нельзя смешивать и нельзя выдавать одно за другое. Границы пространства действия задаются автором (например, усадьба Сорина в «Чайке» или Верона в «Ромео и Джульетте»). Они существуют объективно: каждый, кто читает «Даму с собачкой», скажет, что встреча героев происходит в Ялте, а потом в городе С. и Москве. Имплицитное пространство выстраивается интерпретатором, и момент субъективности присутствует как в выборе фокальной точки, так и в определении имплицитной парадигмы.

Оба пространства иерархичны, они могут быть описаны как уровни первого и второго порядка. Пространство действия — первого порядка; имплицитное — второго. Отношения между ними — это отношение объекта и тени, где тень в процессе интерпретации обретает значение независимой переменной (как в сказке Андерсена, где тень становится самостоятельным персонажем). В пространстве действия герои как бы отбрасывают «тени», слагающиеся из деталей и подробностей, подсказывающих интерпретатору, с каким имплицитным пространством он имеет дело. Герой без «тени» получается плоским, двумерным, ибо «тень» придает художественную объемность образу. «Тени» — составляющие имплицитного пространства, но формирует его метапарадигма, изначально описанная интерпретатором. Без нее движение от «тени» к «тени» будет аналогично движению от «кирпичика» к «кирпичику».

Имплицитное пространство может выстраиваться из различного рода аллюзий, в том числе библейских и мифологических. Речь *не о сюжетных соответствиях мифам, а тех силах, которые формируют внутренние коллизии*. Эти силы в мифе имеют абстрактные, универсальные свойства (силы добра и зла, цветения, увядания, волшебные силы и т.п.), но облекаются они в конкретные образы, помогающие понять их специфику. Отличие мифа от легенды или сказки не только в том, что в мифах действуют герои и боги. Каждый мифологический персонаж олицетворяет определённую стихию, и борьба этих стихий и порождает космогонию. Ничего подобного в сказочных историях мы не найдём. Чем богаче художественное произведение, тем мощнее в нем развит скрытый пласт вселенских борений, присущий произведениям Гомера, Шекспира, Данте, Тостого, Достоевского, Чехова и др.

В имплицитном пространстве важно не только вычленить универсальные силы, но и определить их особенности, чтобы лучше понять пространство действия. О специфике как правило говорят имена героев в сочетании с их функцией в произведении. В. Катаев отмечает, что чеховские герои «объединены им самим невидимым сходством. Не только реплики — их судьбы рифмуются» [Катаев 2008: 4]. По аналогии можно сказать, что рифмуются также и судьбы героев с их имплицитными прототипами. При этом «рифмы» могут быть как прямыми, так и приблизительными или неявными «внутренними» [Квятковский 1966: 80]. Услышать непрямые созвучия может не каждый, и не каждый будет с ними согласен. По созвучности разной связности с объектом и распознаются «тени», слагающие имплицитное пространство.

Термин «распознавание» по отношению к «тени», разумеется, условен. Речь идет об ассоциативных увязках, а не открытии якобы заданного художником соответствия между его персонажем и имплицитным прототипом. Хотя в ряде случаев мы допускаем, что и художник мог двигаться в том же направлении. Уровень художественности во многом зависит от наличия «теневого» пласта, который выстраивается при помощи всех трех методов. Четкая «тень» почти напрямую увязана с первичным образом. О ней обычно сигнализирует имя героя или название места. К прямым увязкам у Чехова относятся «пары» «Егорушка — св. Егорий» в «Степи», красавица Елена в «Дяде Ване» и Елена Прекрасная и т. п. Без наличия четкой «тени» сложно выстроить представление об имплицитном целом, ибо четкая «тень» играет роль фокальной точки в описании имплицитной надсистемы. Второй тип увязок устанавливается опосредованно, с включением разветвленных ассоциативных рядов, базирующихся на деталях в тексте, всегда связанных с изначальным представлением интерпретатора о том, с каким имплицитным целым он работает. Мера размытости «тени» будет зависеть от меры разветвленности ассоциативного ряда.

Следует также помнить, что обращаясь к мифу, художник всегда модифицирует классическую парадигму. Процесс модификации связан с наложением двух пространств. Литературный герой, ассоциирующийся с библейским или мифологическим персонажем, испытывает влияние интертекстуальной парадигмы и в свою очередь видоизменяет ее. Это обоюдный процесс, затрагивающий оба пространства, в которых герой выступает в разных ипостасях. «Рождественский этикет в чеховском рассказе нарушается постоянно, — пишет М. Ч. Ларионова о рассказе «В Рождественскую ночь». — Вместо того чтобы сидеть за праздничным столом, герои находятся в пограничном пространстве и времени: ночью, во время шторма, на берегу ледяного моря, который располагается ниже уровня человеческого жилья — то есть в инфернальном, хтоническом мире. Они оплакивают живых, как мать рыбака Евсея, и смеются при мысли о гибели близкого человека, как жена Литвинова. Это отражает «перевернутые» человеческие отношения главных действующих лиц, но одновременно актуализует важный для зимних святок обряд ряженья» [Ларионова 2010: 17]. Или вот: «Жена помещика Литвинова, лишенная связей с мужем, не просто разрушает атмосферу и смысл Рождества, но и становится убийцей, воплощением смерти» [Там же: 18].

В этой связи сомнительным представляется утверждение о том, что «мифоподобные элементы если и встречаются в литературе второй половины XIX в., то в завуалированной форме, бессознательно» [Мелетинский 1994: 159—160]. Согласна с автором только по поводу завуалированности. Что же касается термина «бессознательно», то здесь есть явный перехлест. Вероятность бессознательного упорядочения обширной и дивергентной области художественного пространства исключительно мала. Обычно бессознательный, то есть стихийный, творческий процесс отмечен беспорядочностью или очень малой упорядоченностью, фрагментарностью и непоследовательностью. Он характерен для незрелого типа творчества. Отдавая должное важной роли художественной интуиции, участвующей в начальном процессе работы над произведением, мы полагаем, что большой художник не останавливается на этой фазе, а движется дальше, развивая первоначальные идеи и по многу раз редактируя и меняя их в соответствии с постепенно выкристаллизовывающимся видением того, как части увязаны с целым.

В интеграции взаимодополняющих уровней пространств и достигается полнота художественного пространства.

II. ИНТЕРПРЕТАЦИИ

НАСТОЯЩЕЕ И БУДУЩЕЕ ЕГОРУШКИ: «СТЕПЬ» В СВЕТЕ ПОЗИЦИОННОГО СТИЛЯ

Предрасположенность vs «перечень»

Повесть «Степь» является произведением, в котором идеи позиционного стиля проявили себя наиболее полно, и немудрено, что она была воспринята ведущими критиками того времени как неудача. В противовес Гаршину, заявившему по прочтении повести, что в России «появился новый первоклассный писатель» [Фаусек 1889: 119], Григорович посчитал это произведение лишенным смысла, а Михайловский в письме к Чехову «строго, укоризненно говорил о прогулке по дороге не знамо куда и не знамо зачем» [Паперный 1976: 102].

Времена изменились, и то, что считалось недостатком многих чеховских произведений, теперь признается их достоинством. Однако пояснять «достоинства» подражанием жизни, которая, по мысли К. Головина-Орловского, есть «нечто бессодержательное, какой-то бесцельный ряд случайных встреч и мелких событий» [цитируется по: Громов 1951: 29], уже нельзя. В свете современных представлений о развитии жизнь не есть ни нечто бесформенное, ни нечто полностью оформленное. Она включает в себя все фазы — от хаоса до полной упорядоченности с существенным акцентом на промежуточную стадию — стадию предрасположенности. Об этой же стадии проницательно писал и сам Чехов в дневниковой записи 1897 года:

> Между «есть Бог» и «нет Бога» лежит громадное целое поле, которое проходит с большим трудом истинный мудрец. Русский человек знает какую-либо одну из этих двух крайностей, середина же между ними не интересует его, и потому он обыкновенно не знает ничего или очень мало (С. XVII, 33–34).

В повести полем жизни становится степь, которую преодолевает герой. И хотя степь показана как вселенная в миниатюре [Popkin 2014], ее значение и смысл устанавливаются самим человеком [Jackson 1991]. Чеховский «человек поля», как это определил Чудаков, — это тот, кто движется «между "есть Бог" и "нет Бога"» [Чудаков 1996: URL]. И все же вопрос о том, почему именитые предшественники отнеслись к этому произведению с недоумением и даже укором, не дает покоя. Неужели и впрямь они были глухи к особенностям чеховской поэтики и вообще к высокой художественности? Ясно, что нет. Просто как профессионалы они хотели четкого, логического объяснения функциональности всего этого «перечня» «энциклопедических», как вслед Чехову называет их В. П. Ходус, описаний [Ходус 2008]. В письме Григоровичу Чехов так и писал: «...вместо художественного, цельного изображения степи я преподношу читателю «степную энциклопедию» (П. II, 173).

Так ли это?

Прежде всего, не следует забывать, что Чехов пишет это письмо в процессе работы над «Степью». Отбор, шлифовка и упорядочение деталей происходят уже на другой стадии, когда рукопись завершена вчерне. Неудивительно, что Чехов пытался описать процесс работы в терминах энциклопедии, принимая в расчет количество описаний, не связанных прямо ни с Егорушкой, ни друг с другом. Но действительно ли получилась энциклопедия вместо художественного произведения? Что стоит за чеховским «аморфным» стилем с большим количеством персонажей и избыточных деталей? Ответить на этот вопрос можно, только обратившись к позиционному стилю.

В чем же отличие богатого деталями позиционного стиля от столь же богатого деталями энциклопедического подхода?

Во-первых, энциклопедия, хоть и создает представление о потенциале культуры, но делает это опосредованно, при помощи реактивного метода. Позиционный стиль, напротив, произрастает из селективного метода, и это существенно, поскольку цели и задачи у него иные. Цель энциклопедического подхода — включение всего многообразия информации о предмете в алфавитном порядке. Задача позиционного стиля — формирование как можно более богатой и сильной позиции, которая бы предрасполагала систему к развитию в условиях неизвестного будущего и укрепляла ее на случай неожиданных поворотов судьбы. В процессе формирования художественной позиции автор создает иерархию, расставляет акценты, ибо его задача заключается в том, чтобы «уметь отличать важные показания от не важных» (П. II, 280). Задача же энциклопедического подхода — чисто образовательная. Это действительно перечень всего, имеющегося в наличии. По нему не выстроишь позицию, но он может стать хорошей базой для ее формирования.

Движение Егорушки

Завершающим аккордом «Степи» является вопрос о будущем Егорушки: «Какова-то будет эта жизнь?» (С. VII, 104). Именно он и заставляет читателя вернуться к началу повести и детально исследовать все, связанное с предрасположенностью не только самого Егорушки, но и его окружения, а также взаимодействие Егорушки с окружением. Без этого невозможно будет понять, в какой континуум погружен чеховский герой и кто он. Весь ход повести — это типичное формирование позиции на основе деталей и описаний, формирование медленное, постепенное, но не бесцельное. Все отступления и описания не декоративного толка. Чехов вводит их не эстетики ради и не для того, чтобы перещеголять Гоголя живописными картинами. Он также не стремится представить «панораму жизни» во имя панорамы жизни. Вопрос в конце повести — это на самом деле тот вопрос, который Чехов поставил для себя в начале, от которого отталкивался и в рамках которого создавал «Степь» («Художник наблюдает, выбирает, догадывается, компонует — уж одни эти действия предполагают в своем начале вопрос…» [П. III, 45]).

Егорушка движется в пространстве, состоящем из множества объектов одушевленных и неодушевленных, и здесь важно не только их количественное, то есть «энциклопедическое», перечисление. Позиционные параметры дают возможность лучше понять внешние и внутренние связи между объектами. Так, Егорушка появляется в бричке с тремя другими героями — Кузьмичевым, о. Христофором и Дениской. У первого на лице была «привычная деловая сухость», а второй «удивленно глядел на мир божий и улыбался так широко, что, казалось, улыбка захватывала даже поля цилиндра» (С. VII, 13). Уже по этим деталям можно судить о характере героев. Лица Дениски мы не

видим, и характер его раскрывается позже. Такое позициони-
рование Егорушки оправдывает себя не только сюжетно. По мере
разворачивания рассказа в Егорушке проступают некоторые
черты, присущие всем трем героям из его окружения. Он проявит
себя в дальнейшем и как практичный Кузьмичев, когда начнет
прицениваться к товару в лавке и выяснять стоимость своего
пряника, подаренного ему еврейской парой, и как мечтательный
о. Христофор, и как Дениска, безжалостно бичующий собак и
скармливающий мух кузнечику. Но будет в нем и что-то свое,
особенное, что проявляется в сравнении с ними, раскрывая его
предрасположенность.

Итак, что же ожидает Егорушку в будущем? Говоря о
чеховском замысле написать продолжение «Степи», Владимир
Катаев отмечает следующее:

> Как известно, Чехов собирался продолжить «Степь»,
> проследить жизнь юного героя повести Егорушки Князева до
> того времени, когда он, попав в Петербург или в Москву, «кончит
> непременно плохим». Сейчас невозможно, конечно, предположить,
> через какие события и встречи провел бы писатель своего героя в
> этом неосуществившемся продолжении.

> Но мы определенно знаем концепцию, основную мысль,
> которую Чехов думал положить в основу этой ненаписанной вещи:
> «Русская жизнь бьет русского человека так, что мокрого места не
> остается, бьет на манер тысячепудового камня. Простора так много,
> что маленькому человечку нет сил ориентироваться...» (письмо Д.
> В. Григоровичу от 5 февраля 1888 года; П 2, 190).

> Трудно переоценить значение этого свидетельства для
> интерпретатора чеховских произведений. Сам Чехов указал тот
> угол зрения, который должен был определять отбор событий в
> произведениях, последовавших за «Степью», и одновременно
> общий вывод, к которому он собирался вести своего читателя
> [Катаев 1979: 42].

Несомненно, письмо дает общее направление чеховской
мысли и служит вспомогательным материалом для интерпретатора
«Степи» и последующих произведений Чехова. Возможно,
Егорушка и разделил бы судьбу чеховских неудачников, будь
повесть продолжена. Однако по каким-то причинам Чехов
не осуществил свой замысел, и будущее Егорушки осталось

гипотетическим. Потерял ли Чехов интерес к этой идее или было что-то в его герое, что оказалось сильнее схемы, пересказанной в письме к Григоровичу? Вспоминается и другое письмо Чехова, написанное И. И. Орлову 11 лет спустя: «Я верую в отдельных людей, я вижу спасение в отдельных личностях, разбросанных по всей России там и сям — интеллигенты они или мужики, — в них сила, хотя их и мало. Несть праведен пророк в отечестве своем; и отдельные личности, о которых я говорю, играют незаметную роль в обществе, они не доминируют, но работа их видна…» (П. VIII, 101).

Оба письма одинаково важны для нас. Их противоречивость свидетельствует об эволюции чеховских взглядов и, возможно, косвенно отвечает на вопрос, почему продолжение «Степи» не было написано. В любом случае Егорушка, был ли он предтечей такой личности или нет, стал главным объектом чеховского внимания в повести.

Степь и Егорушка: к вопросу о внутренней связи

Резонно оспаривая точку зрения, согласно которой «Чехов показывает разнообразные картины степной природы через восприятие Егорушки» [Громов 1958: 132], Чудаков выдвигает иную гипотезу: «Сюжет "Степи" развивается без внутренней связи с личностью героя» [Чудаков 1971: 117]. Далее он ставит ряд вопросов, подтверждающих, по его мнению, этот вывод.

> Какое отношение к Егорушке имеют, например, монологи повествователя в начале повести — о коршуне, задумавшемся о скуке жизни, об одиноком тополе, о тоске и торжестве степной красоты? С какими сторонами характера героя они связаны? Какие изменения в психологии мальчика отражают? На все эти вопросы нужно дать отрицательный ответ [Там же: 118].

В рамках традиционного подхода, диктующего прямые и непротиворечивые увязки между компонентами произведения, Чудаков прав: далеко не все описания в тексте очевидным образом связаны с психологией героя. Некоторые вообще не связаны с психологией, но не только в психологии дело. Психология героя — это всего лишь одна из характеристик, слагающих его потенциал.

Потенциал лежит в основе всякой системы. Это категория «тяготеет к концепции развития» [Каценелинбойген 1990: 204], которая включает множество характеристик, зачастую противоречивых, что требует их специальной интеграции. Носителями потенциала в художественном произведении являются герой и мир. При формировании потенциала героя писатель отталкивается от окружения самого героя, моделируя ситуации, в которых он проявится с наибольшей эффективностью. При этом не только жизнь, но и смерть героя показательна в смысле меры влияния его на свое окружение. Потенциал литературного героя складывается из блоков, отвечающих за интеллект, эмоции, физические возможности, ценности, психологию, принятие решений и многое другое. Каждый из блоков может включать заметное число характеристик, зачастую диаметрально противоположных, интеграция которых в оценке интерпретатора и дает представление о потенциале, включая меру его силы и богатства.

Егорушка отнюдь не стержень «для картин природы, людей, размышлений повествователя» [Чудаков 1971: 119]. Он — развивающийся герой, олицетворение противоречивых сторон, борющихся в нем на протяжении всей повести. Образ, сотканный из разнородных качеств, по определению далек от схематичности, предполагающей программные увязки однородных элементов. Хотя у Егорушки нежное и чувствительное сердце, он способен быть жестоким (эпизод с собаками). Он обладает живым интересом к окружающему миру и воображением, но творческие способности сочетаются в нем с нелюбовью к нудному, нетворческому процессу обучения. Он оставляет родительский дом против своей воли, не выказывая желания посвятить себя наукам, и он отнюдь не Ломоносов, как о. Христофор в шутку называет его. Егорушка предпочитает изучать жизнь не штудированием, а наблюдая и фантазируя. Его богатое ассоциативное мышление выдает в нем художественную натуру. Несомненно, зубрежка и бессмысленное заучивание плохо совместимы с творческими натурами, но без образования таланту хода нет. Как все эти противоречивые качества совместятся в Егорушке в будущем, во что разовьются? Удастся ли ему найти правильный баланс между решительностью и милосердием, ученическим усердием и творческой свободой?

Взаимоотношения Егорушки и окружающих, его положение в системе сложных отношений и переплетений различных блоков и должно дать ответ на этот вопрос.

У зрелого Чехова нет второстепенных героев. Его акцент — на системе, на «единстве всего сущего» [Катаев 2008: 5]. То, что для одного писателя будет фоном, для Чехова — части системы, без обдумывания которых произведение превращается в «Тришкин кафтан». «Поневоле, делая рассказ, хлопочешь прежде всего о его рамках, — признается он в одном из писем Суворину, — из массы героев и полугероев берешь только одно лицо — жену или мужа, — кладешь это лицо на фон и рисуешь только его, его и подчеркиваешь, а остальных разбрасываешь по фону, как мелкую монету, и получается нечто вроде небесного свода: одна большая луна и вокруг нее масса очень маленьких звезд. Луна же не удается, потому что ее можно понять только тогда, если понятны и другие звезды, а звезды не отделаны. И выходит у меня не литература, а нечто вроде шитья Тришкиного кафтана» (П. III, 47).

Степь — не просто природа как еще один «равноправный» герой повести [Сухих 2007: 126], а система, включающая в себя Егорушку наравне с другими персонажами. Говоря в терминах многоракурсного подхода, структура степи богата своей разнородностью, ее функция по отношению к героям — преобразовательная, ее процесс построен на выявлении сокровенного в каждом из участников. В ней не только «действующие лица тоскуют по идеалу, ищут в дорожной пыли просвет» [Страшкова 2008: 162], но и все сущее. Отними одну деталь, один блок, одного героя, одно дерево или птицу, и система начнет функционировать по-другому.

Рассмотрим блоки, составляющие пространство действия и имплицитное пространство, с точки зрения предрасположенности Егорушки и его окружения.

Пространство действия

Остановимся поначалу на вопросах о «скуке жизни», «тоске» и «степной красоте», поставленных Чудаковым в связи с Егорушкой.

Гештальт «скуки» во всех ее ипостасях (т. е. тоски, горевания и т. п.) соотносится со становлением Егорушки. Два типа целей стоят перед этим героем — внешний и внутренний, и оба смыкаются в гештальте «скуки». Так, главная внутренняя цель Егорушки — победа над скукой жизни. Эта цель хоть и не определена в словах, но выводится позиционно из всего строя произведения. К внешним целям относятся поступление в гимназию и достижение пункта назначения — дома Тоскуновой. Как метафора царства скуки-тоски фамилия Тоскуновой завершает ряд образов, связанных с этим гештальтом. Их совокупность формирует отдельный блок, включающий в себя много различных деталей и образов.

Разбивка сложного, насыщенного описаниями и отступлениями художественного текста на блоки представляется нам необходимым для получения целостного видения разветвленного, как мироздание, повествования в «Степи». Литература и искусство относятся к сложным индетерминистским системам, поэтому к ним следует применять иерархический подход, о котором писал Марвин Минский. В своей книге о мыслительном процессе (*The Society of Mind*) он излагает концепцию такого подхода к сложным системам, обращаясь к метафоре кирпичиков и дома. Минский показывает, что сложную систему нельзя описать по отдельным кирпичикам. Для целостного видения нужно идти не от первичных элементов («кирпичиков»), а от блоков, встроенных в надсистему, поскольку они организуют элементы и являются промежуточной конструкцией между целым и частью [Minsky 1988: 292].

Мегаблоком или надсистемой «Степи» является историко-библейский блок. По мнению многих исследователей, степь в повести представлена как пространство, где сосуществуют различные религии и национальности, что позволяет говорить о вселенской панораме, непрерывно разрастающейся за счет всевозможных ассоциативных рядов, на что указывал еще Громов [Прим. 1]. Ассоциативные ряды выстраивают, в свою очередь, новые блоки внутри мегаблока. Некоторые из них уводят в миф и историю, образуя имплицитное пространство, подспудно связанное с пространством действия. Многомерная природа ассоциативных рядов служит взаимообогащению двух пространств, а их интеграция дает более глубокое представление о произведении в целом.

Мир степи, от природы до человека, объят скукой, превалирующей в настроениях («При виде счастливого человека всем стало скучно и захотелось тоже счастья» [С. VII, 77]) и влияющей на общение («Все скучали и говорили вяло и нехотя» [С. VII, 81]). Скука служит фоном всего происходящего, и даже «в торжестве красоты, в излишке счастья чувствуешь напряжение и тоску» (С. VII, 46). Скука иногда мутирует в печаль, иногда в тоску и воплощается в песне женщины как вселенская кручина:

Песня тихая, тягучая и заунывная, похожая на плач и едва уловимая слухом, слышалась то справа, то слева, то сверху, то из-под земли, точно над степью носился невидимый дух и пел. Егорушка оглядывался и не понимал, откуда эта странная песня; потом же, когда он прислушался, ему стало казаться, что это пела трава; в своей песне она, полумертвая, уже погибшая, без слов, но жалобно и искренно убеждала кого-то, что она ни в чем не виновата, что солнце выжгло ее понапрасну; она уверяла, что ей страстно хочется жить, что она еще молода и была бы красивой, если бы не зной и не засуха; вины не было, но она все-таки просила у кого-то прощения и клялась, что ей невыносимо больно, грустно и жалко себя... (С. VII, 24).

Многоголосие горевания, словно многоголовый Змей Горыныч, простирается над степью и судьбами людей, похищая свет и радость и неся тоску и уныние (мотив многих рассказов Чехова, выделенный как самостоятельный в рассказе «Тоска», написанном за два года до «Степи»). И Егорушка, чье имя содержит в себе корень «гор», тоже поначалу горюет, вспоминая о родительском доме. В этих эпизодах он предстает как Егорушка-горюша или горюшник [Даль 1981: I, 379]. Чехов даже ставит в один семантический ряд имя Егорушки и горечь переживания: «Егорушка в последний раз оглянулся на город, припал лицом к локтю Дениски и горько заплакал...» (С. VII, 15).

Завершается повесть также гореванием Егорушки: «... он опустился в изнеможении на лавочку и горькими слезами приветствовал новую, неведомую жизнь, которая теперь начиналась для него...» (С. VII, 104). Горевание служит своеобразным обрамлением повести (в терминах В. Катаева, это *резонантный принцип построения* целого [Катаев 2002], когда «текст повести пронизан перекличками, повторами», выступающими в качестве «рифм» [Катаев 2008: 4]), однако в конце повести оно дается на новом витке — это уже слезы не мальчика, но мужа (о трансформации Егорушки будет говориться ниже).

С первого момента повести лейтмотив скуки начинает кружить над Егорушкой, являясь то в образе природы, то в образе человека. При этом то скука одолевает Егорушку («Егорушкой тоже, как и всеми, овладела скука» [С. VII, 78]), то Егорушка скуку, и тем самым создается картина противоборства. Скука предстает одним из наиболее коварных противников Егорушки, поскольку она подкрадывается исподволь, лишая его и других самого главного — интереса к окружающему. Песня женщины способствует новому приливу скуки: «И опять послышалась тягучая песня. Пела все та же голенастая баба за бугром в поселке. К Егорушке вдруг вернулась его скука» (С. VII, 25).

Объятый скукой теряет свежесть восприятия, и движение по степи (метафора жизни) превращается в унылую бесконечность. «Как душно и уныло! Бричка бежит, а Егорушка видит все одно и то же — небо, равнину, холмы...» (С. VII, 17). Скука постепенно стирает «благодушие» с лица Кузьмичова, оставляя только «деловую сухость» и придавая ему «неумолимое, инквизиторское выражение»; вгоняет в сон Егорушку («Зной и степная скука утомили его. Ему казалось, что он давно уже едет и подпрыгивает, что солнце давно уже печет ему в спину. Не проехали еще и десяти верст, а он уже думал: "Пора бы отдохнуть!"»); вызывает агрессию в Дениске, который ради развлечения начинает стегать собак. И только о. Христофор не в ее власти. Невзирая на возраст и рутину путешествия, он сохраняет свежесть восприятия, и удивление его побеждает скуку: «Отец же Христофор не переставал удивленно глядеть на мир божий и улыбаться» (С. VII, 18).

Скука, тоска, заунывность — антиподы движения. Они останавливают даже воздух, который является метафорой дыхания природы: «...ему стало казаться, что от заунывной, тягучей песни воздух сделался душнее, жарче и неподвижнее...» (С. VII, 24).

Летит коршун над самой землей, плавно взмахивая крыльями, и вдруг останавливается в воздухе, точно задумавшись о скуке жизни, потом встряхивает крыльями и стрелою несется над степью, и непонятно, зачем он летает и что ему нужно. А вдали машет крыльями мельница... (С. VII, 17).

Интересно, что мельница «машет крыльями» в то время, как коршун «останавливается в воздухе» под влиянием мыслей о скуке жизни. Ирония в том, что машущая «крыльями» мельница не может взлететь, как не может отдаться выси коршун. И в то же время она рождает ассоциацию с Дон Кихотом, который был неподвластен скуке жизни, поскольку меч его воображения отражал обыденность. Создавая идеалы и отвоевывая их, Дон Кихот выполнял миссию, хоть и иллюзорную. Она-то и придавала смысл его жизни.

И коршун, и природа тоскуют по отсутствию высшего смысла. Бесцельный полет птицы перекликается с тоской степи по певцу, который смог бы придать осмысленность ее существованию, воспев ее красоту. Так последовательно, шаг за шагом формируется предрасположенность мира к неизбывной тоске:

...как будто степь сознает, что она одинока, что богатство ее и вдохновение гибнут даром для мира, никем не воспетые и никому не нужные, и сквозь радостный гул слышишь ее тоскливый, безнадежный призыв: певца! певца! (С. VII, 46).

Со степью перекликаются и тоскующие или скучающие герои, не имеющие внутренней цели и, как сама степь, жаждущие «певца», способного придать их жизни высший смысл. Не зря путешественники в повести так падки на истории, которые рассказывает им Холодов. В его нехитрых рассказах, сделанных по трафарету, присутствует главное — роль высшего начала, провидения, покровительствующего странникам. Это незримое присутствие высшего таинства и наделяет смысловой наполненностью судьбы путешественников из рассказов Холодова. Его хотят слушать снова и снова, поскольку каждый рассказ подтверждает, что не так все просто в этом рутинном мире, удручающем ум и ожесточающем сердца. Путешествующие по степи давно усвоили, что цель не есть смысл и целевое существование может быть бессмысленным по большому счету, если за целью не стоит нечто большее, какая-то высшая миссия. Осознание своей миссии в жизни равнозначно победе над скукой.

Имплицитное пространство

М. Ч. Ларионова отмечает, что, «несмотря на постоянное присутствие повести в филологическом дискурсе, процедуры, направленные на ее фольклорно-мифологическую интерпретацию, почти не производились» [Ларионова 2009: 345]. Тем не менее каждый образ в повести имеет не только «социальное, историческое, биографическое, психологическое значение», но и «переносное», символическое, проявляющееся, как фотоснимок, только при использовании традиционно-культурных «реактивов» [Там же]. Рассмотрим ряд основных блоков, формирующих имплицитное пространство «Степи» посредством ее главных героев.

1. Варламов — Варлаам

В письме к Григоровичу Чехов писал, что главная тема «Степи» для него ассоциируется с темой «мечты о широкой, как степь, деятельности» (П. II, 190). Из всех героев такой деятельностью занимается только Варламов. В отличие от других героев, не разбирающихся в разветвленной системе деловых отношений, Варламов — единственный, кто наделен целостным видением. С ним связано преображение степи как некогда заброшенного и пустынного, «скучного» места. Фигура Варламова написана эпическими мазками. Да и купцы ставят его превыше всего: «Науки науками, — вздохнул Кузьмичов, — а вот как не догоним Варламова, так и будет нам наука» (С. VII, 22).

Подобное заявление Кузьмичова заставляет задуматься, почему наука и купец Варламов поставлены в один ряд. Это, в свою очередь, протягивает ниточку к этимологии фамилии Варламова, воскрешая в памяти легенду о Варлааме.

Легенда о Варлааме и Иоасафе имеет несколько общих точек соприкосновения с линией Варламова и Егорушки. Это касается как сюжета легенды, так и ее героев. По сюжету юный Иоасаф был огражден отцом от всего внешнего, что могло бы омрачить его душу. Несложно провести параллель между опекаемым со всех сторон Иоасафом и огражденным от житейских бурь Егорушкой, жизнь которого до момента его отъезда протекала в замкнутом пространстве семьи.

Отшельник Варлаам появляется во дворце в обличье купца и начинает просвещать юношу, впоследствии ушедшего в пустыню на розыски своего учителя. Если в легенде Варлаам появляется под личиной купца, то в повести Варламов — настоящий купец. Ассоциация с Варлаамом относится к типу размытых (позиционных) «теней». Она менее размыта, чем последующие, речь о которых будет ниже, но несомненно более размыта, чем четкая «тень» «Егорушка — Егорий».

Мотив поиска Варлаама в пустыне находит отголосок в повести, где каждый стремится встретить неуловимого Варламова. Прямые пути к нему не ведут, как не ведут они и к отшельнику Варлааму, найти которого можно только после длительных скитаний (метафора поиска истины как волевого, целенаправленного акта). Интересно, что степь в повести часто сравнивается с пустыней [Finke 1985], а встреча с Варламовым происходит хоть и неожиданно, но в результате настойчивого поиска загадочного преобразователя «пустынного» места. Егорушка встречается с Варламовым только в шестой главе. До того мечта о встрече растет и вызревает, и по ходу событий Егорушка обретает опыт встреч с другими людьми, знакомясь с разными судьбами. И хотя внешне Варламов не производит впечатления на Егорушку и даже в каком-то смысле разочаровывает его, встреча заставляет мальчика задуматься еще больше над тем, что же выделяет этого человека из числа всех прочих.

В отличие от других купцов, Варламову важна позиция, делающая его властелином, и при этом он трудолюбив и честен. «На таких людях, брат, земля держится. Это верно... Петухи еще не поют, а он уж на ногах...», — говорит о нем Пантелей. Да и сам Егорушка подмечает разницу между Варламовым и остальными:

> Но все-таки какая разница чувствовалась между ним и Иваном Иванычем! У дяди Кузьмичова рядом с деловою сухостью всегда были на лице забота и страх, что он не найдет Варламова, опоздает, пропустит хорошую цену; ничего подобного, свойственного людям маленьким и зависимым, не было заметно

ни на лице, ни в фигуре Варламова. Этот человек сам создавал цены, никого не искал и ни от кого не зависел; как ни заурядна была его наружность, но во всем, даже в манере держать нагайку, чувствовалось сознание силы и привычной власти над степью (С. VII, 80).

Знакомство с Варламовым является промежуточной фазой в позиционном движении Егорушки. До этой встречи он знакомился с людьми, хоть и одаренными, но разочарованными и неудовлетворенными. Появление Варламова не только уравновешивает грустные наблюдения Егорушки над окружением, но и отпечатывается в памяти как иной тип отношений человека и мира, где человек подчиняет себе стихию и окружение, а не наоборот.

Тем не менее Варламов отнюдь не Варлаам. Он миссионер физического пространства, и его мифологический тезка призван не только указать на изоморфную структуру, но и оттенить разницу [Прим. 2]. Варламов упивается властью над степью, но никогда не станет ее певцом. Ему чуждо все «в высокой степени поэтическое» (С. VII, 67) — душа степи не внятна ему. Его серый, скучный облик с выражением делового фанатизма в лице свидетельствует о том, что этот человек с нагайкой не способен избавить степь от кручины. Квазисильный потенциал Варламова раскрывается в сочетании мощных деловых качеств, дающих ему материальное и позиционное превосходство, с отсутствием внутреннего слуха, помогающего услышать душу земли, над которой он властвует. Его движение не зря описано как «кружение». Оно не столь бессмысленно, как у птицы, но в силу его целевой ограниченности никогда не станет взлетом.

Фигура Варламова подводит к вопросу о том, какой же тип героя нужен степи, чтобы воспрянуть. Достаточно ли ей успешных материальных преобразований? Ответ выходит за пределы повести и перебрасывается на проблемы героя на Руси [Прим. 3]. Кто из ее граждан сможет быть назван героем и в силу каких особенностей? Три основных типа — Варламов, Кузьмичов и о. Христофор — поставлены в непосредственную близость к Егорушке, и каждый из них несет в себе что-то ценное. Однако превалирование слабого целого над сильными единичными чертами не дает им возможности перейти в категорию «героев».

145

Так, способный и мечтательный о. Христофор покорился воле родителей и не пошел в науку, куда звало его сердце (не оскудеет ли так земля, нуждающаяся в Ломоносовых?). Кузьмичов имеет практическую хватку, но он глух к наукам и ограничен (не исчерпает ли себя потенциал Руси подобными прагматичными натурами?). Варламова отличает размах и прекрасные деловые качества, но поэзия земли родной ему не внятна (не зачахнет ли степь под его нагайкой?).

Так исподволь — позиционно — формируется в повести вопрос о герое, который объединил бы в себе все недостающие черты других, став и управляющим, и защитником, и певцом своей земли.

Как деловой фанатизм подменяет вдохновение Кузьмичову и Варламову, так агрессия заменяет душевный взлет другим героям. Добрый мальчик Дениска убивает насекомых «скуки ради» и нещадно хлещет собак, бегущих за бричкой, а его азарт передается поначалу и Егорушке. Дымов постоянно беснуется, не находя себе места от скуки, испепеляющей его сердце. Столкновение между ним и Егорушкой заканчивается возгласом Дымова: «Скушно мне! Господи!» (С. VII, 84).

2. Егорий и Пантелеймон

И тем символичнее поведение Егорушки, преображающегося из «маменькиного сыночка», оплакивающего разлуку в начале путешествия, в защитника — единственного притом! — певчего Емельяна. Егорушка не просто вступается за Емельяна, но и угрожает Дымову: «На том свете ты будешь гореть в аду!» (С. VII, 82). Упоминание ада звучит потешно в устах мальчика. Однако в имплицитном пространстве связь угрозы со значением имени Егорушки просматривается довольно четко. Намек на эту связь дается устами Пантелея Холодова во время его знакомства с Егорушкой.

— Тебя как звать?
— Егорушка.
— Стало быть, Егорий... Святого великомученика Егория Победоносца числа двадцать третьего апреля. А мое святое имя Пантелей... Пантелей Захаров Холодов... (С. VII, 51).

Выступая против Дымова, Егорушка «трансформируется» в Егория, что зафиксировано в ответе Пантелея Дымову после стычки:

Перед тем, как трогаться в путь, Дымов подошел к Пантелею и спросил тихо:
— Как его звать?
— Егорий... — ответил Пантелей (С. VII, 83).

Ответ звучит знаменательно в устах Пантелея, давая понять, что столкновение — это своего рода инициация [Прим. 4], в результате которой Егорушка становится Егорием. Также важно, что в столкновении Егорушка играет роль защитника, а не дебошира, а его подзащитный не кто иной, как певчий, что значимо в имплицитном пространстве. В этом эпизоде вновь подспудно поднимается вопрос о герое для русской земли: какими качествами он должен обладать и является ли наличие богатырской силы достаточным условием. Ясно, что неприкаянный «буйтур» Дымов не годится на роль «змееборца»: он может погубить не «змия», а только безвинного «ужика».

«У Чехова в повести "Степь" были другие задачи. В их число не входило изображение цельного и законченного характера Егорушки», — пишет Чудаков [Чудаков 1971: 119]. И он абсолютно прав по поводу незаконченности характера. Цельность же — совершенно другое. Она не связана с ракурсом законченности: и завершенная, то есть не развивающаяся далее система не обязательно цельная. И наоборот — развивающаяся система может быть вполне цельной, если она, прежде всего, придерживается определенных ценностей, отвечающих за ее направленность. Цельность характера Егорушки раскрывается как в наличии у него подобных ценностей, так и в его готовности их отстаивать. Несмотря на юные годы, в нем уже сформировано понимание добра и зла, праведности и неправедности (угроза гореть в аду как понимание неправедности поведения Дымова) и т. п. И даже если ему грозит пострадать за свои убеждения, он все равно не отступает. И в этом он снова «рифмуется» со своим святым тезкой.

С появлением Пантелея начинает разрастаться житийный блок. Этимология его имени восходит к Пантелеймону Целителю.

Сам он никого не исцеляет в повести, и даже не способен спасти свою семью от гибели, но его первый разговор с Егорушкой — о покаянии перед смертью — является значимым в библейском контексте, поскольку покаяние и есть исцеление души. Исцеление Егорушки в конце повести дается как движение его души через бредовые видения по самым горячим точкам пережитого, и там, в пространстве сна, он уже сражается не с Дымовым, а с его беснующейся натурой, с тем дьявольским огнем, стремящимся перекинуться на него самого.

Словно усиливая метафору холода в образе Пантелея Холодова, Чехов вводит в пространство действия постоянные указания на эту связь. Холод становится второй натурой Пантелея, который постоянно мерзнет, ходит босым по земле. В его присутствии Егорушка жалуется на озноб, но Пантелей бесчувственен к этим жалобам, словно озноб не опасен. С одной стороны, это отражает психологическое состояние Пантелея: после того как его семья сгорела при пожаре, он предпочитает холод теплу. В имплицитном же пространстве холод ассоциируется с великомучеником Пантелеймоном. 27 июля (9 августа по новому календарю) — день св. Пантелеймона. Он знаменует собой наступление первых утренников. Это имеет отношение и к Егорушке: в рамках метафоры возраста наступление первых утренних заморозков ассоциируется с переходным периодом от лета-детства к зябкому отрочеству [Прим. 5].

3. Св. Георгий в имплицитном сюжете «Степи»

Покидая дом Тоскуновой, Кузьмичов сообщает ей, что вступительные экзамены для Егорушки назначены на седьмое августа. Это сообщение он произносит «таким голосом, как будто в зале был покойник» (С. VII, 104). Помня скептицизм Кузьмичова относительно образования, можно фразу о покойнике расценить как юмористическое напоминание об этом. Тем не менее и дата экзаменов, и фраза обретают еще один смысл в житийном блоке имплицитного пространства.

Седьмого августа 1770 года состоялось первое награждение орденом святого Георгия Победоносца. Дата награждения перекликается с символикой семидневных пыток Великомученика

Георгия. На восьмой день святой Георгий был брошен в храм Аполлона, где он сокрушил идола молитвами, после чего был убит. Август — восьмой месяц года, и сочетание семерок и восьмерки в дате, выбранной для награждения, находится в соответствии с библейской символикой. Дата седьмое августа является решающей и для Егорушкиного будущего. Восьмерка же становится композиционно организующим числом повести, состоящей из восьми глав.

Известно, что Чехов в письме к Григоровичу от 12 января 1888 г. писал, что все главы повести «связаны, как пять фигур в кадрили, близким родством» (П. II. 173). В. Катаев интересно проанализировал мини-сюжеты повести с позиций «Егорушка и его vis-à-vis, как в кадрили» [Катаев 2008: 6], разбив их на сюжетные линии с собственной драматургией и дав целостное видение сюжетных переплетений. Обратившись же к чеховской разбивке повести на главы с точки зрения символики восьмерки, можно обнаружить отдаленные, зачастую юмористические переклички с темой мучений св. Георгия.

Так, в первый день св. Георгия втолкнули в темницу кольями, где его привязали к столбам, положив тяжелый камень на грудь. «Степь» начинается с воспоминания о том, как Егорушку посадили в «ненавистную» бричку помимо его воли, и разлука с родными лежит теперь тяжелым камнем на его душе. Первое, на чем останавливается взгляд мальчика, — острог с крестом, куда он ходил на прошлой неделе с матерью на «престольный праздник» (С. VII, 14). Упоминание острога продлевает ассоциативный ряд, связанный с мотивом заточения св. Георгия.

В данном случае мера размытости «тени» гораздо выше, чем в примере с Варламовым. Тем не менее ассоциации базируются на деталях из текста и поэтому не могут считаться «произвольными». Вопрос в том, создана ли в тексте предрасположенность к тому, чтобы соотнести эти детали с целым, то есть с парадигмой св. Георгия. Для того чтобы исчерпывающе ответить на этот вопрос, проследим до конца сюжет, связанный с Георгием.

На второй день св. Георгия подвергли пытке колесом. «Пыткой колесом» в переносном смысле можно назвать путешествие на дребезжащей бричке, подпрыгивающей на каждой кочке и подставляющей Егорушкино тело нещадно палящему солнцу, как это описано во второй части: «Горячие лучи жгли ему затылок, шею и спину» (С. VII, 25). Он «изнеможен зноем» и бежит к осоке, «задыхаясь от зноя». Испытания в этой главе — это «пытки» зноем и скукой, порождающие в нем мысль о том, как от них избавиться: «Как же убить это длинное время и куда деваться от зноя!» (С. VII, 23). Ассоциация с пыткой усиливается описанием «измученной» степи с горящим колесом солнца в небе: «Ни ветра, ни бодрого, свежего звука, ни облачка. <…> степь, холмы и воздух не выдержали гнета и, истощивши терпение, измучившись, попытались сбросить с себя иго» (С. VII, 28).

На третий день св. Георгия бросают в яму с негашеной известью. Юмористической ассоциацией с пространством ямы в третьей главе можно считать темное, удушливое жилище Мойсея Мойсеича, откуда Егорушка буквально вырывается, будучи «уже не в силах дышать затхлым и кислым воздухом, в котором жили хозяева» (С. VII, 39). Введение в повествование еврейской семьи расширяет поле библейских аллюзий. Впервые мотив Ветхого Завета появляется в описании брички, на которой Егорушка отправляется в путь: «одна из тех допотопных бричек» (С. VII, 13). Определение «допотопная» может быть расценено двояко. С одной стороны, это ироническое обозначение чего-то устаревшего, а с другой — намек на ветхозаветные времена. Ветхозаветный блок не замыкается на этом эпитете. Чуть ниже следует описание пастухов как ветхозаветных фигур. Их неподвижность и невозмутимость усиливают ощущение ветхозаветной мудрости.

> Старик-чебан, оборванный и босой, в теплой шапке, с грязным мешком у бедра и с крючком на длинной палке — совсем ветхозаветная фигура — унял собак и, снявши шапку, подошел к бричке. Точно такая же ветхозаветная фигура стояла, не шевелясь, на другом краю отары и равнодушно глядела на проезжих (С. VII, 19).

Эти описания можно считать увертюрой к встрече с еврейской семьей. Семья привечает Егорушку, а жена Мойсея Мойсеича дает Егорушке пряник на дорогу. Таким образом, вариация «мучений» разрешается в мажорной тональности. Пряник сделан в виде сердца и обернут в зеленую тряпку, что тоже знаменательно.

Совещание кончилось тем, что еврейка с глубоким вздохом полезла в комод, развернула там какую-то зеленую тряпку и достала большой ржаной пряник, в виде сердца (С. VII, 39).

Зеленый цвет тряпицы ассоциируется в имплицитном пространстве с темой дракона [Прим. 6], то есть темой вражды и нетерпимости. Когда Егорушка появляется в комнате Мойсея Мойсеича, чье имя в библейском контексте является значимым в квадрате, он видит, как «из-под сального одеяла выглянула другая кудрявая головка на тонкой шее, за ней третья, потом четвертая... Если бы Егорушка обладал богатой фантазией, то мог бы подумать, что под одеялом лежала стоглавая гидра» (С. VII, 39).

Сравнение с гидрой укрепляет ассоциацию с мифом о Георгии-змееборце. Попутно отметим, что в этом же пространстве «змия» появляется прекрасная графиня Драницкая, одетая в черное, будто она в трауре. По мифу, св. Георгий видит плачущую царевну и просит поведать ему о причине ее скорби. В имплицитном пространстве черные одежды и кони Драницкой сближены с состоянием скорби, горевания, а этимология ее фамилии уходит корнями к ряду «дрань — драть — драка — дракон». В пространстве действия Драницкая весела и беспечна, но в имплицитном пространстве она словно пленница дракона, обираемая «ляхом» Казимиром. А позднее Егорушка узнает, что у нее дома есть чудные часы с золотым всадником и, когда они бьют, он размахивает шашкой. Всадник, скорее всего, есть изображение Георгия Победоносца, столь популярное на Руси в то время.

Как же решается в повести вопрос «змия» в контексте еврейской семьи как представителя «чужой» религии? Ответ дан в сцене дарения пряника.

— Возьми, детка, — сказала она, подавая Егорушке пряник. — У тебя теперь нету маменьке, некому тебе гостинца дать (С. VII, 39).

Сочетание формы пряника с замечанием о том, что у Егорушки теперь нет матери, говорит о том, что роль отсутствующей матери взяла на себя на время женщина из чужой религии («в мифопоэтическом пространстве степи она – "иномирный" и "иноэтничный" двойник матери Егорушки» [Ларионова 2009: 353]). Гостинец, таким образом, должен стать символом обретенного Егорушкой дома. Уже вдали от семьи Мойсея Мойсеича он перед сном нащупывает пряник в кармане, и это приносит ему ощущение дома («поправил в кармане пряник и стал засыпать так, как он обыкновенно засыпал у себя дома в постели...» [С. VII, 39]).

Мотив пряника разворачивается довольно любопытно и не без юмора. Прежде всего, Егорушка не съедает пряник, как ожидалось, а носит его как некую реликвию. Зайдя в лавку, он пытается установить его материальную ценность. Лавка, пол которой «весь был покрыт узорами и кабалистическими знаками» (С. VII, 62), предстает не просто как место купли-продажи, но и как обиталище таинств. Здесь, в «кабалистическом» пространстве, выявляется высокая ценность пряника, который, по словам лавочника, в три раза дороже, чем остальные. И снова Егорушка не съедает и не выменивает его на большее количество более дешевых пряников, а вместо этого кладет в карман и вспоминает о нем только в седьмой главе, когда, заболевая, бродит в мокрой одежде по улице, думая о доме. Пряник и мысли о доме снова поставлены в один ряд, и Егорушка, засовывая руку в карман и обнаруживая липкую замазку, пахнущую медом, сокрушается о прянике, как о живом: «Как он, бедный, размок!» (С. VII, 91).

Сердечность отношения Егорушки соответствует «сердечности» подарка в прямом и переносном смысле, а тот факт, что пряник в конце концов превращается в «растаявшее» сердце, усиливает символизм сближения, как воли небес: дождь, гроза — атрибуты Георгия Победоносца, известного не только решительностью, но и милосердием. В имплицитном пространстве повести милосердие растапливает сердце, размывая границы «своего» и «чужого». В мифе «дракон» имеет множество голов. Множество голов он имеет и в имплицитном пространстве «Степи». Одна из них связана с религиозной и этнической нетерпимостью. Говоря о «своем» и «чужом» пространстве в сказках и мифах, Ларионова подчеркивает, что персонажами «чужого» пространства «в современных Чехову стереотипных этнокультурных представлениях были главным образом евреи и цыгане, которые, согласно народным легендам, вели свою родословную от черта» [Ларионова 2009: 351]. Эти же представления, по ее мнению, отразились и в «Степи». Нам же важно показать не только как отразились подобные представления, но как по-новому, нетрадиционно решает проблему сближения «своего» и «чужого» автор «Степи».

Эпизод заканчивается юмористически и одновременно символично. Белая собака, принадлежащая Варламову, съедает «замазку» с руки Егорушки.

> Большая белая собака, смоченная дождем, с клочьями шерсти на морде, похожими на папильотки, вошла в хлев и с любопытством уставилась на Егорушку. Она, по-видимому, думала: залаять или нет? Решив, что лаять не нужно, она осторожно подошла к Егорушке, съела замазку и вышла (С. VII, 91).

Обращает на себя внимание, что, так же как и пряник, собака «смочена» дождем, и, словно милосердие Георгия тронуло и ее, она решает не лаять. Егорушка же, промокший до нитки, также не гонит собаку. Его поведение коренным образом отличается от того, что было в начале повести, когда Дениска стегал Варламовских собак, а Егорушка «глядел так же злорадно, как Дениска, и жалел, что у него в руках нет кнута» (С. VII, 19). Теперь же он позволяет собаке слизать пряник с руки. Является ли это намеком на пацифизм как противопоставление воинственности в образе Варламова? Если так, то это объясняет упоминание известных своим пацифизмом молокан в повести: это у них ночует «человек с нагайкой». Да и облик собаки в последней сцене существенно отличается от прежних собак. Тогда они были «необыкновенно злые, с мохнатыми паучьими мордами и с красными от злобы глазами» (С. VII, 18—19). Теперь же собака белая (символика цвета немаловажна) и несет в себе что-то тихое, домашнее. Последнее подчеркнуто в описании ее шерсти на морде, похожей на «папильотки», что мгновенно ассоциируется с женщиной в кругу семьи.

Все это выстраивает сложную картину позиционного становления Егорушки в богатом поле исторических и библейских отношений, как бы подготавливая его к миссии Егория в большой жизни. Как Георгий, он обязан научиться сочетать в себе решительность и милосердие, и именно этот опыт он и обретает в процессе путешествия.

Попутно отметим, что лично чеховское отношение к «чужому» этносу недвусмысленно выражено в его письме к Суворину от 6 февраля 1898 г. в связи с делом Дрейфуса. Чехов, в частности, писал:

> Разжалование Дрейфуса, справедливо оно или нет, произвело на всех (в том числе, помню, и на Вас) тяжелое, унылое впечатление. Замечено было, что во время экзекуции Дрейфус вел себя как порядочный, хорошо дисциплинированный офицер, присутствовавшие же на экзекуции, например, журналисты, кричали ему: «Замолчи, Иуда!», т. е. вели себя дурно, непорядочно. <…> Когда в нас что-нибудь неладно, то мы ищем причин вне нас и скоро находим: «Это француз гадит, это жиды, это Вильгельм...» Капитал, жупел, масоны, синдикат, иезуиты — это призраки, но зато как они облегчают наше беспокойство! Они, конечно, дурной знак. Раз французы заговорили о жидах, о синдикате, то это значит, что они чувствуют себя неладно, что в них завелся червь, что они нуждаются в этих призраках, чтобы успокоить свою взбаламученную совесть (П. VII, 166−167).

Егорушка, судя по всему, призван преодолеть подобные настроения, а подаренный пряник будет храниться в памяти как «свое» пространство. Для повести же пряник становится символом единения ветхозаветных и христианских образов как краеугольных ценностей Ветхого и Нового Завета.

На четвертый день мучители перебили кости на руках и ногах св. Георгия. В четвертой главе Дымов убивает «ужика». Как отмечает Савелий Сендерович, в «Степи» Дымов обретает черты Змия, а убийство безобидного «ужика» является инверсией мифа, где «ужиком» предстает св. Георгий [Сендерович 1994: 214].

На пятый день св. Георгию надевают раскаленные докрасна железные сапоги и заставляют бежать в них. В пятой главе Дымов больно хватает Егорушку за ногу в момент купания в реке. При этом вся сцена выглядит, как пытка.

> …в это время кто-то схватил его за ногу и потащил наверх. Захлебываясь и кашляя, Егорушка открыл глаза и увидел перед собой мокрое смеющееся лицо озорника Дымова. <…> Он крепко держал Егорушку за ногу и уж поднял другую руку, чтобы схватить

его за шею… (С. VII, 57).

На шестой день св. Георгий подвергся наказанию плетьми. В шестой главе вариация плетей возникает в связи с Варламовым, замахнувшимся нагайкой на нерадивого работника. Егорушка является всего лишь наблюдателем наказания, но оно оставляет тяжелое впечатление, словно он пропускает его через себя.

На седьмой день мучители заставляют св. Георгия выпить два кубка с ядом. Первый должен лишить его разума, а второй — убить. В начале седьмой главы герои испытывают неутолимую жажду из-за необыкновенной жары. В этой удушливой атмосфере происходит ссора Дымова и Егорушки. При этом эмоциональное состояние Егорушки описывается так, словно у него помутился ум:

> Егорушка почувствовал, что дышать уже нечем; он — никогда с ним этого не было раньше — вдруг затрясся всем телом, затопал ногами и закричал пронзительно:
> — Бейте его! Бейте его! (С. VII, 83).

Позднее он заболевает, просит воды, но ему не дают напиться. Он хочет просить снова, уже когда лежит на обозе, но вместо этого его рвет. Не отравленная вода, но горячечная жажда провоцирует накал бреда с видениями, относящимися к блоку смерти. Образ скуки в разных ипостасях преследует Егорушку в бреду, и он вновь сражается с дьявольским Дымовым: «на Егорушку с ревом бросался озорник Дымов с красными глазами и с поднятыми кулаками или же слышалось, как он тосковал: "Скушно мне!"». В бреду Егорушка также почему-то видит мальчика Тита, повстречавшегося ему в дороге.

> Тит на тонких ножках подошел к постели и замахал руками, потом вырос до потолка и обратился в мельницу. О. Христофор, не такой, каким он сидел в бричке, а в полном облачении и с кропилом в руке, прошелся вокруг мельницы, покропил ее святой водой, и она перестала махать (С. VII, 91).

Видение Тита также имеет символическое значение. В библейском блоке его имя ассоциируется с Титом Флавием, разрушителем Второго Иерусалимского Храма. В сцене встречи Чехов располагает Тита «на одном из больших неуклюжих камней», что рождает ассоциацию с руинами, оставленными Титом Флавием (С. VII, 25). Маленький Тит говорит басом, что в пространстве действия свидетельствует о заболевании. В имплицитном же пространстве это еще один намек на его взрослого тезку. Появление Тита в Егорушкином бреду сопровождается метафорой противоборства: тот факт, что о. Христофор был «в полном облачении» в тот момент, когда он кропил Тита-мельницу, говорит о том, что борьба была достаточно серьезной.

Несомненно, мельница ассоциируется с иллюзорным врагом, как это было в «Дон Кихоте», и Тит оказывается побежденным. «Мельница — нечистое место, — пишет Ларионова. — Мельница одновременно принадлежит миру живых и мертвых, как колдуны (“Какой колдун!” — думает, глядя на мельницу, Егорушка [С. 7, 20]), посредники между людьми и сверхъестественными силами» [Ларионова 2009: 347–348]. Помня размышление Егорушки о том, как «скучно быть мужиком» (видение Тита в седьмой главе возникает как раз после этих мыслей, точно так же как он сам впервые появляется в повести после того, как Егорушкой овладевает скука от песни женщины), понимаешь, что мужичок Тит, скука и разрушение поставлены в один ассоциативный ряд, с которым постоянно борется Егорушка во сне и наяву. В заключительной сцене вновь появляется Тит: внучка Тоскуновой, Катька, воскрешает воспоминание о нем, словно дух разрушителя Храма следует за Егорушкой, обосновываясь в «царстве тоски». Выйдет ли Егорушка победителем из этой борьбы или царство Тоскуновой все же одолеет его? Ответ на этот вопрос кроется в его предрасположенности бороться и побеждать.

Наконец, на восьмой день св. Георгий сокрушает дьявола молитвами в храме Аполлона. В восьмой главе Егорушка бредит, и ему снова является Дымов. Он помещен рядом с огнем, что позиционно смещает его в мир дьявольщины, у него красные глаза, и он вызывающе глядит на Егорушку. Егорушка призывает атаковать Дымова, что является вариацией темы борьбы с дьяволом. Мальчик превозмогает болезнь при помощи о. Христофора, излечивающего его натиранием и молитвой и при этом велящего ему: «…ты только бога призывай» (С. VII, 96).

Ассоциации с мучениями св. Егория, возникающие по мере прочтения каждой главы, при всей их удаленности и размытости имеют ту же смысловую направленность, что и в житии: через слезы, борьбу и страдания Егорушка обретает опыт и так поднимается на новую ступень.

Формирование предрасположенности Егорушки: вопрос о будущем

Наутро после Егорушкиного выздоровления о. Христофор дает ему за завтраком наставление, представляющее особый интерес в связи с вопросом формирования потенциала и предрасположенности. Наставление гораздо глубже и всеохватнее, чем формальное наставление будущему гимназисту.

Прежде всего, о. Христофор указывает на необходимость штудирования («Что наизусть надо, то учи наизусть…») — недостаток информации значительно обедняет потенциал даже очень творческой личности. Следующая ступень — осмысление полученного знания («а где нужно рассказать своими словами внутренний смысл, не касаясь наружного, там своими словами»). Это исключительно важно для развития интеллектуального блока, дабы количество знаний не перевесило способности вникнуть в суть выученного («Нет, ты так учись, чтобы все понимать!»).

Далее он указывает на необходимость всестороннего образования для обогащения и укрепления потенциала перед лицом неизвестного будущего: «И старайся так, чтоб все науки выучить… а уж бог укажет, кем тебе быть. Доктором ли, судьей ли, инженером ли... Святые апостолы говорили на всех языках — и ты учи языки…» (С. VII, 98).

Затем он говорит о необходимости «прилагаться» на праведные учения: «Конечно, если чернокнижие, буесловие, или духов с того света вызывать, как Саул, или такие науки учить, что от них пользы ни себе, ни людям, то лучше не учиться. Надо воспринимать только то, что бог благословил» (С. VII, 98). В терминах развития потенциала речь идет о блоке, отвечающем за формирование ценностей.

Обучение должно быть творческим актом со стороны ученика: «святый Нестор писал историю — и ты учи и пиши историю» (С. VII, 98). Это наставление кажется нелепым — ну какую же историю может написать мальчик Егорушка? Однако в контексте всех аллюзий понимаешь, что Чехов не зря погрузил своего героя в имплицитное пространство библейских и исторических фигур.

Ничего не упущено о. Христофором. Он обращает внимание на важность всех параметров, включая и параметры отношений («Только ты смотри, Георгий, боже тебя сохрани, не забывай матери и Ивана Иваныча»), и позиционные. К последним относится замечание о возможном успехе Егорушки и его новой позиции в обществе: «Ежели ты выйдешь в ученые и, не дай бог, станешь тяготиться и пренебрегать людьми по той причине, что они глупее тебя, то горе, горе тебе!» (С. VII, 99) В своих наставлениях он раскрывается как «богоносец», что и соответствует этимологии его имени «Христофор». Все эти аспекты, вместе взятые, являются прекрасным примером всестороннего подхода к формированию потенциала и предрасположенности героя к миссии созидателя. Однако созидатель не творит в пустоте, и здесь очень важен потенциал его окружения. Обилие героев и образов, слагающих пространство степи, и призвано дать представление о потенциале вселенной, окружающей Егорушку. Успех его в будущем будет зависеть как от его собственной предрасположенности, так и от предрасположенности земли удержать, укрепить и развить свой золотой запас.

Основная направленность «Степи» связана с проблемой становления героя в универсуме Руси. Как степь, русская земля ждет и верит, что будущий Егорий не за горами...

Примечания

1. Леонид Громов пишет: «В "Степи" проявилось в высшей степени то качество реалистического искусства Чехова, которое можно назвать ассоциативностью образов. Образ степной природы и входящие в его состав отдельные пейзажные мотивы насыщены ассоциативным содержанием. Кроме своей непосредственной функции — показывать конкретные приметы приазовской степи, они вызывают целый ряд философских и социальных ассоциаций» [Громов 1958: 139].

2. У Чехова мифологическая парадигма служит измерением силы потенциала его героев. Когда на одну чашу весов кладется герой, а на другую — его мифологический тезка, то становится ясна мера силы или слабости героя [Zubarev 1997: 16].

3. В. Катаев пишет: «Действие происходит в степи — и, как несколько раз повторяется, "на Руси"; в нем участвуют не просто "степняки", но "русский человек". В этом и особое место повести среди чеховских произведений, и то, что делает ее если не лучшим, то наиболее характерным среди чеховских творений» [Катаев 2008:9].

4. «В контексте традиционной народной культуры, — пишет Ларионова, — повесть "Степь" может быть прочитана как рассказ о перемене статуса героя, его взрослении через путешествие, одиночество, испытания, преодоление себя и обстоятельств, то есть как отражение в литературном произведении структурно-семантических элементов древних обрядов инициации» [Ларионова 2009: 346].

5. Ларионова пишет: «Егорушке 9 лет. В разных областях России это граница, когда ребенка начинали считать равноправным членом взрослой или молодежной общины: "песенно-фольклорная топика указывает на девять-двенадцать лет как на переходный возраст" [19, с. 197]. Понятие "возраст" имеет здесь не количественный, а, скорее, качественный смысл. Этот возраст потому и называется переходным, что ребенок находится в состоянии и процессе "перехода", перемены внешнего и внутреннего статуса. Он еще не утратил связи с "иным" миром, с прошлым, но уже обращен в будущее, его восприятие действительности — не логическое, а интуитивно-иррациональное» [Ларионова 2009: 346].

6. О цветах, ассоциирующихся со Змием, писал Савелий Сендерович [Сендерович 1985].

«КОМПЛЕКС АРИАДНЫ», ИЛИ «ВЫРОЖДЕНИЕ» ПО ШАМОХИНУ

В письмах к Суворину Чехов писал, что суть не в том, о чем разглагольствуют его герои, а «в природе этих мнений» (П. III, 265). Он просил не попадаться на удочку их высказываний, не анализировать впрямую то, что они говорят, а пытаться понять, кто кроется за определенными суждениями. Иными словами, Чехов настаивал на проникновение в предрасположенность героев. А для этого одних высказываний и описаний мало. Нужно нащупать ряд внутренних характеристик, неявно проступающих в деталях, зачастую удаленных друг от друга, в символике, а также в невербальном пространстве отношений, достраиваемом интерпретатором. У Чехова предрасположенность героев зачастую строится на двух уровнях пространства, что требует более тонкой интеграции включенных в него образных подсистем.

«Ариадна» (1895) принадлежит к рассказам типа «Повестей Белкина» — в том смысле, что предрасположенность рассказчика становится ключевой в понимании направленности авторского замысла. Рассказчик привносит себя в историю, о которой он повествует, и посему невозможно судить о самой истории, не поняв предварительно, кто ее рассказывает и с какой целью. На языке кинематографии рассказчик — это некая специальная линза, выбранная для съемки, чтобы оттенить определенный угол зрения повествующего, его ментальность. «Я все время должен говорить и думать в их тоне и чувствовать в их духе», — писал Чехов, имея в виду своих героев (П. IV, 53). Это следует принимать в расчет, чтобы не смешивать «духа» автора с «духом» его рассказчика и повествователя.

В «Ариадне» рассказчиком является помещик Шамохин, а повествователем — некий «известный писатель», который зачастую ассоциируется в критике́ если не с Чеховым, то по крайней мере с его «объективным обозревателем». Именно он и дает читателю представление об Ариадне как «потребителе» то вещей, то продуктов питания [Flath 1999: 225]. Но «объективность» этого взгляда тоже может быть поставлена под сомнение, о чем будет говориться ниже. Поэтому можно с уверенностью сказать, что Чехов использует два типа «линз» при создании героев и отношений в «Ариадне»: «линзу» рассказчика и «линзу» повествователя. Взгляд автора, т. е. самого Чехова, будет синтезом этих «линз» и того, что они упустили. Или, как определил это сам Чехов, «художник наблюдает, выбирает, догадывается, компонует» (П. III, 45). Остальное — за читателем. От уровня его проницательности будет зависеть, насколько глубоко он сумеет проникнуть в скрытые слои произведения.

Итак, «Ариадна» повествует о случайной встрече на пароходе, во время которой Шамохин делится с писателем подробностями своих отношений с женщиной по имени Ариадна, путешествующей с ним. Его история о том, как, познакомившись со своей возлюбленной в поместье ее брата, он долго не мог решиться на отношения с ней и, наконец приехав по ее зову в Италию, куда она отправилась вопреки его желанию, он обнаруживает, что она не одна. Женатый Лубков, друг брата Ариадны, кутила и устроитель шумных увеселений, признается в любовной связи с Ариадной. Шамохин немедленно уезжает, но после того, как Лубков бросает Ариадну, возвращается по ее настоянию, и это кладет начало их совместной жизни. Постепенно их роман сходит на нет, страсть угасает, и Шамохин не может дождаться, когда Ариадна освободит его из своих сетей, выйдя замуж за князя Мактуева.

В свое время рассказ вызвал противоречивые отклики в критике, и негативная сторона этих откликов была связана именно с тем, что самому Чехову приписывали «"филиппику" Шамохина против интеллигентных женщин» (С. IX, 477). Сюда же относились и обвинения в «толстовстве», мистицизме и других вещах, затронутых в рассказе сумбурно, противоречиво и явно не по-чеховски. И действительно, в рассказе Шамохина столько ляпов и противоречий, столько риторики и признаков бульварного романа, что это сразу же отметает любые серьезные параллели между ним и Чеховым. Критика явно не приняла в расчет тот факт, что автор рассказа о «красивой и ужасной» женщине по имени Ариадна — Шамохин и все неувязки и непоследовательность суждений — его собственные. Чехов же выступает как создатель образа Шамохина, чья «внутренняя противоречивость в последовательных монологах» [Катаев 1979: 165] свидетельствует об определенной предрасположенности этого героя.

В. Б. Катаев отмечает, что «усилия интерпретаторов рассказа "Ариадна" часто направлены на осуждение, "разоблачение" главной его героини», в то время как цель рассказа — показать «постепенное превращение» Шамохина «из наивного юноши, идеализирующего любовь и женщин» в «страстного, убежденного женоненавистника» [Там же: 163, 165]. Флат также предлагает переместить фокус с Ариадны на Шамохина, но в отличие от В. Л. Смит, которая «винит» Чехова в «женоненавистничестве», Флат показывает, как Чехов искусно создает образ нарциссичного рассказчика, разрушающего любившую его женщину [Flath 1999: 230].

Смещение фокуса с Ариадны на Шамохина позволяет пойти дальше и поставить под сомнение не только достоверность рассказа Шамохина, но и его интенции. Вопрос, для чего рассказывает Шамохин свою историю «известному писателю», является ключевым, ибо определение цели во многом проясняет интенции героя, его стратегию и тактику. Критика часто подходит к «Ариадне» как рассказу-исповеди, правомочно сравнивая его с «Крейцеровой сонатой». Однако если общая канва «Ариадны» действительно несет на себе «печать спора с "Крейцеровой сонатой"» [Катаев 1989: URL], то все остальное существенно отличается от жанра исповеди. Как отмечает А. Д. Степанов, «история, похожая на исповедь», «безусловно, соотносится с речевым жанром исповеди, но одновременно и отрицает его. В ней присутствуют почти все <…> черты, определяющие исповедь как жанр, но все они оказываются перевернутыми» [Степанов 2005: 281]. Почему же это происходит?

На уровне текстового анализа — а термин «речевой жанр» апеллирует именно к тексту, строящемуся на речевых конструкциях, а не к произведению как образной системе — ответить на этот вопрос невозможно. Речевые конструкции являются лишь «кирпичиками». По ним невозможно описать систему. Те, для кого важно получить системное представление, начнут с описания целого, в которое вписаны речевые структуры. Двигаясь от художественной системы к ее составляющим, можно увидеть, что за мнимой исповедальностью («похожая на исповедь») кроются интенции, не связанные с жанром исповеди.

А. П. Чудаков совершенно точно отмечает наличие чисто литературных описаний в «Ариадне», но смысл этих описаний он усматривает в сближении образа повествователя с Чеховым, утверждая, что в «произведениях этого типа рассказчик является чистой условностью» и сближен с самим писателем [Чудаков 1971: 92–93]. Здесь явно упускается тот факт, что повествователь — тоже образ, имеющий определенные тенденции и предрасположенность. Автор наблюдает сразу обоих своих героев — Шамохина и писателя, и его умение «говорить и думать в их тоне и чувствовать в их духе» может ввести в заблуждение читателя.

Первый знак того, что автор формирует что-то в подтексте рассказа, — это настораживающая «литературность» Шамохина, довольно часто перемежающаяся с откровенной литературщиной. Понять, как же это все увязывается в повествовании и каков смысл «литературности» Шамохина, можно, только идя «от целого к части» [Ackoff 1981: 19]. В этом плане россказни Шамохина скорее похожи на литературные упражнения, чем на правдивый рассказ. И действительно, историю свою он поначалу называет «романом». Выбирает ли он этот термин случайно или играет смыслами намеренно, остается неясным, но вот как он начинает свой рассказ: «Помнится, в какой-то повести Вельтмана кто-то говорит: "Вот так история!" А другой ему отвечает: "Нет, это не история, а только интродукция в историю". Так и то, что я до сих пор говорил, есть только интродукция, мне же, собственно, хочется рассказать вам свой последний роман» (С. IX, 109).

Поставленные в единый контекст повесть Вельтмана, известный писатель в роли слушателя и термин «роман» образуют вполне определенное семантическое поле, тяготеющее к миру писательскому, а не обывательскому. Начинается «роман» Шамохина с фразы, которая скорее напоминает начало романа или повести: «Действие происходит в Московской губернии, в одном из ее северных уездов» (С. IX, 109). Подобный стиль изложения и заставляет задуматься над тем, не является ли Шамохин начинающим писателем, пытающимся «опробовать» свое сочинение на известном писателе. Гипотеза эта находит довольно любопытные подтверждения в тексте.

Прежде всего, начитанность Шамохина, знающего не

только Вельтмана, но и писателя, с которым он ведет беседу («Вас же я хорошо знаю», — бросает он мимоходом [С. IX, 108]). Далее, рассказывая о своем прошлом, Шамохин упоминает три года в деревне, в течение которых он «по окончании университета» «хозяйничал и все ждал», что его «куда-нибудь выберут» (С. IX, 109). Упоминание «хозяйничанья» должно насторожить внимательного читателя, поскольку «хозяйничанье» и Шамохин — две вещи несовместные. Все что угодно, только не занятия хозяйством вяжутся с этим экзальтированным, эмоциональным молодым человеком, восклицающим, что ему «хочется и плакать и громко петь» при звуках гармоники, рояля, соловья и журчания ручья (С. IX, 109).

Туманное описание его занятий в сочетании с «литературностью» позволяют заподозрить Шамохина в тайном пристрастии к писательству. Далее, во вводной части своего «романа», Шамохин отталкивается от Нордау, говоря о том, что «эти постоянные разговоры о женщинах какой-нибудь философ средней руки, вроде Макса Нордау, объяснил бы эротическим помешательством или тем, что мы крепостники и прочее, я же на это дело смотрю иначе» (С. IX, 108). С Нордау и начинается псевдополемический «роман» Шамохина. Псевдополемичность состоит в том, что хоть Шамохин и иронизирует по поводу Нордау, но все его положения сохраняет в «романе».

Напомню, что Макс Нордау — псевдоним Симона Зюдфельда, врача и философа, автора нашумевшего в чеховское время труда «Вырождение» — родился в Венгрии, в семье раввина. После окончания института в 1880-м году он переехал в Париж, где вскоре стал одним из ведущих европейских журналистов. «Вырождение» — это попытка Нордау показать «процесс вырождения» Европы, который «распространяется не только на преступников, проституток, анархистов и умалишенных, но и на писателей и художников».

В «романе» Шамохина Ариадна выступает отчасти как писательница и отчасти как художница: «Каждую неделю Ариадна присылала моему отцу письма на душистой бумаге, очень интересные, написанные прекрасным литературным языком» (С. IX, 117). В конце «романа» она пишет натюрморт на ялтинском побережье. «Концепция Нордау, равно как и его мысли о Толстом, обязательно должны быть учтены для правильного понимания рассказа», — пишет А. Б. Криницын [Криницын: URL]. В этом ракурсе Криницын анализирует героиню рассказа, представляющую «обобщенный образ женщины эпохи fin de siècle» [Там же]. И опять-таки здесь Ариадна шамохинская и реальный тип «женщины эпохи fin de siècle» не различаются критиком. Словно Чехов просто писал с натуры, чтобы ввести аромат эпохи в повествование. Но подобное совершенно не в чеховском духе! Ариадна, о которой повествует Шамохин, — его собственное творение. Она словно списана с «вырождающейся» интеллигенции, представленной у Нордау, и этим вызывает подозрение у прозорливого читателя, понимающего, что Чехов не ставит перед собой задачи подражать Нордау. Если кто-то и станет это делать, то только Шамохин.

«Она просыпалась каждое утро с единственною мыслью: "нравиться!", — рассказывает Шамохин. — И это было целью и смыслом ее жизни. Если бы я сказал ей, что на такой-то улице в таком-то доме живет человек, которому она не нравится, то это заставило бы ее серьезно страдать. Ей каждый день нужно было очаровывать, пленять, сводить с ума» (С. IX, 127). У Нордау читаем: «…у истеричного замечается влюбленность в самого себя, никогда не принимающая таких широких размеров у здорового человека. Его собственное "я" представляется ему до такой степени громадным и так всецело наполняет его умственный кругозор, что застилает для него все окружающее. Он не потерпит, чтоб другие его не заметили. Он хочет, чтобы окружающие придавали ему такое же важное значение, какое он сам себе придает» [Нордау: URL].

Истеричностью, как ее трактует Нордау, объясняется и то, почему письма к Шамохину, которые Ариадна якобы подписывает то «брошенная вами Ариадна», то «забытая вами» (С. IX, 118), так напоминают мифологический сюжет. Нордау пишет: «Когда истеричный видит какой-нибудь портрет, он подражает костюму и манере держать себя изображенного на нем лица; когда он читает книгу, он слепо воспринимает выраженные в ней мысли, героев романа он ставит себе в образец и живет чувствами действующих лиц». «Портретом» в данном случае служит миф об Ариадне, которому ее тезка пытается, по-видимому, подражать. По-крайней мере, так преподносит писателю свою спутницу Шамохин, явно знакомый и с Нордау, и с мифом об Ариадне.

Здесь следует сделать небольшое отступление и переключиться на самого Шамохина, чтобы понять его предрасположенность и интенции, что, в свою очередь, поможет разобраться и в его «романе» об Ариадне.

Как госпожа Бовари для Флобера, Ариадна для Шамохина — это он сам со всеми присущими ему комплексами, нарциссизмом и неврастенией. Уже в самом начале встречи с Шамохиным писатель отмечает, что «было также заметно, что <…> хочется ему говорить больше о себе самом, чем о женщинах» (С. IX, 109). Эта деталь существенна, поскольку она, с одной стороны, проливает свет на эгоцентризм Шамохина, а с другой — вводит в заблуждение читателя, готового отнести чеховский рассказ к жанру исповеди. Если бы писатель подметил еще кое-что в своем собеседнике, то, возможно, читатель и не отправился бы по ложному следу. Но Чехов не позволяет своему герою видеть то, что видит он сам и что должен подметить читатель («я рассчитываю на читателя, полагая, что недостающие в рассказе субъективные элементы он подбавит сам» [П. IV, 54]). Поэтому писатель подходит к Шамохину шаблонно, как к очередному по-путчику, желающему излить свою душу. Его не настораживают ни нарочитая литературность шамохинских излияний, ни тот факт, что Шамохин заявляет сразу же, что «хорошо знает» писателя, ни «случайность» того, что позднее они оказываются в одной каюте. Но случайность ли это в самом деле, если принять во внимание инициативность Шамохина, сумевшего завязать знакомство с писателем и не отпускающего его от себя ни на минуту в течение всего путешествия?

Под видимостью полемики с Нордау Шамохин словно выносит на суд писателя свой собственный «роман», пересказанный языком беллетриста, и по аналогии с эдиповым комплексом создает «комплекс Ариадны». Какова же его модель Ариадны?

Древнегреческий миф об Ариадне повествует об освобождении Тесеем жителей города от Минотавра, сводного брата Ариадны, чудовища, которое поджидало в лабиринте своих жертв. Благодаря клубку ниток Ариадны Тесей выходит из лабиринта и уводит с собой свою возлюбленную. Вскоре, однако, он бросает ее, ожидающую ребенка, на острове Наксос, но спящую Ариадну находит Дионис и женится на ней.

Если в мифе Ариадна выступает спасительницей Тесея и олицетворением любви и жертвенности, то в шамохинском варианте этот архетип существенно меняется. Это — «антитетическая Ариадна» [Winner 1966: 188], которая не выводит из лабиринта, а заводит в него. Ее нить преображается в сеть, которую она каждый раз забрасывает, дабы поймать в нее очередную жертву.

Шамохин «пишет» свою «Ариадну» сумбурно, противоречиво, отталкиваясь от Нордау и при этом неимоверно сгущая краски и вызывая тем самым сомнение в правдоподобии рассказа. Например, «неариадновы» черты его Ариадны проступают как «минотаврические»: она не просто хитра, но «дьявольски хитра» (С. IX, 128); ее хитрость и коварство удивительным образом сочетаются с наслаждением, которое она получает от всего, что прямо или косвенно связано с убийством. «Ей ничего не стоило даже в веселую минуту оскорбить прислугу, убить насекомое; она любила бои быков, любила читать про убийства и сердилась, когда подсудимых оправдывали» (С. IX, 128). Ее аппетит сродни прожорливости Минотавра: «За обедом она съедала суп, лангуста, рыбу, мясо, спаржу, дичь, и потом, когда ложилась, я подавал ей в постель чего-нибудь, например, ростбифа, и она съедала его с печальным, озабоченным выражением, а проснувшись ночью, кушала яблоки и апельсины» (С. IX, 126).

Эта раблезианское поедание яств более соответствует Гаргантюа, нежели изящной и даже «очень худой» девушке. Несомненно, Шамохин — никудышный «романист». Его ненасытная Ариадна с комплекцией балерины, проживающая в северной московской губернии с южными ананасами и персиками, выращиваемыми не искусным садоводом, а братом-спиритом, вышла из-под пера школьника. Добавьте к этому еще «дух деда Иллариона», напророчившего князю Мактуеву женитьбу на Ариадне, и картина полностью сложится. Все это позволяет поставить под вопрос реальность шамохинской Ариадны.

Поначалу подобная гипотеза кажется парадоксальной —

ведь есть же очевидец присутствия Ариадны рядом с Шамохиным! В том-то и дело, что это еще один авторский трюк, ибо писатель, повествующий об этом, является лишь частичным очевидцем, его «линза» ограничена, она фиксирует только присутствие красивой женщины, а все остальное досказывает Шамохин. Сцены, которые наблюдает писатель, эпизодичны, и поэтому образуются «пустоты», нуждающиеся в заполнении какой-то интерпретацией. Например, писатель свидетельствует: «я видел, как он носил в дамское отделение то пирожки, то апельсины» (С. IX, 107). Сам по себе этот факт может интерпретироваться и как стремление Шамохина угостить знакомых Ариадны в дамском отделении, и как желание разделить с ними трапезу. Еще одно объяснение — качка. Ариадна страдает морской болезнью (она жалуется Шамохину: «Жан, твою птичку укачало!» [С. IX, 107]), а во время качки рекомендуется много есть. В рассказе Шамохина это обретает другую, фантастическую мотивировку и служит в глазах простодушного писателя (и читателя) доказательством неимоверных аппетитов Ариадны. И таких примеров достаточно много в рассказе.

Факт остается фактом: мы не знаем о Шамохине ничего более того, что он сам о себе рассказывает. Мы даже не знаем, действительно ли его спутницу звали Ариадной или это было ее шутливым прозвищем (В. П. Буренин отмечал, что ее имя словно почерпнуто из романов «дам-писательниц» [С. IX, 477]). Настораживает тот факт, что никто не зовет ее по имени в присутствии писателя. Даже в сцене их знакомства она не произносит своего имени: «Познакомился и я с ней. Она крепко-крепко пожала мне руку и, глядя на меня с восхищением, поблагодарила сладкопевучим голосом за то удовольствие, какое я доставляю ей своими сочинениями» (С. IX, 132). Если же имя «Ариадна» подлинное, то оно вполне могло бы послужить Шамохину зацепкой для его сюжета.

Несомненно одно: в шамохинской истории много неправдоподобного, она отдает бульварным романом и пестрит цитатами из «Вырождения». Так, характеризуя спирита Котловича, Шамохин делает упор на связи мистицизма и путаного мышления: «…не лежит у меня душа к этим господам, которые беседуют с духами и лечат баб магнетизмом. Во-первых, у умственно не свободных людей всегда бывает путаница понятий и говорить с ними чрезвычайно трудно» (С. IX, 110). Заменяя термин «помешанный» на «умственно не свободный», он во всем остальном следует Нордау, который пишет, что мистицизм «означает вообще смутное и бессвязное мышление» и является еще одним признаком помешательства [Нордау: URL].

Котлович в «романе» описан как «минотаврическая» фигура. Этимология его фамилии совершенно очевидно связана с «котлом» или «котлованом», то есть с миром подземным, в котором и обитал Минотавр. С нижним миром соотносится и спиритизм Котловича, и бледный цвет его лица, и «кволость» (С. IX, 110). Описание Котловича, данное Шамохиным, — «высок, толст, бел, с маленькой головой, с маленькими блестящими глазами» (С. IX, 100) — еще одна неуклюжая «литературная» попытка использовать метафору «животного» и «чудовищного». Ассоциацию с «чудовищем» усиливает следующая «драконья» подробность: «Когда он говорил это, то тяжело дышал, дышал мне прямо в лицо, и от него пахло вареной говядиной» (С. IX, 116).

Два других поклонника Ариадны также привязаны к мифологической парадигме. Аналогия между разгульным и бесшабашным богом оргий Дионисом и зачинщиком шумных гульбищ, постоянно пребывающим в веселом настроении Лубковым напрашивается сама собой. Кроме всего, скитания Лубкова в поисках денег на попойки ассоциируются с путешествиями Диониса, во время которых тот обучал людей виноделию. В отличие от своего мифологического прототипа, Лубков «обучает» не труду, а праздности тех, кого постоянно сзывает на шумные гулянки. При этом сохраняются главные атрибуты Диониса — вино и веселье, закрепленные за этим героем. Да и этимология фамилии Лубкова перекликается с ипостасью Диониса как «древесного божества» (луб — исподняя кора дерева).

В «романе» Шамохина Лубков «обращает» в вино не виноградные лозы, а денежные купюры, на которые он покупает вино. Разумеется, подобный «Дионис» несовместим с шамохинской Ариадной, которая сама стремится выжать из своих поклонников как можно больше. Не совладав с Лубковым, она направляется на поиски нового «Диониса».

Князь Мактуев, предсказанный духом ее деда Иллариона, становится следующим претендентом на звание Диониса на острове покинутой Ариадны. Символика фамилии Мактуева восходит к Морфею, чьим атрибутом является мак. По мифу, Дионис впервые увидел Ариадну спящей, то есть объятой Морфеем. Знаменательно, что Ариадна, по словам Шамохина, отдает сну достаточно большое количество времени, словно ожидая, что он наконец-то принесет ей долгожданного избранника.

Похоже, Шамохин пишет свое собственное «Вырождение», приспосабливая всех этих «Дионисов» и «Морфеев» к своему «шедевру». Он и внешне походит на Нордау, носившего круглую бородку. Шамохин описан в рассказе как «довольно красивый, с круглою бородкой» (С. IX, 107). Этот молодой человек, судя по всему, подражает своему кумиру, что отразилось и на других деталях его «романа». Дело в том, что «Нордау» означает «северный человек». Это псевдоним «философа средней руки», который тот выбрал, отталкиваясь, по-видимому, от своей фамилии Зюдфельд, означающей «южное поле». Подобное борение севера и юга находит отголосок в «романе» Шамохина: он утверждает, что проживает в одном из северных уездов московской губернии, тогда как Ариадна постоянно сманивает его на юг, в Италию. И если на «севере» Шамохин еще в состоянии заглушить свою страсть, то на юге он полностью отдается безрассудству.

В своем «романе» Шамохин явно рисует себя в качестве «пациента» Нордау (каковым он, возможно и является, если не паясничает). Это касается как его «художественных» описаний, которые вскрывают его ментальность, так и отношений с Ариадной. В обоих случаях обращает на себя внимание стремление к контрастам. Сокрушаясь, что «Ариадна была холодна», Шамохин признавался, что «прикасаясь к ней», «обжигал себе руки» (С. IX, 111—112) — деталь из бульварного романа или сочинений Нордау, изобличающего помешательство немецких мистиков, строивших суждения на объединении крайностей типа «холодный огонь ада» и «темный свет сатаны».

Шамохин тоже имеет некоторое, хотя и очень косвенное, отношение к мистицизму, к которому склоняется в конце, восклицая: «Я начинаю веровать в духов!» (С. IX, 132). А его «минотаврическая» искусительница Ариадна несет в себе черты мистической «дьявольщины», наваждения, с которыми Шамохин якобы постоянно борется.

После того как мучительное искушение Ариадной завершается долгожданной близостью, страсть Шамохина переходит в женоненавистничество по Нордау, писавшему: «когда ум берет верх над инстинктом» у психопатов, их тяга к женщине переходит в «дикую ненависть». О женоненавистничестве Шамохина свидетельствует писатель: «Это был уже страстный, убежденный женоненавистник, и переубедить его было невозможно» (С. IX, 130). Но писатель видит лишь то, что ему показывают, не пытаясь поставить под сомнение увиденное или услышанное. Так что остается предположить, что Шамохин, по-видимому, еще и неплохой актер. Он опасается, что «отсутствие в любви нравственного и поэтического элемента <...> есть симптом *вырождения*, многих *помешательств*» (С. IX, 117; курсив мой. — В. З.). Криницын определяет это как слияние концепций Толстого и Нордау в «Ариадне». Что ж, вполне возможно, только это «слияние» — продукт не чеховского, а шамохинского творчества.

Неясным остается и подлинность фамилии Шамохина. Ариадна обращается к нему по имени на французский манер, называя его Жаном, и это подтверждает подлинность его имени «Иван». Все же остальное находится под вопросом. Этимология фамилии Шамохина — от «шамок», что означает «вялый кочан». Сюда же, по Далю, относится и глагол «шамкать». Оба слова ассоциируются со старостью и немощью. По странному совпадению Шамохин говорит, что его дразнят стариком, а однажды он даже сам иронически называет себя «старым деревом». Если все же фамилия подлинная, то не исключено, что сочинитель Шамохин просто обыгрывает ее шутки ради. Так или иначе, шамканье как интеллектуальная немощь возникает и в контексте «Вырождения»: Нордау пишет, что «психопаты шамкают, а не говорят».

В завершение отметим, что к Нордау Чехов относился с неприязнью. В письме к Суворину от 27-го марта 1894 года он пишет: «Рассуждения всякие мне надоели, а таких свистунов, как Макс Нордау, я читаю просто с отвращением» (П. V, 284). Это следует принять в расчет при чтении «Ариадны», дабы преодолеть лабиринт «неясного мышления» и отличить «свист» Шамохина от рассказа Чехова. В комическом контексте «Ариадны» Чехов выступает в роли Фрейда, который прилагает свой психоанализ не только к «Эдипу», но и к самому «Софоклу», явно страдающему «комплексом лабиринта».

МУШКИ, СЕРЕБРЯКИ И ДЫМ:
СМЕРТЬ ЧЕХОВСКОГО ГЕРОЯ И СТРУКТУРА ОЦЕНОК

Чеховский герой улетучивается из жизни, как эфир из склянки, не оставляя ни следа, и дело здесь не в концепции смерти как неизбежной части естественного процесса, уравнивающего всех [Одинокина 2008: 86]. «Жизнь — смерть — забвение — этот процесс неизбежен и универсален», — пишет Игорь Сухих [Сухих 1990: 75], и с этим трудно спорить, как трудно спорить с тем, что смерть — это «всего лишь конечная точка человеческой жизни» [Turner 1994: 84]. Только не слишком ли это общо и тривиально для писателя чеховского уровня? Трудно принять и версию некой мифической медицинской нечувствительности к смерти, которую Чехов якобы демонстрировал в рассказах [Winner 1966: 66]. Это абсолютно нелепое предположение, противоречащее и действительности, и чеховскому отношению к этой проблеме. Прежде всего, врач дает клятву Гиппократа и борется за жизнь больного до последней минуты. Самый большой стресс для врача — когда у него умирает пациент. Именно это и отразил Чехов в монологе Астрова, не могущего забыть, как у него больной скончался под хлороформом. Он рассказывает об этом няньке Марине в начале пьесы, а затем, во втором действии, Соне. Навязчивость этого воспоминания — свидетельство тяжелой психологической травмы, которую переживает врач, потерявший больного. А Дымов, ценой собственной жизни спасший ребенка? Как это согласуется с медицинским безразличием к смерти?

По Чехову, врач, равнодушный к страданиям и смерти, — не врач. У тех героев, которые проповедуют равнодушие и безразличие («Все равно!»), намечается распад личности. Что же касается уравнивания смертью, то и это один из мифов. Как жизни, так и смерти присуще неравенство. Что бы ни говорил об этом Екклесиаст, уравнивание смертью касается лишь физического аспекта всего живого [Прим. 1]. Оно распространяется только на универсальный процесс умирания. «Допустим, что я знаменит тысячу раз, что я герой, которым гордится моя родина; но все это не помешает мне умереть на чужой кровати, в тоске, в совершенном одиночестве», — размышляет герой «Скучной истории» (С. VII, 306). И тут он абсолютно прав: смерти не избежать никому. Что же до посмертной позиции ушедших в мир иной, то здесь наблюдается полное неравенство. Одних мгновенно забывают, будто их и не было на свете, других помнят какое-то время, а третьих помнят на протяжении веков (Екклесиаст в их числе). Неслучайно в чеховских произведениях присутствуют имена Шекспира, Пирогова, Пастера, Коха. Чехов включает их в систему повествования, формируя принципиально разные уровни потенциала литературных героев и видных деятелей науки и искусства. В его произведениях большие ученые и писатели не уравнены смертью с героями рассказов, как не уравнены смертью Треплев и Шекспир [Прим. 2]. Сопоставление чеховских героев с реальными деятелями науки и искусства идет по шкале их безусловной значимости. По ней выявляется и квазигамлетизм Треплева, и квазизначимость Дымова.

В фельетоне «На кладбище» (1884) провинциальный актер по фамилии Мушкин умирает и друзья собирают деньги на его памятник, желая увековечить память любимого друга. Однако, собрав нужную сумму денег, они неожиданно все пропивают, так что вместо роскошного памятника на могиле красуется скромная дощечка с надписью: «Незабвенному другу Мушкину». Правда, вскоре две первые буквы в слове «незабвенному» отваливаются, и теперь на памятнике значится «забвенному». «Время стерло частицу не и исправило человеческую ложь», — говорит повествователь (С. III, 76).

История грустная, но, выхватив из контекста фамилию «Мушкин», невольно начинаешь размышлять о том, какой же тип оценок здесь скрыт и как это связано с формированием потенциала.

Два типа ценностных характеристик

Для ответа на вопрос о формировании шкалы оценок в творчестве Чехова обратимся к тому, что было понято в шахматах, где «алгоритмы не дают возможности непосредственно устанавливать связь между данными фигурами и концом игры и получить *полную оценку фигур, достаточную для оценки позиции.* Тогда возникает следующий путь решения проблемы: вначале дать безусловные оценки фигур, т. е. применительно к некоторым идеальным условиям. Далее ввести дополнительные параметры, которые должны отразить как можно больше полноту условий данной позиции, ее конкретность» [Каценелинбойген 2014: URL; курсив мой. — В. З.]. Иными словами, речь идет о двух типах оценок — безусловных (т. е. вне конкретной позиции) и условных (т. е. в конкретной позиции). Безусловная ценность фигур выражена как в их названиях (король, королева, пешка), так и в количественной оценке. Например, материальная ценность ферзя равна девяти пешкам, конь и слон равны трем пешкам, ладья — пяти. Не углубляясь в технические подробности аналитической процедуры вычислений безусловного веса шахматных фигур, сделанных математиком Генри Тэйлором (1876), отметим, что процедура эта была направлена на выявление количества безопасных шахов каждой шахматной фигуры по отношению к королю и основывалась исключительно на правилах взаимодействия фигур безотносительно конкретной позиции на шахматной доске.

Подобно названиям фигур, имена чеховских героев несут в себе завуалированную «информацию» о результате их взаимодействия с «королем» — его величеством временем. Имя героя с этой точки зрения свидетельствует о мере богатства и силы его потенциала вне зависимости от конкретной позиции, которую он занимает в обществе при жизни. Фамилия Мушкина несет в себе гештальт малой безусловной значимости. Вечной памяти Мушкин не удостоился, хотя был знаменит в своем городе и мог влиять на отдельных лиц, как признается с досадой актер, которого Мушкин сманил в актерство. По словам горемыки, тот разбил ему судьбу, поскольку актерского таланта у него совершенно не было. Это свидетельствует и об ограниченности самого Мушкина, агитировавшего неталантливых людей поступать в актеры. Так или иначе, довольно высокая условная значимость Мушкина — известность и влиятельность — пришла в столкновение с его малой безусловной значимостью, выраженной в его фамилии.

Принцип взаимодействия мушки и вечности таков, что мушке не дано оставить после себя существенного следа. Мушкин был известным актером в своем окружении (это его высокая условная значимость), но он не внес вклада, подобного тому, что внесла, к примеру, Сара Бернар или известная итальянская актриса Дузе, о которой Чехов с восторгом писал: «Я смотрел на эту Дузе и меня разбирала тоска от мысли, что свой темперамент и вкусы мы должны воспитывать на таких деревянных актрисах, как Ермолова и ей подобных, которых мы оттого, что не видали лучших, называем великими. Глядя на Дузе, я понимал, отчего в русском театре скучно» (П. IV, 198). История с надписью на памятнике Мушкина — это метафора забвения мушки, и чеховская ирония направлена на это, а не на «естественный процесс жизни и смерти».

Дымов («Попрыгунья») — еще один персонаж с «улетучивающейся» фамилией. И хотя в сравнении с Мушкиным Дымов — величина, его фамилия однозначно ассоциируется с рассеиванием, исчезновением. В критике существует мнение, что этот герой пал жертвой хищницы-жены, хотя по сути, если он и жертва, то лишь собственного примитивизма. В самом деле, Дымов абсолютно глух к вещам, которые первостепенны в сфере человеческих отношений. К ним относятся психологизм, эмоциональность, воображение, полет фантазии, чувствительность к детали — все то, на чем зиждется искусство и литература. В отличие от Чехова, сочетающего в себе врача и писателя, его герой наивно полагает, что искусство — удел профессионалов. «Твои знакомые не знают естественных наук и медицины, — говорит он жене, явно не считая это большим пробелом в жизни. — У каждого свое. Я не понимаю пейзажей и опер, но думаю так: если одни умные люди посвящают им всю свою жизнь, а другие умные люди платят за них громадные деньги, то, значит, они нужны» (С. VIII, 10).

Непонимание роли общего образования в развитии личности вскрывает всю глубину невежества и неразвитости натуры Дымова. Прежде всего, это сказалось на его выборе спутницы жизни. В отличие от него она проницательна и прекрасно понимает, что этот тип интеллектуального увальня будет терпеть многое и вдобавок обеспечит ее на всю жизнь. После свадьбы все шло в полном соответствии с ее представлениями, и если результат и был для кого-то неожиданным, то только для Дымова.

Узость Дымова сказывается и на его профессиональных качествах. В критике принято разделять мнение Коростелева, коллеги Дымова, о том, что Дымов был подающим надежды ученым. Но является ли мнение одного из героев мнением самого Чехова?

Читая этот рассказ в чеховском пенсне, можно сразу заметить несколько подробностей иронического плана относительно предмета дымовского интереса в медицине. Прежде всего, это касается его страсти к препарированию трупов. Он не просто занимается этим ежедневно в послеобеденные часы, но увлекается настолько, что не замечает, как наносит себе порезы во время анатомирования. «Я увлекаюсь, мама, и становлюсь рассеянным», — объясняет он жене, для которой подобное признание должно быть шокирующим (С. VIII, 12).

Анатомирование — это статический анализ динамической системы. Оно вскрывает патологию *post factum*, когда препарируемому это уже не поможет. Дымов тяготеет к статическому анализу во всем. Его неспособность выявлять динамику изменений сказывается и на его семейной жизни: «патология» ее не ясна ему до того момента, когда все уже действительно «вскрывается» под скальпелем жизни и он поставлен перед фактом, что его семейный очаг — это «живой труп». Однако как патологоанатом не может оживить труп, так и Дымов не в состоянии поправить семейных дел. Он попросту решает закрыть глаза на очевидное, надеясь, что распад не произойдет слишком быстро.

Не чувствуя и не понимая динамику отношений, Дымов сам олицетворяет мир статики, неживого. В отличие от Базарова, трупный яд его не берет. Он погибает от столкновения с жизнью, а не смертью, словно сама жизнь как динамическая система отторгает его.

Мечта Дымова двигаться дальше в области общей патологии представляется утопией, и вот почему. В отличие от частной патологии, общая базируется на системном подходе к болезни и анализе ее в динамике. Чехов как врач прекрасно понимал, что в новой области Дымов был бы посредственным ученым и ни о каком блестящем будущем речи быть не могло. Скорее всего, все закончилось бы крахом надежд Дымова. Как мы помним, Чехов ставил знак равенства между медицинским и целостным мышлением: «Кто не умеет мыслить по-медицински, а судит по частностям, тот отрицает медицину; Боткин же, Захарьин, Вирхов и Пирогов, несомненно, умные и даровитые люди, веруют в медицину, как в Бога, потому что выросли до понятия "медицина"» (П. III, 37).

Сокрушаясь о безвременной кончине друга, Коростелев заявляет: «Это, если всех нас сравнить с ним, был великий, необыкновенный человек!» (С. VIII, 30). По сравнению с кем же именно Дымов великий человек? Будучи производной от «коростель» [Прим. 3], фамилия «Коростелев» ставит этого героя в ряд «мелких сошек», мушкиных. Да и внешнее описание этого «маленького стриженого человечка» вполне соответствует значению его фамилии. Среди таких, как он, Дымов, действительно, Гулливер в стране лилипутов.

Тем не менее Дымов спас жизнь ребенка. От безысходности или сострадания — это другой вопрос. Суть в том, что чеховский герой неоднороден — он способен на самопожертвование, у него есть и другие привлекательные качества, но все это лишь сегментарные, единичные сильные проявления в целом слабого потенциала.

Интеграция условной и безусловной значимости литературных героев в художественном произведении происходит не путем суммирования и выведения среднеарифметического, а путем сопоставления их условной значимости с безусловной. Профессор Серебряков, к примеру, снискал репутацию хорошего искусствоведа в кругах коллег и поклонников своего таланта. Его должность и звание свидетельствуют о высокой условной значимости. Безусловная значимость кроется в его фамилии, этимология которой восходит к серебряку.

Серебряк — это «прозвище» водяного паучка, имитирующего серебряное сияние в воде. Появление фамилии Серебрякова относится к периоду работы Чехова над «Лешим» (1889–1890). В письмах из Богимова этого периода Чехов не раз упоминает профессора Вагнера — зоолога, который послужил прототипом фон Корена в «Дуэли». Шуточное описание Вагнера весьма напоминает описание Серебрякова: так же как чеховский профессор, Вагнер окружен обожающими его женщинами, и у него есть красавица-жена, за которой следят его тетушки, словно кто-то собирается покуситься на ее ложе. Научные исследования Вагнера описаны в той же юмористической манере, что и искусствоведческие изыскания Серебрякова. В письме к

Линтваревой Чехов пишет о Вагнере: «Паучок работает. Я видел его работу: очень длинно и интересно» (П. IV, 249). Прозвище «паучок» находим и в письме к Марии Чеховой: «Паучок от утра до вечера возится со своими пауками. Пять паучьих лапок уже описал, остались теперь только три» (П. IV, 246). Очевидно, в прозвище отразился предмет исследования вагнеровской диссертации, тема которой — «Водяной паук, его индустрия и жизнь как материал сравнительной психологии». Возможно, Вагнер был одним из прототипов Серебрякова — этого олицетворения видимости блестящих талантов [Прим. 4]. Так или иначе, не серебро, как полагает Дональд Рейфилд [Rayfield 1995: 11], а водяной паучок серебряк (иллюзия серебра) формирует безусловную значимость «блестящего» квазиученого, профессора Серебрякова.

Как правило, безусловная значимость чеховского героя раскрывается в его имени или фамилии, что в сочетании с его прижизненной позицией в обществе раскрывает истинную меру его таланта. Это, в свою очередь, ведет к пониманию его посмертного забвения как свидетельства временной значимости мушек, дыма и серебряков.

Примечания

1. О мотивах Екклесиаста в «Скучной истории» см. статью Л. Одинокиной [Одинокина 2008].
2. Н. Д. Волков пишет о близости этих двух героев: «Когда читаешь «Чайку», то невольно возникает мысль, а не послужил ли «Гамлет» в известной степени моделью этой едва ли не лучшей пьесы Чехова?» [Волков 1966: 432].
3. Интересная интерпретация имен в «Попрыгунье» сделана Верой Адамантовой и Родни Вильямсоном в совместной статье [Adamantova, Williamson 1997].
4. Современники называли по крайней мере три прототипа Серебрякова: Суворина, Веселовского и Южакова.

КОНЕЦ МЕДВЕЖЬЕЙ СТРАНЫ
Об имплицитном пространстве «чайки»

Аркадина и Аркадия

Критики и литературоведы не раз указывали на тот факт, что «Чайку» отличает размытость сюжета, «излишество» героев и «ненужность» побочных сюжетных линий, которые не собираются в стройное единство и не несут смысловой нагрузки. Морис Валенси писал в книге «Лопнувшая струна», что любовные отношения четырех главных действующих лиц важны для развития сюжета, тогда как все побочные линии, включая роман Дорна и Полины Андреевны, а также влюбленность Маши в Треплева «создают ненужную запутанность, затуманивающую повествование, и звучат отголоском французской школы, которую отличает переплетение сюжетных линий. <...> Однако тогда как все эти сюжетные линии интегрируются Скрибом в основном сюжете (Скриб — французский драматург, представитель той самой французской школы, о которой говорит Валенси. — В. З.), помогая его разрешению, в "Чайке" они всего лишь приложения, не ведущие никуда и ничего не разрешающие» [Valency 1966: 158; перевод мой. — В. З.].

По сути, Валенси ставит под вопрос мастерство Чехова-драматурга. Удалось ли Чехову создать целостную картину в «Чайке» или это всего лишь набор сцен, связанных только в основной части? Попытаемся ответить на этот вопрос, используя методологию системного анализа. Для этого прежде всего отыщем фокальную точку и затем выстроим по ней вид надсистемы, в которой мы будем рассматривать поэтику «Чайки».

В пьесе фамилия Аркадиной представляется той яркой точкой, которая выделяет ее среди других. Ассоциация с Аркадией делает эту фамилию достаточно экстравагантной в ландшафте русской усадьбы. К этому добавляется и шутливое прозвище Аркадиной — Юпитер, данное ей Дорном. Отдавая себе отчет в том, что русская усадьба далека от греческой Аркадии, попытаемся все же понять, почему Чехов вводит аркадийскую аллюзию через фамилию одной из главных героинь. Начнем с установления объективных границ интерпретации [см. Роднянская 2006: 9]. С этой целью выясним, обращался ли Чехов где-либо к аркадийской модели.

Прямая ссылка на Аркадию появляется в пьесе «Иванов» в реплике Шабельского: «Может быть, в какой-нибудь Аркадии попадаются исключения из общего правила, но... я в свою жизнь пролечил тысяч двадцать и не встретил ни одного доктора, который не казался бы мне патентованным мошенником» (С. XI, 222). Это лишь подтверждает тот факт, что обыгрывание аркадийского мифа не чуждо Чехову. Погрузив пространство «Чайки» в бо́льшую систему аркадийского пространства, можно увидеть, что в пьесе Аркадия представлена в трех ракурсах: историческом, географическом и мифологическом. Все они обнаруживают себя на разных уровнях организации произведения и способствуют формированию имплицитного пространства.

Пасторальная Аркадия

Действие пьесы разворачивается на фоне воистину пасторального ландшафта. И хоть Валенси не видит «особого смысла» в пасторальной схеме отношений типа «А любит Б любит В» [Valency 1966: 158; перевод мой. — В. З.], для нас эта схема является ключевой. Два «пасторальных» «поэта» — Треплев и Тригорин — выражают основные принципы пасторальной поэзии. Тригорин — писатель пейзажа («я умею писать только пейзаж, а во всем остальном я фальшив и фальшив до мозга костей» (С. XIII, 31), который в пасторальной поэзии служит фоном для философских диалогов. Треплев озабочен новыми литературными формами, что является вопросом номер один в пасторальной поэзии, где художественные приемы разрабатывались с целью разграничить язык художественный и обыденный [Greenwood 1983: 32]. Будучи исключительно условным видом искусства, пасторальная поэзия описывала не реалистическую, а выдуманную вселенную. Именно на этом и настаивал Треплев, утверждая, что «надо изображать жизнь не такою, как она есть, и не такою, как должна быть, а такою, как она представляется в мечтах» (С. XIII, 11).

Четыре героя — чувствительный Треплев, неверная Нина, соблазнитель Тригорин и дающий советы Дорн — соответствуют четырем традиционным пасторальным маскам: чувствительного поэта, жестокой пастушки, дерзкого соперника и мудрого старца. Эти герои в комедии дель арте представлены масками Пьеро, Арлекина, Коломбины и Панталоне (либо Доктора). В Аркадии Виргилия любовь и смерть всегда вместе и являются «центральными по отношению к любой идее в пасторали» [Lee 1989: 95; перевод мой. — В. З.]. Любовь в пасторали жестока, она приводит к разочарованию и не длится долго, а «постоянный пастух и постоянная нимфа обречены на печаль» [Там же: 58; перевод мой. — В. З.].

В контексте пасторали имя Треплева (Константин) ассоциируется с идеей пасторального постоянства (constanta). Самоубийство — неотъемлемая часть пасторального мира: пастух, которого бросает неверная пастушка, впадает в отчаяние и кончает жизнь самоубийством, как это произошло с Дафнисом, который умирает, по Феокриту, от безнадежной любви к Ксении (идиллии I и VII). Его смерть есть результат гнева Афродиты, волей которой Дафнис пренебрег, отвергнув девушку, которую она ему прочила в возлюбленные. Роль «отвергнутой девушки» в «Чайке» играет Маша, безнадежно влюбленная в Треплева. У Вергилия Дафнис кончает самоубийством, прыгая с высокой скалы, объятый пламенем безнадежной любви. Безнадежная любовь становится мотивировкой и попыток самоубийства Треплева. Интересно, что первая попытка, заканчивающаяся его выздоровлением, ассоциируется с идеей возрождения Дафниса, а вторая, которую принято считать фатальной, интерпретируется некоторыми чеховедами как открытая концовка, ставящая под вопрос смерть Треплева. Кэрол Стронгин, например, иронизируя по поводу этого постоянно промахивающегося (по большому счету) героя, не исключает возможности того, что он промахивается и на сей раз [Strongin 1981–1982]. Эту гипотезу можно оспаривать, но ее соответствие идее возрождающегося Дафниса неоспоримо. Вообще же пасторальная схема была довольно популярна в литературе XVIII — начала XIX вв. Следы пасторальных отношений можно отыскать, например, в поэме Пушкина «Руслан и Людмила», где, как отмечает А. М. Новикова, «волшебник Финн в молодости знал "веселы игры пастухов", а Ратмир, соперник Руслана, находит свое жизненное счастье в хижине "пастушки милой"» [Новикова 1982: 16]. Ничего удивительного, что и Чехов мог обратиться к этой теме в русле того «вопроса», который он поставил перед собой, приступая к работе над «Чайкой». «Если отрицать в творчестве вопрос и намерение, — писал Чехов Суворину, — то нужно признать, что художник творит непреднамеренно, без умысла, под влиянием аффекта; поэтому, если бы какой-нибудь автор похвастал мне, что он написал повесть без заранее обдуманного намерения, а только по вдохновению, то я назвал бы его сумасшедшим» (П. III, 45–46).

Мотив золотого века

Следы мифа об Аркадии проступают и в структуре «Чайки». Мотив ушедшего золотого века обрамляет пьесу, возникая в первом действии в качестве ностальгических воспоминаний Аркадиной о том, как хорошо было на озере «лет 10–15 назад» (С. XIII, 11), продолжаясь в реплике Шамраева, сокрушающегося о падении сценического искусства: «Пашка Чадин! Таких уж нет теперь. Пала сцена, Ирина Николаевна! Прежде были могучие дубы, а теперь мы видим одни только пни» (С. XIII, 12), и смыкаясь в последнем действии в сетованиях Нины: «Хорошо было прежде, Костя! Помните? Какая ясная, теплая, радостная, чистая жизнь…» (С. XIII, 59). С мотивом золотого века связаны также оба писателя — Треплев и Тригорин. В пьесе Треплева образы дьявола, одинокого Духа и звезды Сириус перекликаются с аналогичными символами в поэме Гесиода «Труды и дни», где описана деградация поколений, прошедших путь от золотого до железного века. Шуточный отголосок гесиодовской поэмы слышится также и в монологе Тригорина, который жалуется Нине: «День и ночь одолевает меня одна неотвязчивая мысль: я должен писать, я должен писать, я должен...» (С. XIII, 29). Впечатление, что над ним висит проклятие, о котором писал Гесиод: «Не будет / Им передышки ни ночью, ни днем от труда…» [Гесиод 1948: 326]. Да и название одного из рассказов Тригорина «Дни и ночи» перекликается с названием поэмы Гесиода «Труды и дни». Как видим, и ассоциации их произведений с Аркадией Гесиода, и статус «пасторальных» писателей способствуют формированию «единого резонирующего пространства» когда «стоит прозвучать одной реплике, как на нее из текстовой глубины откликается другая, третья...» [Катаев 2008: 4]. Переклички могут быть и скрытыми, завуалированными, как неточные рифмы, основанные на созвучиях, выхватить которые может не всякое ухо. Но именно эти непрямые созвучия и ткут имплицитное поле значений, где разрозненность уступает место непрямой, то есть позиционной связности. Чехов выстраивает имплицитное пространство, разрабатывая позицию и неторопливо двигаясь от одной позиции к другой. Так, постоянное соперничество между сыном и матерью, «не помнящая родства» Маша, пренебрегающая родительским запретом Нина, ссоры и скандалы, попытки самоубийства и пр. «рифмуются» в «аркадийском» пространстве с отношениями по Гесиоду: «Дети — с отцами, с детьми — их отцы сговориться не смогут» [Гесиод 1948: 326]. Явно не «Крон-повелитель», но Зевс — «метатель молний» управляет этой вселенной.

Роль домашнего Зевса играет Аркадина, наносящая уколы Треплеву и отражающая свою соперницу Нину. Дорн зовет ее в шутку «Юпитером» (римский вариант Зевса): «Юпитер, ты сердишься...» (С. XIII, 15). Миры Аркадиной и Нины внешне противопоставлены как богемное — целомудренному: «Нина. Отец и его жена не пускают меня сюда. Говорят, что здесь богема...» (С. XIII, 10). В мифе оппозиция века целомудренности и века разврата представлена вселенной Юпитера и Кроноса. В этом поле отношений имя Нины звучит отголоском эпохи Кроноса: Нин, которого «греки считали... сыном Кроноса» [Мифы... 2009], был основателем Ниневии — греховной страны, спасшейся от разрушения покаянием. Заявление Нины в финальной сцене о том, что она теперь понимает всю ложность прежних ценностей — «главное не слава, не блеск, не то, о чем я мечтала, а уменье терпеть» (С. XIII, 58) — звучит своего рода покаянием.

Подстрочный перевод поэмы Гесиода вышел в 1885 году с примечаниями историка-востоковеда Георгия Константиновича Властова. Чехов, постоянно обращавшийся к греческой мифологии и золотому веку, вряд ли проигнорировал этот важный источник.

Аркадийский ландшафт

Структурно ландшафт имплицитной Аркадии выстраивается по фамилиям трех главных действующих лиц, содержащим намек либо на определенную часть ландшафта, либо на его нынешнее состояние. Как известно, Аркадия является наиболее гористой частью Пелопоннеса. Она окружена с трех сторон мощными горными цепями, предохранявшими ее от набегов. Фамилия Тригорин ассоциируется с этой ландшафтной особенностью Аркадии. Можно сказать, что Тригорин действительно выполняет функцию «защиты» Аркадиной по трем главным позициям — профессиональной (как известный столичный писатель, он способствует повышению ее престижа в артистических кругах), личной (будучи гораздо моложе ее, он способствует укреплению ее женского либидо) и материнской (как любовник, он невольно охраняет ее от посягательств Треплева на ее независимость).

Помимо гор Аркадия богата реками, омывающими ее с восточной стороны. Фамилия «Заречная» не только намекает на эту часть ландшафта реальной Аркадии, но также протягивает ниточку к мифу. Зиновий Паперный отмечал, что «вид на озеро» — больше, чем реалистический пейзаж [Паперный 1982]. Самая загадочная особенность озера состоит в том, что любые клятвы, мысли и желания, высказываемые вблизи его вод, сбываются. Так, Треплев убивает чайку и говорит о том, что вот так же однажды он убьет и себя. Тригорин, глядя на убитую птицу, сочиняет сюжет, который станет сюжетом жизни Нины. Нина говорит Тригорину, что ради «шумной славы» она готова была бы пожертвовать своим благополучием. И она действительно познает «нужду, разочарование» и другие невзгоды.

Еще одна важная особенность озера состоит в том, что все, происходящее на его берегах, связано либо со смертью, либо с забвением. В контексте Аркадии это ассоциируется с водами Стикса — священной реки мертвых, на которой клялись и перед которой даже боги испытывали священный ужас. Намек на «подземность» вод «колдовского озера» сквозит в реплике Треплева, обращенной к Нине: «Ваше охлаждение страшно, невероятно, точно я проснулся и вижу вот, будто это озеро вдруг высохло или утекло в землю» (С. XIII, 27). Территория, окружающая Стикс, охранялась Цербером — мифическим псом, сторожившим вход в Аид. Действие в «Чайке» начинается с жалоб Сорина о том, что всю ночь выла собака, нарушая его покой и сон, да и проживание в деревне для него сродни аду.

Историческая Аркадия

Имение в пьесе фигурирует как имение Сорина. Этимология этой фамилии ассоциируется в контексте аркадийской парадигмы с историей реальной Аркадии. Как историческое пространство Аркадия состояла из множества маленьких разрозненных земель, что и послужило в дальнейшем ее распаду — она не смогла достигнуть значительного статуса в ряду других пелопоннесских государств. Все попытки централизации и создания крупного полиса потерпели фиаско, и виной тому были бесчисленные распри между спартанцами и антицентралистами. В пьесе ссоры героев превращают усадьбу Сорина в поле брани, где периодически раздаются то крики, то выстрелы.

После падения Аркадия превратилась в разрушенную зону, получившую прозвище «большая пустыня». Символика распада и пустынности впервые возникает в треплевской пьесе («Холодно, холодно, холодно. Пусто, пусто, пусто» [С. XIII, 13]), а затем реализуется в четвертом акте, где образ запустения достигает своей кульминации в реплике Медведенко: «В саду темно. Надо бы сказать, чтобы сломали в саду тот театр. Стоит голый, безобразный, как скелет, и занавеска от ветра хлопает» (С. XIII, 45).

«Медвежья страна»: Аркадия в греческом мифе

Прозвище мифической Аркадии — «медвежья страна». По одному из мифов, Аркад — сын нимфы Каллисто и Зевса — был превращен в созвездие Малой Медведицы, а его мать — в созвездие Большой Медведицы. Усадьба Сорина имеет своих «медвежьих» обитателей, выявляющихся по этимологии их имен. Прежде всего, это сама Аркадина, несущая в своей фамилии отголосок мифа об Аркаде. Следующими кандидатами на «гражданство» в «медвежьей стране» являют Маша и Медведенко.

Этимология фамилии Медведенко достаточно прозрачна. Что же касается Маши, то вместе с Медведенко она становится частью фольклорной пары «Машенька и медведь». Отношения между Машей и Медведенко складываются по формуле, заданной в известной русской сказке: Маша не любит медведя и сбегает от него к родителям. Медведь гонится за ней и просит ее вернуться к нему, но Маша обманом возвращается домой. Точно так же Маша не любит Медведенко и в четвертом действии убегает от него в усадьбу, где живут ее родители, чтобы повидать Треплева. Медведенко отправляется ей вслед, пытаясь убедить ее вернуться, но его попытки не увенчиваются успехом: Маша отсылает его домой, где нянька Матрена смотрит за их ребенком. Имя «Матрена» также символично в контексте «медвежьей» семьи, поскольку в фольклоре оно является кличкой медведицы [Даль 1981: II, 312].

В греческом мифе роль покровительницы медведей выполняет суровая девственница Артемида, богиня охоты, сестра-близнец Аполлона по кличке «медвежья богиня». Полина Андреевна, мать Маши, чье имя восходит к «Аполлинария» (женская версия имени «Аполлон»), не только опекает дочь, но и постоянно «охотится» за Дорном, к которому она неравнодушна, открыто демонстрируя свой вспыльчивый, ревнивый характер и ревнуя то к Нине, то к Аркадиной. В греческой мифологии Аполлон и Артемида покровительствовали дорийцам, «излюбленными богами которых были Аполлон и Зевс» [Lee 1989: 142; перевод мой. — В. З.], а Артемида всегда ассоциировалась с Аполлоном. В пьесе Полина Андреевна пытается «покровительствовать» Дорну, чье имя в контексте пелопоннесских ассоциаций звучит как производное от имени Дора, родоначальника дорийцев, завоевавших Пелопоннес и не осевших только в Аркадии. По мнению Г. И. Тамарли, Дорн «втайне любит Аркадину то затухающей, то вновь вспыхивающей неразделенной любовью» [Тамарли 2012: 31], и в этом смысле Аркадина является его незавоеванной Аркадией.

Муж Полины, Илья Афанасьевич Шамраев, также несет в себе опосредованно отголосок мифа о Пелопоннесе. Связь с мифом яснее проглядывает при обращении к структуре, функции и генезису этого героя. Структурно он выступает в одной «упряжке» с лошадьми. Функция управляющего намекает на его верховный статус в имплицитном пространстве. С этим коррелируется этимология его имени «Илья» (генезис), отсылающая к Илье Громовержцу, разъезжающему в чудесной колеснице, запряженной дикими лошадьми. Этимология фамилии Шамраева педалирует связь с лошадьми, уводя к Шамраевке — селу в Киевской губернии, известному своим конским заводом, так называемой Шамраевской стадницей [Брокгауз, Ефрон 1903: 145]. Ранняя версия Громовержца — Перун — берет начало от греческого Посейдона, бога морей и плодородия. Его любимыми животными были лошади, а любимым учеником — Пелопс, которому Посейдон подарил крылатую колесницу. Позднее Пелопс стал основателем Пелопоннеса, и в честь его победы и восхождения были устроены празднества у храма Артемиды. Так сошлись в чеховском пространстве «Артемида» Полина и «Пелопс» Шамраев.

Одним из внуков Пелопса был Агамемнон. Как отмечает Лорд Раглан, «греческие герои были некогда богами» и «спартанцы поклонялись Зевсу под именем Агамемнона, поэтому тот факт, что Агамемнон был для них Зевсом, проясняет его верховное положение среди героев, эквивалентное положению Зевса среди богов» [Raglan 1936: 285; перевод мой. — В. З.]. К образу Агамемнона шутливо прибегает Тригорин, бросая Нине, восхищенно говорящей о том, как он «велик и прекрасен»: «Агамемнон я, что ли?» (С. X, 31). Так объединяется в имплицитном пространстве пара Аркадина-не-Юпитер и Тригорин-не-Агамемнон (оба отрицают сравнение с мифологическими персонажами).

Одна из самых известных историй, связанных с Агамемноном, — это ссора с Ахиллесом из-за возлюбленной Ахиллеса — Крисеиды. Параллель с треугольником Нина — Треплев — Тригорин напрашивается сама собой. Дуэль же, на которую вызывает Треплев Тригорина, звучит комическим эхом войны из-за Крисеиды. Воинствующее начало Треплева подчеркнуто тем, что он четырежды ассоциируется со стрельбой (убийство чайки, вызов на дуэль, попытка покончить жизнь самоубийством и, наконец, самоубийство). По мифу, Ахиллес был сыном смертного и богини. Его мать Фетида окунула его в реку Стикс, чтобы сделать неуязвимым, оставив неомытой только пятку, за которую она держала младенца.

Ахиллесова пята Треплева — его непризнанность. Шутливый намек на полубожественное происхождение Треплева содержится в его родословной, о которой он с язвительной иронией говорит Сорину: «Мой отец ведь киевский мещанин, хотя тоже был известным актером. Так вот, когда, бывало, в ее гостиной все эти артисты и писатели обращали на меня свое милостивое внимание, то мне казалось, что своими взглядами они измеряли мое ничтожество, — я угадывал их мысли и страдал от унижения...» (С. XIII, 8–9). Киевский мещанин в обществе знаменитостей все равно что смертный в окружении небожителей.

Так ли это?

Позиционно, шаг за шагом выписывается имплицитное пространство Аркадии в «Чайке» с ее псевдоаркадийскими страстями, чья квазиприрода обнаруживается, как только на одну чашу весов кладутся Ниневия Нины, «буколики» Тригорина, аполлоническая Полина, Пелопс-Шамраев, а на другую — подлинные герои аркадийского пространства. Думал ли Чехов именно в этом русле, доказать невозможно. Но и невозможно доказать, что он так не думал. Случайные совпадения при сравнении двух парадигм допустимы, но они попадают на богатую предрасположенность и в ней связываются с целым при помощи развернутой сети аллюзий. Факт, что все эти аллюзии действительно выстраиваются в систему. Наша задача только в том, чтобы вскрыть возможные варианты позиционных увязок в поле объективных границ текста. А иначе нужно согласиться с Валенси (что мне лично нравится меньше).

Интеграция пространств как месседж

Итак, каков же месседж? Что кроется за аркадийским пространством и как это связано с пространством действия?

Аналогия предельно проста: «медвежья страна» Аркадия эпохи упадка «рифмуется» с Россией как еще одной «медвежьей страной». Историки, занимающиеся Аркадией, видят причину ее падения во внешних событиях — войнах и междоусобицах.

Чехов в своей Аркадии ставит во главу угла виновника событий — самого человека. Он пишет Орлову 22 февраля 1899 года: «И напомню еще одно выражение, касающееся сынов человеческих, тех самых, которые так мешают жить Вам: сыны века. Не гувернер, а вся интеллигенция виновата, вся, сударь мой. Пока это еще студенты и курсистки — это честный, хороший народ, это надежда наша, это будущее России, но стоит только студентам и курсисткам выйти самостоятельно на дорогу, стать взрослыми, как и надежда наша и будущее России обращается в дым…» (П. VIII, 101).

Ментальность разрушения пронизывает все отношения в пьесе. Эта повальная разрушительность, сдобренная тягой героев к театральности, расходится концентрическими кругами, охватывая не только тех, кто в центре, но и тех, кто на периферии. Герои, даже второстепенные, словно находятся под гипнозом каких-то бульварных драм, разыгрывая роль непризнанных гениев или несчастных любовников (вроде Маши, «родства не помнящей», одетой в черное, будто в театральный костюм). Искусство как форма самовыражения доминирует в этом восприимчивом, артистичном, типично русском мире. Оно диктует модель поведения и будоражит амбиции начинающих — Треплева, обличающего рутинеров, и Нины, грезящей о колеснице славы. Чехов в письме к Плещееву так охарактеризовал подобную ситуацию в среде писателей: «У них ни патриотизма, ни любви к литературе, а одно самолюбьишко» (П. III, 43).

Если рыба гниет с головы, то дух общества разрушается с искусства. Как сказала в своем интервью Ирина Роднянская, «сначала кризис наступает в искусстве, а потом приходит кризис социально-политический, причем всеобщий. Так было с настроениями fin de siècle, косвенно, но ощутимо предвещавшими Первую мировую войну. И с авангардом, который духовно шел впереди революций и тоталитарных режимов XX века. Вот и сейчас мировой культурный кризис предвещает реальную смену эпохи» [Пустовая 2014]. В главе «Идеологизация человеческих масс» Р. Гальцева и И. Роднянская пишут следующее: «Как наследник "романтического гения" начала XIX века, пред-идеолог, стремясь к абсолютной творческой новизне на руинах старого, ощущая в себе дерзость самоначалия и демиургической инициативы, не подозревает, что его идейные и артистические опыты — симптомы безвольной втянутости в процесс фрагментации мира. Воля его, порабощенная центробежным духом времени, заявляет себя не в ответственном противостоянии потоку разрозненных начал, а в навязывании какого-либо одного из них вместо целостной истины. Его активность — не чисто творческого, но, прежде всего, волюнтаристского свойства. Отсюда одна из черт пред-идеологии как кризисного явления — это диктуемая первооткрывательским самомнением обращенность ее творцов вовне, к возможным адептам (сколько бы подобная творческая личность ни отмежевывалась от мнения и суда толпы); другая черта — это, по выражению Г. Зедльмайра, "утрата середины" (73), фантастическая однобокость каждого такого миропонимания; третья — воинственное соперничество между различными перекосами вселенной, создающее атмосферу разлада и взаимного разоблачительства» [Гальцева, Роднянская 2012: 50–51].

Все эти моменты нашли свое отражение в «Чайке», где амбиции, самомнение, «обращенность вовне», «утрата середины» и «воинственное соперничество» формируют сюжет и рисуют процесс разложения «медвежьей страны», который начинается с искусства.

«ДЯДЯ ВАНЯ»: «ИЛИАДА» ДЕРЕВЕНСКОЙ ЖИЗНИ

Немного полемики в плане методики

Начну с полемики, касающейся моего подхода, который базируется на методологии системщиков. Напомню, что идея разработана Расселом Акоффом и сводится к тому, что, взаимодействуя с неким множеством, мы должны вначале составить себе целостное представление о нем. В системном подходе синтез предшествует анализу. Это означает, что описание целого должно *предшествовать* анализу отдельных компонентов [Акофф 1985: 30]. Для того чтобы составить целостное представление о системе, следует рассмотреть ее в рамках большей системы (надсистемы). Это первое положение. Второе связано с вопросом о том, как определить для себя вид целого. С этой целью в системном подходе разработана концепция фокальной точки.

В пьесе «Дядя Ваня» имплицитной надсистемой становится космогоническая парадигма. Образ Елены Андреевны — прекрасной и возмущающей покой в усадьбе, где разыгрывается что-то наподобие войны со стрельбой и преследованием «противника» — предстает той фокальной точкой, по которой выстраивается троянская парадигма. Интересно, что абсолютно все интерпретаторы «Дяди Вани» сошлись на том, что чеховская Елена ассоциируется с ее мифологической троянской тезкой. Это не вызывает сомнений, поскольку увязка между двумя героинями достаточно прямая. Ну а как же быть с остальными героями? Неужели Чехов мыслил настолько разорванно, что ограничился лишь отдельными отсылками к мифу, проигнорировав систему в целом? В таком случае он создал рыхлую, распадающуюся на несвязные куски пьесу, не дотягивающую до определения художественной системы. Как мы помним, систему отличает взаимодействие и взаимовлияние ее частей. Если малейшая часть в системе не испытывает подобного влияния и не влияет сама на целое, то по определению она не является частью системы [Акофф 1985: 38–39].

«Поиск мифологических подтекстов в чеховских произведениях в последнее время превратился в самоценную деятельность "вчитывания" одного текста в другой», — пишет А. Д. Степанов в своей монографии «Проблемы коммуникации у Чехова». Как образец «самого крайнего примера» «с проекцией "Дяди Вани" на "Илиаду"» [Степанов 2005: 179] он приводит мою раннюю интерпретацию «Дяди Вани» [Zubarev 1997]. По какому принципу на эту интерпретацию была навешена бирка «крайнего примера», остается неясным: никаких доводов не приводится. Зато совершенно очевидно непонимание метода. Как не раз подчёркивалось в моих работах по имплицитному пространству, речь не о «мифологическом подтексте» и не о подтексте вообще, а о системе, имеющей определенный вид (структуру), функцию, оператора, генезис и процессы, протекающие в ней. Мифологические аллюзии способствуют лучшему представлению о виде системы, без чего невозможно говорить ни о её потенциале, ни о функционировании, ни о чем другом. У Чехова пространство действия строится позиционно. Понять роль формирующихся позиций помогает имплицитное пространство, вносящее большую определённость в происходящее. Да, «твердых критериев интертекстуальности (где "подлинная" отсылка к претексту, а где, по словам У. Эко, "галлюцинация исследователя") было выдвинуто не так много» [Степанов 2005: 179]. Однако есть то, что И. Б. Роднянская предлагает называть объективными границами интерпретации, и вот они и помогают отличить «галлюцинацию» исследователя от того поля возможных смыслов, которыми оперирует автор [Прим. 1].

Что же становится «смысловыми определителями и ограничителями» для интерпретатора? Отвечу на этот вопрос на примере одного анализа «Сказки о мертвой царевне...». С. В. Жарникова, исследуя символику пушкинских образов в «Сказке...», отмечает наличие в ней образов, «близких к зафиксированным в ведической литературе — Ригведе, Махабхарате, Брахманах» [Жарникова 2003: 55]. Никто не спорит с тем, что сходные образы можно отыскать в разных культурах. Это сам по себе интересный факт. Однако все мы понимаем, что именно к Пушкину и этому конкретному произведению он имеет косвенное отношение. Ограничителем будет то поле образов, в котором работает писатель и которое ему свойственно. Это поле предрасполагает к той или иной гипотезе, что и должен учитывать интерпретатор.

Поскольку я часто обращаюсь к греческой мифологии, определяя вид имплицитного пространства в чеховских произведениях, то, естественно, я должна была убедиться, насколько античные мифологические персонажи свойственны чеховской системе мышления. К своему удивлению, я обнаружила, что ссылок на них хоть отбавляй. Чеховские письма пестрят зевсами, ахиллесами, гекторами и другими фигурами из античных мифов. В письме к А. С. Суворину от 9 марта 1890 года Чехов описывает студенческие волнения в терминах Троянской войны: «У нас грандиозные студенческие беспорядки. <...> Из Академии перешло в университет, где теперь студиозы, окруженные тяжеловооруженными Гекторами и Ахиллами на конях и с пиками...» (П. IV, 33). Е. К. Сахаровой годами раньше он пишет о жене генерала Гамбурцева: «Людмилочка пела. Познакомился я с Менелаем — генералом» (П. I, 253). В письме к Линтваревой от 5 июля 1891 года он повествует о своей домработнице по имени Елена, обыгрывая сюжет похищения Елены Троянской: «Передайте Маше, что я уже писал ей насчет Елены. Она бежала на завод к своему Парису, но опять вернулась и уже бегает по лестницам» (П. IV, 248). Отметим попутно, что 1889–1890 — это годы создания «Лешего», из которого и возник в дальнейшем «Дядя Ваня». Персонажи античной мифологии перекочевали и в чеховские рассказы, такие как «Современные молитвы», где в шутливой форме Чехов приводит молитвы Аполлону и музам, «Ариадна» и др. Все это расширяет «объективные границы интерпретации» имплицитного пространства чеховских произведений, и в частности «Дяди Вани», базирующегося на троянской парадигме.

Несколько положений, которых придерживается автор этой работы

Итак, в свете сказанного выше обозначу несколько основных положений, которых я придерживаюсь, анализируя имплицитное пространство «Дяди Вани».

Первое положение. Ассоциация с Еленой Троянской не

обособленная. Она сигнализирует о скрытой системе, и задача интерпретатора — ее описать. Морис Валенси, например, утверждал, что чеховская Елена не имеет «ни Париса, ни Трои» ("Chekhov's Helen has no Paris, no Troy") [Valency 1966: 183], тем самым намекая на частный характер этой мифологической аллюзии. И он был не одинок в своем восприятии. Автор данной работы не разделяет этого расхожего мнения.

Второе положение. Чехов, равно как и любой другой писатель его калибра, не прилагает, а видоизменяет существующую мифологическую парадигму, и это касается не только сюжета, но и самих персонажей. Это говорит о том, что интерпретатор не должен ограничиваться прямыми соответствиями. Отклонение от классической парадигмы связано с формированием потенциала литературных героев, отличного от потенциала их гипотетических прототипов.

Третье положение. Сравнение чеховской и мифологической парадигм позволяет лучше увидеть квазидраматическую природу чеховских героев.

Троянская парадигма в сюжете «Дяди Вани»

Прежде всего, о супруге чеховской Елены. В мифе мужем Елены является Менелай. На этом основании в критике принято трактовать пару Елена — Серебряков как комическую оффенбаховскую чету «Елена и Менелай». Однако системный подход дает несколько иное видение водевильного прототипа Серебрякова. Это важно, опять-таки, не с точки зрения «мифологического подтекста» или сюжета, а с точки зрения *потенциала чеховского героя и его окружения.*

Итак, сравнение с Менелаем хоть и напрашивается само собой, все же вызывает некоторые сомнения, в особенности когда другие, не менее существенные детали всплывают на поверхность. В первую очередь, это касается этимологии имени Серебрякова: включенное в троянскую парадигму, оно немедленно ассоциируется с Парисом, прозвище которого было «Александр» («отражающий мужей»). Помимо имени любимец женщин Парис имеет еще кое-что общее с Серебряковым: «А какой успех у женщин! — восклицает дядя Ваня. — Ни один Дон-

Жуан не знал такого полного успеха! Его первая жена, моя сестра, прекрасное, кроткое создание, чистая, как вот это голубое небо, благородная, великодушная, имевшая поклонников больше, чем он учеников, — любила его так, как могут любить одни только чистые ангелы таких же чистых и прекрасных, как они сами. Моя мать, его теща, до сих пор обожает его и до сих пор он внушает ей священный ужас. Его вторая жена, красавица, умница — вы ее только что видели, — вышла за него, когда уже он был стар, отдала ему молодость, красоту, свободу, свой блеск. За что? Почему?» (С. XIII, 68).

Как видим, в монологе Войницкого педалируется основная примета Париса — любимца женщин. Помимо этого Серебряков выступает еще в одной «парисовской» роли — роли «разрушителя». Как известно, Гекубе, вынашивавшей Париса, приснился сон о рожденном ею пылающем факеле, от которого сгорела Троя. Сон был истолкован как весть о рождении сына, который уничтожит Трою. Предложение Серебрякова продать имение звучит отголоском мифа о сожженной Трое. Но если Парис — это огонь, то Александр Серебряков — олицетворение видимости блеска, ибо «серебряк» — это водяной паучок, получивший свое прозвище за имитацию серебряного сияния в воде.

Сопоставительный ряд можно продлить, обратившись к занятию Париса — игре на лире. Лира является атрибутом Аполлона, бога искусств, покровителя Париса. Труды Серебрякова по искусству — это, можно сказать, фальшивая «лира», на которой он успешно играл всю жизнь.

Чтобы привести эти наблюдения в системный вид, выпишем обозначенные выше параллели, используя терминологию многоракурсного подхода.

Генезис (родословная героя и этимология его имени)

Прозвище Париса — «Александр», что в переводе означает «отражающий мужей»

Имя Серебрякова — Александр.

Парису покровительствует сребролукий Аполлон, незримо участвующий в убийстве Ахиллеса. Возможно, эта общеизвестная деталь нашла отражение в фамилии Серебрякова.

**Структурный ракурс (как материальные
и позиционные параметры, слагающие образ)**

Парис — олицетворение вечной молодости.

Серебряков — измученный подагрой старик.

(Здесь мы видим явное расхождение между генетическим и структурным ракурсом, но это противоречие помогает нам понять особенности чеховского «Париса».)

Функциональный ракурс (основная функция героя)

Парис — зачинщик Троянской войны.

Серебряков — причина «войны» со стрельбой в усадьбе.

Процессуальный ракурс (как идет процесс взаимодействия с окружающим)

Парис разрушает Трою.

Серебряков предлагает продать имение.

Операторный ракурс (каков оператор)

Парис — любимец женщин.

Серебряков — в прошлом любимец женщин.

Сравнение вскрывает немощность чеховского «Париса», указывая на слабый вес системы в целом. Это касается и Астрова, чья аполлоническая ипостась проступает и в его внешности (структурный аспект), и в занятиях медициной (функция), и в фамилии (генезис), восходящей к Астерии (другое название острова Делос, на котором был рожден Аполлон). В отличие от одного из могущественных божеств на Олимпе, Астров не в силах ничего изменить. Его поведение (процесс) вписывается в модель аполлонически-дионисийской двойственности, в которой сочетаются рациональное и иррациональное. Ночные оргии с запоем в усадьбе в сочетании с попытками спасти леса и лечить больных предстают отголосками аполлоническо-дионисийской системы. Увы, в мире «Дяди Вани» побеждают разрушительные силы. Не приходится и говорить о том, насколько эта космогоническая парадигма отражает ситуацию русской жизни в пространстве действия.

Стрельба в третьем действии звучит комическим отголоском Троянской войны. Критика чеховского времени неодобрительно восприняла «пальбу» в «Дяде Ване», утверждая, что одного выстрела было бы вполне достаточно. Однако одиночный выстрел означал бы всего лишь вызов Серебрякову, тогда как «пальба» ассоциируется с Троянской войной местечкового масштаба.

По мифу, Парис почти не принимает участия в баталиях. На поединок с Менелаем он выходит только после настоятельных и едких реплик Гектора, высмеивающего его трусость. Свирепый вид Менелая повергает Париса в ужас, и он пытается спастись бегством, но, пристыженный Гектором, все же возвращается на поле битвы, и вскоре Афродита спасает его от неминуемой гибели. В имплицитном пространстве пьесы Серебряков ведет себя как струсивший Парис, которого Войницкий, чья фамилия происходит от «воин», преследует с оружием в руках.

Функциональный аспект показывает близость между дядей Ваней и Менелаем. У Чехова мотив похищения присутствует в несколько трансформированном виде: Войницкий обвиняет Серебрякова в том, что тот украл у него лучшие годы жизни. При этом он постоянно сожалеет о том, что сам не женился когда-то на Елене. В его глазах Елена, за которой он постоянно увивается, *украдена* у него; она является олицетворением его «похищенных» возможностей. Его реакция на предложение Серебрякова продать имение подогревается воспоминанием об «изменщице» Елене, которую он застал целующейся с Астровым (при этом он воспринимает увиденное как измену себе, а не Серебрякову).

В мифологии Парис и Аполлон часто сближены. Так, в мифе об Ахиллесе, погибающем от стрелы Париса, которую направляет Аполлон, Парис и Аполлон сливаются в едином образе стрелка. В пьесе функции соблазнителя и разрушителя, присущие Парису, поделены между Серебряковым и Астровым, но при этом оба метят в одну мишень — Войницкого.

Космогоническая парадигма

Имплицитное пространство пьесы не ограничивается троянским сюжетом. Оно отражает космогоническую структуру «Илиады», на которой зиждется троянский миф как система понятий и представлений о движущих силах вселенной. Оппозиции и коалиции, возникающие в этой парадигме, призваны описывать космогоническую систему в динамике. Так, в структуре космогонических представлений Елене как разрушительному эросу противопоставлена София как созидающая Премудрость.

Термин «София» в Древней Греции появляется как абстрактное представление Премудрости, но в мифе у Гомера София сближается с Афиной, от которой она «наследует» некоторые признаки, включая и *любовь к труду*. Имитацией божественной Софии в пьесе является *трудолюбивая* Соня, которая отвечает за порядок в усадьбе, как Божественная София-мироустроительница отвечает за порядок мироздания. Однако в отличие от своего космогонического прототипа Соня не выходит за пределы рутинного, механического исполнения обязанностей.

Незамужняя Соня, проживающая в усадьбе Серебрякова, ассоциируется с Софией-девственницей, живущей у Отца. В четвертом действии Соня произносит свой известный монолог о небе в алмазах, пытаясь утешить Ваню и тем самым смыкается с «Духом Утешителем». Но ее утешения, увы, не имеют силы, поскольку она «правит» миром, в котором умерла Вера (назвав так покойную мать Сони, Чехов явно обыгрывал эти понятия).

Греческая София упорядочивает не только пространство, но и человеческую жизнь, и эта функция влияния на человека сближает ее с мойрами. Три мойры — дочери Ананке, вращающей мировое веретено, — часто изображаются в облике прядильщиц и персонифицируют три периода человеческой жизни: рождение, развитие и смерть. В славянском мифе им соответствует богиня судьбы Марена, или Морена, и производная от них Мокошь. Нянька Марина, чье имя созвучно имени Марена, в имплицитном пространстве может выступать комическим аналогом богини судьбы. Ее тройственность проступает в трех ее функциях: как нянька, она связана с началом жизни; как прислуга, она соотносится с «серединой жизни»; как вязальщица, сматывающая нить в клубок, она символизирует окончание — если не жизни, то истории жизни обитателей усадьбы. При этом немаловажной является функция вязания, где нить ассоциируется с судьбой.

Самое первое описание Марины, данное в ремарке, еще больше проливает свет на символику этого персонажа: «Сад. Видна часть сада с террасой. На аллее под старым тополем стол, сервированный для чая. Скамьи, стулья; на одной из скамей лежит гитара. Недалеко от стола качели. Третий час дня. Пасмурно.

Марина (сырая, малоподвижная старушка, сидит у самовара, вяжет чулок) и Астров (ходит возле)» (С. XIII, 63).

Сравним это описанием с описанием Марены у Афанасьева: «Накануне Иванова дня <…> срубают дерево (преимущественно черноклен, вербу или *тополь*) (курсив мой. — В. З.). Дерево это называют Мареною, под ним ставят наряженную куклу, а подле нее стол с разными закусками и горилкою» [Афанасьев 1988: 460−461].

Сходство деталей, включая и стол, и водку, и тополь, и фигуру Марены, позволяет говорить о едином архетипе этих героинь. В славянском мифе Марена персонифицирует злой дух дома. Она обитает в сыром темном месте (Марине в пьесе сопутствует эпитет «сырая») и способствует разрушительным изменениям в доме.

Нянька Марина опосредованно связана с негативными переменами: она постоянно констатирует их. Так, первое действие открывается ее диалогом с Астровым, в котором мотив «убыли» звучит как мотив увядающей красоты.

А с т р о в. Сильно я изменился с тех пор?
М а р и н а. Сильно. Тогда ты молодой был, красивый, а теперь постарел. И красота уже не та. Тоже сказать — и водочку пьешь (С. XIII, 63).

Марина подливает «водочку» Астрову, а также поит обитателей усадьбы холодным чаем — образ, который в системе чаепития, где чай олицетворяет жизненную энергию, может быть расценен как символика убыли [Прим. 2].

Четвертое действие открывается парой Марина и Телегин. Они «сидят друг против друга и мотают чулочную шерсть» (С. XIII, 105). В мифологических воззрениях славян Илья и Марена противопоставлены друг другу как живая вода мертвой, и в этом смысле они действительно расположены «друг против друга». Сидя «против» Марины и помогая ей сматывать нитки, Телегин ассоциируется с ее отражением-антиподом. Даже его речи в какой-то мере звучат отголоском ее речей. В первом действии, рассказывая о своей стареющей жене, он словно дублирует то, что Марина сказала Астрову о его убывающей красоте.

Т е л е г и н. <...> А она? Молодость уже прошла, красота под влиянием законов природы поблекла, любимый человек скончался... Что же у нее осталось? (С. XIII, 68).

Так же как Марина, Телегин отмечает упадок и деградацию окружающего мира, но в отличие от нее он играет подчиненную роль. В какой-то мере это отражает взаимоотношения Марены и Ильи в славянском ритуале вызывания дождя, где Марена в конечном итоге торжествует над Ильей.

Торжество Марены над Ильей пронизывает имплицитное пространство пьесы, отбрасывая тень и на пространство действия. Анализируя движение времени в «Дяде Ване», нетрудно заметить, что оно колеблется между двумя крайностями — днем и ночью. Первый акт — это день, второй — ночь, третий — снова день, и четвертый — вечер. В пьесе день и ночь сближены общим знаменателем — пасмурностью: день облачный, а ночь дождлива. Даже гроза не приносит желаемой свежести, как надеется дядя Ваня. Увы, дожди только способствуют дальнейшему гниению («Идут каждый день дожди, все гниет...», — сокрушается Соня [С. XIII, 82]), а это и есть знак победы Марены над Ильей, тьмы над светом, распада над развитием.

Говоря о Телегине, отметим, что этимология не только его имени и отчества, но и фамилии звучит отголоском мифа об Илье: гром возникает в результате грохота мчащейся по небу огненной колесницы Ильи. Трансформация образа колесницы в телегу в фамилии Телегина символизирует малую безусловную значимость чеховского «громовержца». Интересно, что в «Лешем» Илья Ильич появляется под фамилией Дядин, и функция его, как он сам это определяет, — «эплоатация бурных стихий. Заставляю бурные волны вращать колеса мельницы, которую я арендую у моего друга Лешего» (С. XII, 135).

В «Дяде Ване» связь Ильи Ильича со стихиями воды выражена опосредованно, но «влияние» его на водную стихию все же прослеживается. Например, в сцене грозы во втором действии Илья Ильич тихо бренчит на гитаре под отдаленные раскаты грома, и гроза обходит дом стороной. В славянском мифе Илья-пророк (другая ипостась Ильи Громовержца) известен также как странник и борец за праведность. В пьесе

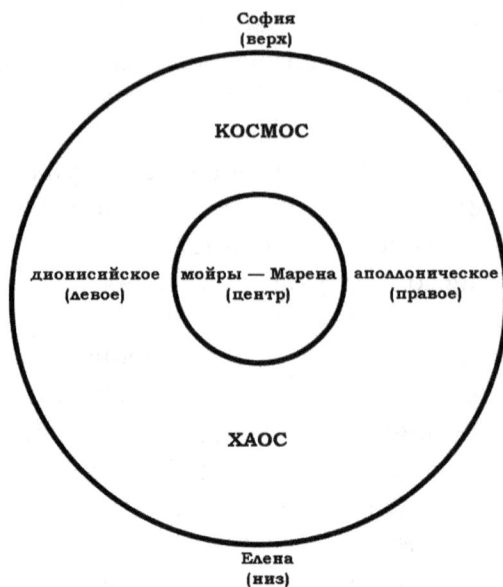

рис.1

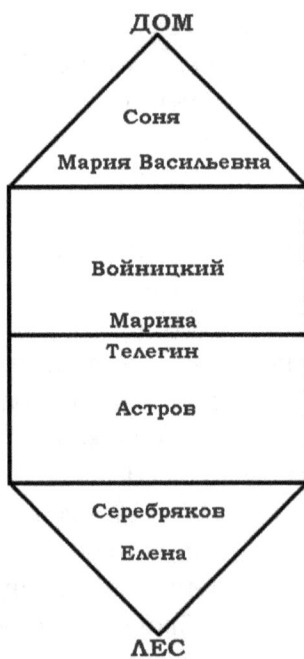

рис.2

Илью Ильича называют «приживалом», а приживал это и есть бездомный человек, который странствует, переходя из одного дома в другой и проживая за счет хозяев. Как и его грозный тезка, Телегин выступает поборником праведности: «Кто изменяет жене или мужу, тот, значит, неверный человек, тот может изменить и отечеству!» — заявляет он (С. XIII, 135).

Интересны и другие детали, по которым выстраиваются соответствия между Телегиным и Ильей. Прежде всего, Телегин — крестный отец Сони. Эта связь также имеет объяснение в пространстве мифа. Как отмечалось выше, греческая София сближена с Афиной. Афину, как мы помним, породил Зевс. Принимая во внимание архетипическое тождество Зевса и Ильи Громовержца, можно говорить об отголоске родства Зевса и Афины в паре Соня-Телегин. *Речь не о приложении мифа к сюжету чеховской пьесы, а о генезисе героев, несущих более общую картину мира в этимологии своих имён. Это относится ко всем анализируемым героям чеховских пьес.* Ни для кого не секрет, что этимология имени героев тщательно продумывается писателем. Она влияет и на функцию героев, и на их взаимодействие друг с другом, и на логику построения их образа, и на сюжет и архитектонику произведения, и на многое другое. Она также помогает вскрыть их безусловную значимость, путём сопоставления их имени с тем, что они представляют собой в конкретном сюжете.

История несложившейся жизни Телегина, которого жена оставила, убежав с возлюбленным, напоминает эсхатологический миф о Перуне (еще одной ипостаси Ильи), у которого соперник отбирает любимую женщину. В конечном итоге Перун настигает соперника и возвращает себе возлюбленную. Чеховский Илья, разумеется, не способен на подобные подвиги, но, как ни странно, история с его женой заканчивается аналогично: соперник умирает и жена возвращается.

В целом герои пьесы симметрично расположены по отношению друг к другу, формируя на метауровне сбалансированную оппозицию Космоса-Хаоса (см. рис.1), а на уровне сюжета оппозицию Леса и Дома (см. рис.2). Каждая из частей оппозиции имеет структурный центр, верх и низ. В космогоническом плане верх и низ представлены, соответственно, Софией и Еленой; центром являются мойры или Марена, а правое и левое структуризовано аполлоническим и дионисийским началами. Структурный верх Дома представлен Соней с ее «царственной» бабушкой Марией Васильевной; низ как связь с фамильными корнями олицетворяет нянька Марина; Войницкий символизирует структурный центр Дома (аналог мирского существования).

Лес в пьесе соотносится с гостями. Вершина Леса как антипода Дома ассоциируется с Еленой и Серебряковым; Астров, владеющий лесничеством, олицетворяет структурный центр Леса; «приживал» Телегин символизирует границу Леса и Дома.

Потенциал чеховской «космогонии» раскрывается в отношениях между частями оппозиции. Каждый из героев является разрушителем не только «чужого», но и своего собственного пространства. И если в космогонии Дом-Космос борется с наступлением Леса-Хаоса, то в пространстве «Дяди Вани» дом становится частью саморазрушающейся системы. Это беспросветный мир, в котором умерла Вера, а София-премудрость лишь поддерживает рутину, разглагольствуя о «небе в алмазах».

Примечания

1. В книге «Движение литературы» Роднянская пишет следующее о пределах интерпретации: «…состоятельное произведение искусства многозначно, но не сколь-угодно-значно, и в… него вмонтированы посреди "мест неполной определенности" (Р. Ингарден) некие смысловые определители и ограничители, игнорировать которые значит ломать вещь через колено. <…> для исследователя-интерпретатора требуется самоограничение <...> когда личность автора, начертавшая себя посредством особой маркировки на произведении как автограф, не насилуется, а для начала принимается как таковая» [Роднянская 2006: 9].
2. О символике чая и самовара см. [Ермилова 1989: 86–101].

«ТРИ СЕСТРЫ»: ВОЙСКО БЕЗ ГЕНЕРАЛА

Пространство действия

Пространство действия «Трех сестер» можно описать посредством надсистемы, которую я бы определила как войско без генерала. Она дает представление о слабом потенциале группы, лишенной лидера, и поясняет особенности этой группы.

Покойный генерал Прозоров, отец семейства, при жизни успешно вел свою домашнюю «армию» сквозь туман и неопределенность будней к цели, ясной только ему одному. Он разработал стратегию и тактику и строго следил за тем, чтобы дети выполняли все его указания. «Армия» ежедневно продвигалась вперед, читая, изучая языки и науки, но смысл этого ежедневного движения был скрыт от нее. После смерти генерала «армия» все еще пыталась машинально двигаться в заданном направлении, но вопрос «для чего?» вскоре повис в воздухе, и ответа на него не было.

Словно призрак отца Гамлета, портрет генерала с укором глядит на свое дезориентированное «войско», молчаливо напоминая семье о грехе отступления от прежнего режима жизни. Однако укоров памяти явно недостаточно, чтобы заставить семейство вернуться к прежнему образу жизни: необходима цель движения, которую обычно задает генерал. В конце концов сестры берут на себя эту роль и формулируют цель почти в военных терминах: двинуться на Москву. Как генеральские дети, они мыслят в категориях территориального захвата, но при этом у них нет стратегии, а тактика, которую они попробовали, так и не помогла им сдвинуться с места.

Освободившись от гнета отца, семейство столкнулось с другой крайностью: угрозой беспорядочного существования. Чтобы выжить, «расформированная армия» нуждается в новом формировании. «Наш директор говорит: главное во всякой жизни — это ее форма... Что теряет свою форму, то кончается — и в нашей обыденной жизни то же самое», — заявляет муж Маши Кулыгин (С. XIII, 133). И действительно, все несчастья в пьесе происходят с теми, кто не усвоил этого простого правила. Прежде всего, это относится к бывшему сослуживцу Кулыгина, некоему чиновнику Козыреву, который, по словам Кулыгина, был уволен «из пятого класса гимназии за то, что никак не мог понять ut consecutivum. Теперь он ужасно бедствует, болен», — сообщает Кулыгин (С. XIII, 175). Не усвоив грамматической формы, бедняга Козырев теряет право носить свою форменную одежду, и участь его, судя по всему, решена.

Со структурной точки зрения общество в «Трех сестрах» поделено на носителей формы и цивильных. К первым относятся герои, состоящие на государственной службе. Прежде всего, это военные, затем учителя и чиновники. Форма в пьесе возникает как метафора государства, которое гарантирует выживание тем, кто находится на его попечении. Мир за пределами Формы подвержен катаклизмам и обречен на разрушение: там царит карточный случай и хаос. Старая нянька Анфиса, безжалостно изгнанная из семьи новой хозяйкой Наташей, неожиданно обретает свой рай на земле… в гимназии на казенной квартире. «И-и, деточка, вот живу! Вот живу! В гимназии на казенной квартире, золотая, вместе с Олюшкой — определил господь на старости лет. Отродясь я, грешница, так не жила… Квартира большая, казенная, и мне цельная комнатка и кроватка. Все казенное. Проснусь ночью и — о господи, матерь божия, счастливей меня человека нету!» — восторженно восклицает она (С. XIII, 183).

Барон Тузенбах, напротив, платится жизнью за отказ от Формы. Решив жениться на Ирине, он выходит в отставку. Штатское платье не только не украсило бедного барона, но и поместило его сразу же в группу риска, о которой говорил Кулыгин. Знаменательно, что злополучная дуэль, которая стоила барону жизни, произошла не где-нибудь, а в казенной роще: «В половине первого, в казенной роще, вот в той, что отсюда видать за рекой... Пиф-паф» (С. XIII, 177).

Итак, в мире трех сестер Форма награждает, Форма и карает. Оба героя, Козырев и Тузенбах, при переходе в штатский мир теряют свою высокую «карточную» значимость. Кроме печальной судьбы их роднит и этимология фамилий, связанная с карточной игрой. Переместившись из мира Формы, где правит порядок, в мир штатский, где правит случай, они оказываются некозырными картами в игре с судьбой.

В пространстве действия жизнь представлена двумя

крайностями — полным хаосом и полной упорядоченностью. Ни одна из крайностей не приносит удовлетворения, и обе являются разрушительными. Но если мир хаоса разрушает физическую оболочку героев, то мир полной упорядоченности разрушает душу, поскольку отнимает возможность свободного развития. В четвертом действии сестры с завистью наблюдают за перелетными птицами, мечтая так же свободно перемещаться в пространстве. Ирония в том, что перелетные птицы подчиняются не внутреннему порыву, а закону природы, и в этом они смыкаются с военными, которые мигрируют по приказу (не случайно фамилия одного из военных — Скворцов). Подобные отношения между героями создают картину слабой, нефункциональной системы квазидраматического типа, где сильные стороны каждого в отдельности разрушаются системой отношений.

Метафора Формы не исчерпывается системой российских казенных отношений. Похоже, здесь имеется еще более крупная надсистема, на которую намекает высказывание Кулыгина: «Римляне были здоровы, потому что умели трудиться, умели и отдыхать, у них была *mens sana in corpore sano*» (С. XIII, 133). Намек на русский Рим усматривается и в имени и отчестве Ивана Романовича Чебутыкина, пропитанного винными парами, и в третьей части фамилии Тузенбаха-Кроне-Альтшауэра: *Shauer* в переводе с немецкого означает мыслитель, а *alte*, в частности, «древние греки и римляне» [Большой немецко-русский словарь 1980: 85]. Присутствие римской парадигмы опосредованно обыграно пожаром в третьем действии, который ассоциируется с пожаром 1812 года в Москве:

Ф е р а п о н т. Слушаю. В двенадцатом году Москва тоже горела. Господи ты боже мой! Французы удивлялись (С. XIII, 158).

Московская улица имеется и в городе трех сестер, а упоминание римлян связывает все три города в надсистеме «римский миф», придающей апокалипсическую окраску полыхающему городу [Прим. 1]. Однако, во избежание искаженного представления о собственно чеховском отношении к этому псевдоапокалипсическому водевилю, нужно принять во внимание систему календарного мифа, формирующую имплицитное пространство.

Имплицитное пространство

Надсистема имплицитного пространства «Трех сестер» вписывается в парадигму календарного мифа. Это не единственное, но одно из основных организующих начал этого пространства. Календарный миф представлен не только обрядовыми деталями, но и отдельными героями. Образ Наташи в системе календарных отношений является ключевым для понимания особенностей чеховского преобразования классической парадигмы.

Эта броская, пошловатая героиня, появляющаяся нелепо разодетой в доме Прозоровых, играет роль той фокальной точки, по которой выстраивается контур целого. Безвкусное, с точки зрения сестер, сочетание розового и зеленого («Наталия Ивановна входит; она в розовом платье, с зеленым поясом» [С. XIII, 136]) в имплицитном пространстве ассоциируется с символом весны и цветения. Эта символика находит свое дальнейшее развитие в пьесе, расширяя представление об имплицитной вселенной.

Цветение в имплицитном пространстве уподоблено разрастанию сорняка. И процесс, и структура, и функция, и генезис образа Наташи выстраивают целостное представление о «сорняковости» этой героини, которая становится не только полновластной хозяйкой имения, но заполоняет собой пространство, пуская свои корни и вытесняя из комнат сестер. Во втором действии она говорит Андрею: «Бобик холодный. Я боюсь, ему холодно в его комнате, пожалуй. Надо бы хоть до теплой погоды поместить его в другой комнате. Например, у Ирины комната как раз для ребенка: и сухо, и целый день солнце. Надо ей сказать, она пока может с Ольгой в одной комнате... Все равно днем дома не бывает, только ночует...» (С. XIII, 141). Наташа мотивирует свою домашнюю экспансию нездоровьем ребенка, и этим же мотивируется ее приказ не впускать ряженых. Тем не менее она благополучно уходит кататься с Протопоповым, словно позабыв, что Бобик нездоров. И если в пространстве действия подобное поведение выглядит, мягко говоря, непоследовательным, то в имплицитном оно согласуется с мифопоэтической природой этой героини, закручивающей, как будет показано ниже, обрядное действо (процессуальный аспект).

Этимология имени Наташи (генетический аспект)

помогает заглянуть в ее мифопоэтическую родословную. Полное имя — Наталья — в сочетании с символикой цветения ассоциируется по звучанию (или «рифмуется», как сказал бы В. Катаев) с Талией, музой комедии, берущей свое начало и тесно связанной с богиней цветения Тало. Вечнозеленый венок из плюща — атрибут Талии — переместился в пьесе на талию Натальи (структурный аспект), а значение имени Талии («цвету», «разрастаюсь») комически обыграно в сорняковом разрастании Наташи. Близость ее к сорняку подчеркнута позиционно: сразу после реплики Ирины о том, что жизнь «заглушала» сестер, «как сорная трава», появляется Наталья Ивановна, которая и начнет постепенно «заглушать» семейство Прозоровых (С. XIII, 136).

В конце пьесы Наташа задумывает срубить еловую аллею (ель как символ зимы) и насадить «цветочков»: «Велю прежде всего срубить эту еловую аллею, потом вот этот клен. <...> И тут везде я велю понасажать цветочков, цветочков, и будет запах...» (С. XIII, 187). Здесь уже процесс цветочного разрастания переходит в пространство действия, словно Чехов перебрасывает мостик, делая имплицитное и умозрительное видимым и осязаемым. Покушение Наташи на еловую аллею и клен и есть покушение сорняковой породы на семейное древо. М. Ч. Ларионова отмечает, что Андрей может ассоциироваться у Наташи с кленом, а ели — с сестрами. «Предстоящее вырубание елей — это способ окончательного вытеснения сестер, конец их мира» [Ларионова 2011: 324]. И если деревья ассоциируются с Прозоровыми, то «цветочки» — это символ Наташи.

Нужно сказать, что Талия в чеховской поэтике значений олицетворяет не только комедию. В юмореске «Современные молитвы» (1883) он обращает следующую молитву к Талии: «Талии, музе комедии. — Не нужно мне славы Островского... Нет! Не сошьешь сапог из бессмертия! Дай ты мне силу и мощь Виктора Александрова, пишущего по десяти комедий в вечер! Денег-то сколько, матушка!» (С. II, 40). Так в шутливой форме за Талией закрепляется могущество, которое передается, словно по наследству, предприимчивой Наталье Ивановне.

Как ипостась Талии, Наталья закручивает вокруг себя комедийное действие. Ее появление провоцирует шутки и смех, перерастающий в «громкий смех».

Р о д э (громко). Господа, неужели вы придаете значение предрассудкам?

Смех.

К у л ы г и н . Если тринадцать за столом, то, значит, есть тут влюбленные. Уж не вы ли, Иван Романович, чего доброго...

Смех.

Ч е б у т ы к и н . Я старый грешник, а вот отчего Наталья Ивановна сконфузилась, решительно понять не могу.

Громкий смех; Наташа выбегает из залы в гостиную, за ней Андрей (С. XIII, 138).

Во втором действии Наташа уходит кататься на тройке с Протопоповым. Это добавляет новые ассоциации и расширяет поле значений чеховской Талии. И огонь, и обряд катания на тройке связаны с Наташей более, чем с кем бы то ни было в пьесе. Ремарка в начале второго действия о том, что «нет огня», тут ж сменяется другой: «Входит Наталья Ивановна в капоте, со свечой» (С. XIII, 139). Такое расположение Наташи между двумя ремарками об огне значимо в масленичной системе отношений.

Наташа предстает носительницей огня в прямом и переносном смыслах, и функция ее по отношению к огню расширяется от действия к действию. Обращаясь к Андрею, она бросает такую фразу: «Смотрю, огня нет ли... Теперь масленица, прислуга сама не своя, гляди да и гляди, чтоб чего не вышло» (С. XIII, 139). Здесь она уже не просто носительница, но и смотрительница огня, желающая удостовериться, что все в порядке. В третьем действии Наташа вновь появляется со свечой, и пожар уже напрямую связывается с ней:

Наташа со свечой проходит через сцену из правой двери в левую молча.

М а ш а (садится). Она ходит так, как будто она подожгла (С. XIII, 168).

Такое главенствующее положение по отношению к огню делает Наталью Ивановну истинной царицей масленичного веселья. Она возбраняет приход ряженых, подчиняя своей воле домашних, но при этом сама отправляется кататься на тройке.

В пространстве действия приказ Наташи не впускать ряженых действительно нарушает «ход праздника, естественный порядок вещей» [Кондратьева, Ларионова 2012: 79]. В имплицитном же пространстве приказ выступает знаком ее власти как царицы маскарадно-карнавального действа. Здесь она не просто адекватна потусторонним силам, но стоит над ними, в отличие от всех других героев, подчиненных им. Она направляет действо в угодное ей русло, дабы совершить масленичный ритуал катания, помехой которому могли стать ряженые, впусти она их в дом. За это ее мир наделяется плодородием.

Но это касается лишь имплицитных отношений. Когда же переносишь их в пространство действия, то ощущаешь острее чеховскую усмешку по поводу всей этой чехарды человеческих отношений, превративших жизнь в сплошной водевиль. Это последствия отказа от соглядатая Формы, когда на смену режиму приходит другая крайность — анархия.

Чеховские ряженые

Идея чеховской масленицы в корне отлична от бахтинской концепции карнавала, где низ и верх лишь временно меняются местами («временный выход за пределы обычного (официального) строя жизни» [Бахтин 2015: URL]). Чеховская ряженость — явление не временное, а постоянное, оно сопутствует его героям на протяжении всей жизни. В терминах Бахтина, это осуществленная мечта «низа» стать «верхом». Ирония в том, что обличье нового «верха» так и остается «обличьем», оно не вживляется в натуру, не меняет ее.

Со всей полнотой эта идея раскрывается в юмореске «Ряженые» (1887):

Вот солидно, подняв с достоинством голову, шагает что-то нарядившееся человеком. <...> Завтра проснется в полдень, пообедает, напьется пойла и опять примется за тот же вопрос. Послезавтра тоже... Кто это? Это — свинья. Вот мчится в роскошных санях старушенция в костюме дамы благотворительницы. Нарядилась она умело: на лице тупая важность, в ногах болонка, на запятках лакей. <...> Хотите знать, кто эта благотворительница? Это — чертова перечница. Вот бежит лисица... Гримировка великолепная: даже рыльце в пушку. Глядит она медово, говорит тенорком, со слезами на глазах. Если послушать ее, то она жертва людской интриги, подвохов, неблагодарности. <…> Слушайте ее, но не попадайтесь ей в лапы. Она обчистит, обделает под орех, пустит без рубахи, ибо она — антрепренер. Вот шествует нарядившийся рецензентом. Этот загримировался неудачно. По его бесшабашному лаю, хватанию за икры, скаленью зубов нетрудно узнать в нем — цепного пса (С. IV, 276–277).

Интересно, что ряжеными оказываются как люди, так и животные: свинья, ряженная под человека, сосуществует в одном пространстве с антерпренером, ряженным под лису, и псом, нарядившимся рецензентом. Тот же принцип сохраняется в масленичном пространстве «Трех сестер». Истинная суть героев, ряженных в докторов, учителей и председателей земской управы, «раскрывается» посредством имен и фамилий. Например, Андрей Прозоров, ряженный поначалу под будущего профессора, по сути своей — игрок, который «прозоряется», то есть проигрывается (и не только в карты) [Даль 1981: III, 485]. Его сестры мечутся между «прозрением» и «прозорением», но, похоже, и они «прозорятся» в конце концов.

Чебутыкин, который зачастую нетвердо держится на ногах, словно обыгрывает в походке значение своей фамилии, перекликающейся с «чебуткать» — «качать на своей ноге» ребенка [Даль 1981: IV, 586]. С одной стороны, он относится к Ирине как к ребенку, «чебутая» ее, а с другой — «чебуткает» сам себя алкоголем. К этой же группе «ряженых» относится и Василий Васильевич Соленый, эдакий соляной василиск, и Тузенбах, третий слог фамилии которого ассоциируется с выстрелом, и другие, речь о которых пойдет ниже.

Протопопов, по имени Михаил Иванович и по кличке Михаил Потапыч, вписывается в масленичное гулянье как ипостась медведя, без которого гулянье не обходится. Это еще один вариант чеховского «чего-то», «переодетого в человека». И фамилия его также ассоциируется с медведем, чья кличка «лесной архимандрит» перекликается с производным от «Протопопов» по ряду «архимандрит — протопоп» [Даль 1981: II, 311]. «На масленицу принято катание молодоженов» [Кондратьева, Ларионова 2012: 79], однако Наташа и Андрей не являются молодоженами в строгом смысле. К этому времени у них уже рождается ребенок с ласкательным именем дворняжки (Бобик), и, судя по тому, что Наташа настаивает на «диэте» для него («Но все-таки лучше пускай диэта» [С. XIII, 139]), он уже не грудной. Стало быть, речь идет о ряженых молодоженах, которыми являются Наташа и Протопопов (на их любовную связь намекают окружающие) [Прим. 2]. В обряде катания с «медведем» Наташа, по-видимому, выступает ряженой козой — символом плодородия, а также комедии, что также соответствует ее ипостаси Талии (масленичные комедии разыгрывались только с козой — комедии с медведем были запрещены).

Чеховское время и масленичная неделя

Говоря о цикличном времени пространства «Трех сестер», Тамарли отмечает, что «драматург направляет эмоционально-образную систему по кругу: действие начиналось в полдень («Часы бьют двенадцать» (С. 13, 172) и завершилось в "двенадцать часов дня" (С. 13, 102)» [Тамарли 2012: 207]). В имплицитном пространстве безначальность-бесконечность проступает в масленичных взаимодействиях: май (месяц первого действия) в календарном мифе ознаменован праздником майского дерева, являющимся продолжением масленичного ритуала, объединенного с ним той же идеей плодородия и любви. «Май — месяц любви, но не брака», — читаем в чеховском фельетоне «О марте. О мае. Об июне и июле. Об августе» (1885): «Не раскисайте же, граждане, и не попадайте на удочку! Знайте, что майская любовь кончается в начале июня и то, что в мае казалось вашей разгоряченной фантазии эфиром, в июне будет казаться бревном» (XXVI, 7)» (С. III, 193). Эти шутливые идеи формируют отношения между всеми майскими влюбленными в «Трех сестрах».

В пространстве действия только второй акт отдан масленице, и тем не менее, как отмечают чеховеды, «событийная линия, последовательность ключевых моментов драмы соответствуют структуре этого праздника» [Кондратьева, Ларионова 2012: 80]. В то же время Чехов предпочитает не придерживаться масленичного времени в трех остальных актах, и это решение заслуживает того, чтобы на нем остановиться отдельно.

Сохранение структуры масленицы в событийной линии «Трех сестер» и несоблюдение ее временных границ говорит только об одном: пространство действия и имплицитное пространство подчинены разным законам, в том числе и временным. Действительно, в пространстве действия время дискретно, и каждое действие отделено от другого годами. «Мне двадцать лет!» — восклицает Ирина в первом действии; «Мне уже двадцать четвертый год», — констатирует она в третьем. В имплицитном же пространстве время непрерывно, как в мифе с его безначальностью и бесконечностью. Эта непрерывность, переданная посредством масленичной событийности, пронизывающей все четыре акта, дискретных во времени, создает необычный эффект присутствия надмирного циферблата в мирских ходиках.

Интеграция двух типов времени и составляет чеховское время — ни полностью мирское, как в пространстве действия, ни полностью сакральное, как в имплицитном пространстве. Оно также не есть их сумма или среднее арифметическое. Интегральный образ чеховского времени проступает в каждом отдельном эпизоде как сложное, многоплановое взаимодействие этих временных парадигм, преобразующих наше представление о целом. Это дает возможность лучше прогнозировать будущее героев и по-новому взглянуть на их настоящее с позиций будущего.

Об элементах масленицы в пьесе написаны интересные и доказательные исследования. Хотелось бы добавить к ним несколько деталей в плане сочетания конкретных дней масленичной недели с каждым отдельным действием пьесы.

Первое действие включает в себя элементы двух первых дней масленицы — встречи (понедельник) и заигрыша (вторник). Встреча в пьесе — это знакомство Прозоровых с Вершининым и Наташей. По обычаю в этот первый день свекор со свекровью приходили к сватам, начинали печь блины, и первый блин отдавался нищим на помин усопших. Блинов, разумеется, герои не едят в первом действии, но «едят поминальную обрядовую пищу: птицу (жареную индейку), пирог и пьют наливку, настоянную на ягодах» [Ларионова 2011: 220]. Поедание поминальной пищи обусловлено (хоть и не оговорено) смертью отца Прозоровых.

Второй день масленичной недели, заигрыш, — это «смотрины невест». Роль невест в первом действии выполняют Ирина и Наташа, а также уже «засватанная» Маша, положившая глаз на Вершинина.

Второе действие выстроено вокруг лакомки (среда) и разгула (четверг). Лакомка связана с поеданием блинов, и, хотя гости во втором акте уходят из дому несолоно хлебавши, символика блинов все же присутствует. Прежде всего, в реплике Ферапонта: «А в Москве, в управе давеча рассказывал подрядчик, какие-то купцы ели блины; один, который съел сорок блинов, будто помер» (С. XIII, 142). Кроме того, Соленый бросает такую людоедскую фразу по поводу Бобика: «Если бы этот ребенок был мой, то я изжарил бы его на сковородке и съел бы» (С. XIII, 149–150). В пространстве действия это грубый выпад, «извращение ценностей масленицы» [Peace 1983: 110]. В имплицитном пространстве Бобик предстает блином, ряженным в ребенка, и Соленый только разоблачает ряженого (прием тот же, что в «Ряженых»). Помимо всего, в этой ужасной реплике «соляного василиска» Василия Васильевича Соленого отобразились идеи другой чеховской юморески — «Блины» (1886), в которой повествователь утверждает, что искусство печь блины относится к женской тайне и «если, храни бог, узнает ее хоть один мужчина, то произойдет что-то такое ужасное, чего даже женщины не могут представить себе» (С. IV, 361). Именно такое «ужасное» и проглядывает в реплике Соленого о Бобике.

Любопытно, что описание «мужских блинов» в юмореске тоже отдает «человечиной»: «Вы скажете, что и мужчины пекут блины... Да, но мужские блины не блины. Из их ноздрей дышит холодом, на зубах они дают впечатление резиновых калош, а вкусом далеко отстают от женских...» (С. IV, 361). Звучит так, будто мужское тесто грубо замешено на человеке, брошенном в миску в полном обмундировании. В женском варианте блин также соотносится с человеком — с ребенком. Разница только в том, что женщина любовно вынашивает и выращивает своего первенца при помощи тайны, превращая это в священнодействие. Поэтому и дитя у нее не натуралистичное, а метафорическое, как метафоричны хлеб и вино. Во время этого таинственного процесса хозяйка превращается в повитуху, а домочадцы — во взволнованную родню: «А домочадцы в это время, в ожидании блинов, шагают по комнатам и, глядя на лицо то и дело бегающей в кухню хозяйки, думают, что в кухне родят или же, по меньшей мере, женятся. <...> Несет сама хозяйка, красная, сияющая, гордая... Можно думать, что у нее на руках не блины, а ее первенец» (С. IV, 363).

Разгул (четверг), связанный с катанием на лошадях и всевозможными потехами, выносится за пределы сценического действия второго акта, но то, что он (разгул) имеет место, ни у кого не вызывает сомнений. К числу потех этого дня относится ритуальная борьба вожака с медведем. Мотив соперничества между Протопоповым и Андреем дается опосредованно — через Наташу, которая предпочла мужу «медведя» Протопопова (о символике его «медвежьей» фамилии см. выше). В имплицитном пространстве пьесы борьба заканчивается ничьей — оба «соперника» получают по «призу» (ребенку) от неугомонной Натальи. Намек на ее интимные отношения с Протопоповым сделан в типично чеховской ироничной форме в виде приказа Наташи: «С Софочкой посидит Протопопов, Михаил Иваныч, а Бобика пусть покатает Андрей Сергеич» (С. XIII, 187).

Третье действие выстраивается вокруг двух последних дней масленичной недели, включающих в себя вечерки (пятница) и посиделки (суббота). Во время вечерок теща приходит к зятю (тещины вечерки), а во время посиделок невестки приглашают к себе золовок и родственников мужа. Местом встречи для «вечерок» и «посиделок» в «Трех сестрах» становится комната Ирины и Ольги, куда поначалу приходит Наташа со слугами, а после являются военные, укрываясь от пожара. Знаменательно, что пожар не затрагивает дома Прозоровых, и в этом кроется еще один шутливый намек на близость Наташи и Протопопова: по поверью древних славян, медведь, сплясавший возле дома, отводит пожар. Памятуя, что медведь в мифе есть олицетворение гиперсексуальности, и принимая во внимание «катания» Наташи, можно только догадываться, какая именно «пляска возле дома» спасла Прозоровых от пожара в имплицитном пространстве.

Атмосфера пожара, как она передана в третьем акте, безусловно, масленичная. Начинаясь на заунывной ноте, действие постепенно перерастает в веселье, распространяющееся не только на обитателей дома, но и на погорельцев.

М а ш а . Тра-ра-ра?
В е р ш и н и н . Тра-та-та. (Смеется.)

Входит Федотик.

Ф е д о т и к (танцует). Погорел, погорел! Весь дочиста!
Смех.

И р и н а . Что ж за шутки. Все сгорело?

Ф е д о т и к (смеется). Все дочиста. Ничего не осталось. И
гитара сгорела, и фотография сгорела, и все мои письма... И хотел
подарить вам записную книжечку — тоже сгорела (С. XIII, 165).

Количество ремарок, связанных со смехом и весельем
в третьем действии, довольно велико, учитывая, что пожар —
событие не из веселых. Существительное «смех» употребляется
один раз, глагол «смеяться» (и деепричастие) — одиннадцать,
глагол «танцевать» — один. Всего тринадцать свидетельств
веселья. Сравним с первым действием: существительное «смех»
встречается пять раз, «смеяться» (плюс деепричастие) —
десять раз и наречие «весело» — три раза. Всего восемнадцать
свидетельств веселья. Во втором действии существительное
«смех» встречается пять раз, «смеяться» (и деепричастие) —
десять раз. Итого пятнадцать указаний на веселье. Как видим, хоть
веселье и идет по убывающей (с удивительно последовательным
уменьшением на три ремарки), все равно не настолько, чтобы
противопоставить второе и третье действия по настроению. И
это неудивительно: в масленичной системе отношений огонь
неопасен для людей и сжигает исключительно чучело Масленицы.
Упоминание такой детали в числе сгоревших вещей Федотика,
как его фотография, — намек на то, что все идет в соответствии
с масленичным обрядом. Фотография — иконическое замещение
человека, его имитация, символ «чучела», которое сгорает.

В этом же действии в доме появляются и «ряженые».
Пострадавшие от пожара сестры Колотилины, стоя «под
лестницей» в ожидании помощи, ведут себя в соответствии с их
фамилией-маской: «колотиться иногда значит просить и ходить
по миру, от колотиться, стучаться у ворот» [Даль 1981: II, 141].
Сестры впускают и одаривают их, как одаривают ряженых.

Последний день масленицы — проводы (воскресенье).
Четвертый акт — проводы, как в имплицитном пространстве, так
и в пространстве действия. Сестры провожают военных в дальний
путь, а в случае с Тузенбахом — в вечный. «Ритуальное убийство
соломенной куклы — завершение масленичного праздничного

действа — трансформируется в убийство человека: Тузенбах погибает на дуэли» [Ларионова 2011: 79]. Интересно посмотреть, как именно происходит трансформация. В пространстве действия она моментальна и, казалось бы, необусловленна. Предрасположенность к трагическому повороту создается на уровне имплицитного пространства.

Прежде всего, вызов на дуэль происходит около театра. Эта подробность повторяется дважды, что заставляет не просто обратить на нее внимание, но и предположить ее значимость в поэтике масленичной карнавальности.

> К у л ы г и н . Так рассказывают, будто Соленый и барон встретились вчера на бульваре около театра...
> Т у з е н б а х . Перестаньте! Ну, что право... (Машет рукой и уходит в дом.)
> К у л ы г и н . Около театра... (С. XIII, 175).

Не забудем также, что Соленый мнит себя Лермонтовым. В системе масленичных отношений это его маска. К этому добавляется и другая немаловажная деталь: Тузенбах появляется в соломенной шляпе. Все вместе (маскарадность плюс «соломен-ность») создает взрывоопасную предрасположенность. К этому следует еще добавить глубокомысленное заявление Кулыгина в первом акте: «что теряет свою форму, то кончается — и в нашей обыденной жизни то же самое». Похоже, бедняга Тузенбах и пал жертвой этого «золотого» правила: он действительно «потерял» свою военную форму, сменив ее на соломенную шляпу, что перевело его в ранг масленичного чучела. «Разжалованный» до чучела барон и становится жертвой огнестрельного оружия.

Смерть барона не очень печалит сестер. Напротив, их реплики («О, милые сестры, жизнь наша еще не кончена. Будем жить!» [С. XIII, 190]) свидетельствуют о том, что жизнь продолжается, и это — в полном соответствии с масленичным настроем проводов зимы и возрождения надежд.

Сорняковое древо

Имена главных героев выстраивают интересную имплицитную модель, ассоциирующуюся со структурой древа. Начнем с Вершинина и Тузенбаха. Фамилия «Вершинин» однозначно происходит от «вершина», что может трактоваться как вершина дерева или вершина горы. Более конкретное значение эта фамилия обретает в «растительной» системе. В ней вторая часть фамилии Тузенбаха (Кроне) поясняется образом кроны как знака древа. Оба варианта вершины древа (русский и немецкий) представлены двумя действующими лицами и соответствуют двум ментальностям, порождающим две философии счастья: в отдаленном будущем (Вершинин) и сегодня (Тузенбах). Первая связана с концепцией развития и преодоления; вторая дана как механистический взгляд на развитие, функционально оправданное, но лишенное высшего смысла.

В е р ш и н и н . <...> И как бы мне хотелось доказать вам, что счастья нет, не должно быть и не будет для нас... Мы должны только работать и работать, а счастье — это удел наших далеких потомков.

<...>

Т у з е н б а х . По-вашему, даже не мечтать о счастье! Но если я счастлив!

В е р ш и н и н . Нет.

Т у з е н б а х *(всплеснув руками и смеясь)*. Очевидно, мы не понимаем друг друга. Ну, как мне убедить вас? <...> Не то что через двести или триста, но и через миллион лет жизнь останется такою же, как и была; она не меняется, остается постоянною, следуя своим собственным законам, до которых вам нет дела или, по крайней мере, которых вы никогда не узнаете. Перелетные птицы, журавли, например, летят и летят, и какие бы мысли, высокие или малые, ни бродили в их головах, все же будут лететь и не знать, зачем и куда. Они летят и будут лететь, какие бы философы ни завелись среди них; и пускай философствуют, как хотят, лишь бы летели...

М а ш а . Все-таки смысл?

Т у з е н б а х . Смысл... Вот снег идет. Какой смысл? (С. XIII, 146−147).

Вокруг этих «вершин» формируются две основные группы

действующих лиц. Одна относится к ветви Ирины, а другая — Маши. В цветовой символике ветви контрастны — одна белая (цвет одежды Ирины), а другая — черная (цвет одежды Маши). С белой ветвью связаны смерти и потери: герои, близкие к Ирине, либо уходят из жизни, либо деградируют. Сюда относится и смерть отца Прозорова в день именин Ирины, и смерть ее жениха Тузенбаха. Зловещий обожатель Ирины Соленый — водевильное воплощение гибельности. Деградирует Чебутыкин, привязанный к Ирине, напоминающей ему ее покойную мать. Сходство с покойной матерью только усиливает ощущение инобытия в доме, словно мир умерших проглядывает через Ирину. Этимология имени «Ирина», означающая «мир», «покой», здесь находится в полном соответствии с символикой вечного покоя, распространяющейся на ближайшее окружение этой героини. Да и белый цвет ее платья ассоциируется с цветом погребальной одежды восточных славян [Тамарли 2012: 105].

Деградация и смерть, соотносящиеся с ветвью Ирины, уравновешены ветвью Маши. Ее имя, означающее «возлюбленная», соответствует ее роли несчастливой возлюбленной в пьесе. К этой ветви тяготеют Кулыгин, утверждающий, что он любит свою жену, и Вершинин по кличке «влюбленный майор».

Ствол чеховского комического древа представлен Ольгой как «золотой серединой» между двумя крайностями. Деление на крайности и середину выражено в цветовой символике одежды сестер, где синее форменное платье Ольги становится знаком нейтрального и обезличенного (казенного).

Вершина мирового древа соотносится с элитой, середину занимает «культурный герой», а низ (корни) символизирует низшую страту. В чеховском древе «элита» представлена философствующими майором и бароном; «культурный герой» — это неприкаянный Андрей с неразвившимися задатками профессора, а «корни» ассоциируются с плодовитой Наташей, Протопоповым и слугами.

В свете растительной символики еще резче проступает смысл конфликта между Наташей и нянькой Анфисой. Имя няньки, означающее «цветущая», раскрывает подоплеку этого «растительного» соперничества: нянька структурно связана с корнями семейного древа. Наташа аргументирует свою неприязнь к няньке тем, что та больше не может работать. Однако это всего лишь одна сторона их отношений. Другая связана с общей функцией няни как носительницы исконных ценностей семьи, в духе которых няня обычно воспитывает детей. Избавление от няни в пьесе символизирует избавление от духа семьи и подмену корней древа корнями сорняка.

Модель этой вселенной наглядно демонстрирует иерархические взаимоотношения различных уровней пространства Прозоровых, имеющего тенденцию к запустению. Потенциал сорняка хоть и мощный, но разрушительный, и в этом его квазисильная природа. И хотя весеннее цветение в масленичном миропорядке обладает чудодейственной силой, в имплицитном пространстве пьесы оно переплетается с сорняковостью, тем самым оттеняя чахлость этого древа, постепенного превращающегося в сорняк жизни.

«Наташа, отменив изнаночный мир-оберег, — пишет Е. И. Стрельцова, — разрешила присутствие бесов в мире серьезно и реально, отменила над ними высшую власть, сделала силу нечисти сильной» [Стрельцова 2002: 169]. В переносном смысле это верно, поскольку с приходом Наташи начинаются негативные изменения в доме Прозоровых. Но в отличие от гоголевского, чеховское событие не мистично. Оно вытекает из предрасположенности героев, а не происходит под давлением мистических сил. Иногда предрасположенность чеховского героя лучше раскрывается в имплицитном пространстве. Так, в пространстве действия перерождение робкой Наташи во властную Наталию Ивановну ничем не мотивировано. В имплицитном же с первого момента ярко проступает ее «сорняковая» природа, предрасполагающая к агрессивному разрастанию. Но границы ее разрастания могут быть сдержаны окружающими, если только они не столь инертны, как Прозоровы.

Так же как чеховский герой, чеховское событие складывается одновременно на двух уровнях художественного пространства, каждый из которых выстроен по типу матрешки системщиков, где каждая система является одновременно подсистемой и надсистемой. Система казенной российской вселенной вписана в систему формализованной римской системы, а календарный миф включает в себя римский, преображая его в масленичное действо.

Все эти взаимовлияния должны быть учтены при интерпретации художественной системы «Трех сестер».

Примечания

1. Подробнее об этом см. в моей монографии [Zubarev 1997: 101—120].

2. М. М. Одесская обратила внимание на то, что Протопопов играет роль жениха в масленичной парадигме катания [Одесская 2002: 153].

«ВИШНЕВЫЙ САД»: КАРУСЕЛЬ ВСЕЯ РУСИ

К вопросу о парадигме купли-продажи в пьесе

Литература о «Вишневом саде» достаточно обширна и включает отклики театральных деятелей [Станиславский 1986], критиков чеховского времени [Прим. 1], а также труды литературоведов, занимающихся психологией творчества [Прим. 2], поэтикой [Прим. 3] и вопросами жанра [Прим. 4]. Во избежание повторений и перепевов вся эта информация, являющаяся базовой и доступной в других источниках, опускается в данной статье. Также я не буду здесь касаться трактовки жанра чеховской комедии как комедии нового типа, поскольку эта часть была достаточно полно освещена в предыдущих главах. Задача предлагаемой работы — остановиться на тех моментах, которые не обсуждались в литературоведении, а именно на имплицитной парадигме ярмарочного действа, скрепляющей не только сюжет, но и отношения между действующими лицами, логику их поведения, психологию и даже принятие решений. Все это должно послужить более цельному представлению о диагнозе общества, поставленном Чеховым-драматургом.

То, что речь в пьесе идет о судьбе России, ясно уже из реплики Трофимова «Вся Россия наш сад». Не то чтобы мы принимали речи Трофимова всерьез, но его неуместно патетическое заявление неожиданно заставляет поставить знак равенства в этой метафорической фразе и содрогнуться при мысли о том, что Россию могут не только вырубить, но и заселить впоследствии «дачниками», что бы под этим словом ни понималось. Если Чехов так не думал (что весьма сомнительно), то так подумал каждый, кто это услышал и сопоставил с энтузиазмом Лопахина, воскликнувшего в запале: «Настроим мы дач, и наши внуки и правнуки увидят тут новую жизнь...» (С. XIII, 240).

Ирония в том, что пишет Чехов о грядущих переменах в терминах купли-продажи. «Экономика здесь объясняет смысл травестии больше, чем что-либо иное, — отмечает С. Сендерович, ссылаясь на М. Шмелева, обозначившего экономическую канву пьесы. — Перед нами своеобразная экономическая травестия. Она объясняется взглядом Чехова на самого себя. То, что Чехов говорит о лопахинском плане преобразования вишневого сада, представляет собой в экономических терминах параллель к тому, что он сам — согласно его собственному пониманию — сделал в русской литературе» [Сендерович 2007: URL]. В задачу статьи не входит разбирать эту параллель. В данном случае нас интересует «экономический» аспект пьесы, а точнее — специфика этого аспекта, которая вытекает из имплицитной системы отношений между действующими лицами. Естественно, эта часть не присутствует в экономическом анализе Михаила Шмелева, определившего «Вишневый сад» как пьесу «о собственности, которая меняет владельцев». Как в трактовке многих чеховедов, Лопахин у него «умелый хозяин», и стиль у этого героя «деловой», и руководит им «здравый смысл» [Сендерович 2007: URL]. Только все эти, казалось бы, очевидные выводы меняют свой знак на противоположный при обращении к специфике происходящего.

Прежде всего, если уж кто и непрактичен в пьесе, то это Лопахин, по разумению которого дачники могут способствовать возрождению вишневого сада. «Теперь он только чай пьет на балконе, но ведь может случиться, что на своей одной десятине он займется хозяйством, и тогда ваш вишневый сад станет счастливым, богатым, роскошным…» (С. XIII, 206). Даже и не очень проницательный, но достаточно опытный русский (я подчеркиваю) читатель понимает, что подобная перемена может скорее не случиться, чем «случиться» (американской аудитории эту часть требуется разъяснять подробнее). Ставка на хозяйственного русского дачника конца 19 века просто смехотворна. И если этот довод звучит неубедительно, то следует обратиться к серии дачных рассказов Чехова разных лет, в которых с юмором выведены эти праздные существа [Прим. 5]. Именно в чеховском, а не каком-то другом пространстве должен решаться вопрос о практичности лопахинского проекта с дачниками. Помимо всего, как явствует из чеховских же рассказов, дачный чай отличается по градусу от недачного, и после подобного «чаепития» можно вырастить только бурьяны. Иными словами, Лопахин сумел накопить денег на покупку имения, встать на ноги. Что же до его деловых проектов, то в этом он просто «лопух».

Но это лишь попутное замечание. Главная специфика этой «экономики» в другом. Речь в пьесе не просто о купле-продаже, а о купле-продаже в системе стихийных балаганно-ярмарочных отношений, формирующих имплицитное пространство «Вишневого сада». Их особенность в том, что ярмарочный продавец не несет никакой легальной ответственности за свой товар и не заключает никаких договоров с покупателем, что дает обеим сторонам неконтролируемую свободу действий. На ярмарке царит произвол случая. Каждый волен менять свои решения и отказываться от обещаний. Продажа на ярмарке идет интуитивно, без предварительного изучения спроса, базируясь на догадке продавца о том, что и как может пойти, и надежде на «авось». Это стихийный мир обретений и потерь, надувательств и развлечений. Он распространяется на все, хотя непосредственно продажа имения происходит в рамках традиционного, не ярмарочного рынка. И вот в такое балаганное пространство Чехов погружает усадьбу с вишневым садом, где закручивается карусель судьбы всея Руси.

Балаганно-ярмарочная основа пьесы проглядывает не только в отдельных сценах с Шарлоттой, но и в системе отношений персонажей, а также семантике их имен, в чем-то согласованной с их функцией. Шарлотта становится центральной фигурой в этом имплицитном пространстве. Савелий Сендерович, обращаясь к вопросу «важности» этого персонажа для Чехова, пишет: «В письме к Немировичу-Данченко от 2 ноября 1903 он наставляет: “Шарлотта — роль важная <...> Эта роль г-жи Книппер”. Не правда ли, неожиданность?». Увы, пересмотрев это письмо, я не нашла фразы по поводу «важности» Шарлотты, хотя я уверена, что этот персонаж был важен для Чехова — иначе зачем вводить его в пьесу [Прим. 6].

Против того, что роль Шарлотты будет сыграна другой актрисой, Чехов не возражал: «...если Мария Петровна согласилась бы играть Шарлотту, то чего же лучше! Я думал об этом, да не смел говорить» (П. XI, 289). Идея отдать эту роль Муратовой ему меньше нравилась, но в срочной телеграмме Немировичу от 7 ноября 1903 года он написал: «Шарлотта — Муратова, Аня — Лилина, Варя — Андреева» (П. XI, 301). А буквально на следующий день он пишет Книппер: «Муратова так, в общежитии, бывает смешной; скажи ей, чтобы в Шарлотте она была смешной, это главное» (П. XI, 302).

Разумеется, предлагая поначалу эту роль Книппер, Чехов мыслил, как литератор, а не режиссер: Шарлотта в тексте может быть несущей конструкцией, а на сцене она все равно останется второстепенным персонажем, даже если закрутить вокруг нее балаганно-ярмарочное действо. Возможно, Книппер и сумела бы переключить внимание на свою героиню, заставив Станиславского создать атмосферу ярмарки, но Станиславский пошел по традиционному пути, взяв Книппер на роль Раневской, и ярмарочная метафора стала эпизодической, а не скрепляющей.

Образ ярмарки перекочевал в «Вишневый сад» из раннего творчества Чехова, где отношение к этому культурному явлению высказано им довольно резко. В отличие от гоголевского романтического описания ярмарки с ее волшебным колоритом приключений и превращений, чеховская ярмарка являет унылое зрелище социального и интеллектуального обнищания. В юмореске «Ярмарка» (1880) Чехов дает следующее описание ярмарочного действа:

> Театров два. Воздвигнуты они среди площади, стоят рядом и глядят серо. Состряпаны они из дрючьев, плохих, мокрых, склизких досок и лохмотьев. На крышах латка на латке, шов на шве. Бедность страшная. На перекладинах и досках, изображающих наружную террасу, стоит человека два-три паяцев и потешают стоящую внизу публику. Публика самая невзыскательная. Хохочет не потому, что смешно, а потому, что, глядя на паяца, хохотать надлежит. Паяцы подмигивают, корчат рожи, ломают комедь, но... увы! Прародители всех наших пушкинских и не пушкинских сцен давно уже отжили свой век и давным-давно уже сослужили свою службу. Во время оно головы их были носителями едкой сатиры и заморских истин, теперь же остроумие их приводит в недоумение, а бедность таланта соперничает с бедностью балаганной обстановки. Вы слушаете, и вам становится тошно. Не странствующие артисты перед вами, а голодные двуногие волки (С. I, 249–250).

Двадцать четыре года отделяют фельетон от пьесы, но дух и образы его постоянно проглядывают в деталях «Вишневого сада». Так, «голодные двуногие волки» превращаются в «голодную собаку» Пищика и «голодного» Петю. И еще много других деталей, рассыпанных в пьесе, соприкасаются с деталями в этом фельетоне. Фокальной точкой, по которой выстраивается балаганный миф в пьесе, является, конечно же, образ экстравагантной чревовещательницы и фокусницы Шарлотты, чьи трюки напоминают фокусы бродячих актеров, описанных в «Ярмарке».

— Не желает ли кто-нибудь побриться, господа? — возглашает клоун.

Из толпы выходят два мальчика. Их покрывают грязным одеялом и измазывают их физиономии одному сажей, другому клейстером. Не церемонятся с публикой!

— Да разве это публика? — кричит хозяйка. — Это окаянные!

После фокусов — акробатия с неизвестными «сарталями-морталями» и девицей-геркулесом, поднимающей на косах чертову пропасть пудов (С. I, 252).

Параллели налицо. Точно так же Шарлотта не церемонится с «публикой»; ее грубые повадки, примитивный юмор и вызов растут из традиций захудалого балагана в чеховской интерпретации. Вкрапление немецкого в речь Шарлотты — также в полном соответствии с законами уличных представлений, где немецкий был сакраментальным языком буффонадных персонажей [Прим. 7].

Фокусы Шарлотты направлены не столько на передачу ее собственного мироощущения, сколько на саркастическую оценку мироощущения тех, кто не может или не хочет взглянуть на себя со стороны [Прим. 8]. Так, обливаясь слезами по прошлому и целуя мебель, Раневская после продажи сада вдруг радостно признается Гаеву: «Нервы мои лучше, это правда. <...> Я сплю хорошо». И вновь уезжает в Париж, как после гибели сына Гриши, когда она оставила единственную дочь Аню на попечение других. Желание покинуть место гибели сына вполне понятно. Иронизировать над ним было бы кощунством. Речь не об этом, а о решении оставить Аню. В начале пьесы мы узнаем от Лопахина, что «Любовь Андреевна прожила за границей пять лет» (С. XIII, 197). Вычтя пять из семнадцати (возраст Ани), получаем, что Раневская оставила дочь, когда той было всего 12 лет! Но это не смутило Любовь Андреевну и не остановило ее — эгоистичное желание внутреннего комфорта заглушило в ней материнский инстинкт. По таким деталям восстанавливается предрасположенность героя, раскрываются «теневые» стороны его характера.

Раневская, да и Гаев привязаны исключительно к себе, своим чувствам и эмоциям, которыми они ни за что не поступятся. И имение им тоже в тягость, как бы они по этому поводу ни всхлипывали. Это отношение и пародирует Шарлотта в своем последнем фокусе:

Входит Лопахин. Шарлотта тихо напевает песенку.
Г а е в . Счастливая Шарлотта: поет!
Ш а р л о т т а (берет узел, похожий на свернутого ребенка).
Мой ребеночек, бай, бай...
Слышится плач ребенка: «Уа, уа!..»
Замолчи, мой хороший, мой милый мальчик.
«Уа!.. уа!..»
Мне тебя так жалко! (Бросает узел на место.) (С. XIII, 248).

Шарлотта явно взяла на себя роль шута при короле, разыгрывая эту сценку. Здесь существенно все: и имитация неожиданно хорошего настроения, и сверток в виде ребенка, и «утешения», заканчивающиеся желанием поскорей отделаться от родительского бремени. Это о саде, о новом поколении, брошенном на произвол судьбы (и в ответ так же беспечально бросающем все и вся), и конкретно о Раневской, а заодно и Гаеве, и всех тех, кто не умеет любить, не знает привязанностей и не желает ответственности.

Имя Шарлотта, по-видимому, происходит от чеховского «шарлатанить», появившегося в той же «Ярмарке»: «Странствующий артист перестал быть артистом. Ныне он шарлатанит» (С. I, 252). Шарлотта Ивановна тоже «шарлатанит», поражая доверчивую публику чревовещанием и другими дешевыми шутками. Даже ее внешний облик — «очень худая» — перекликается с описанием голодных ярмарочных актеров из фельетона [Прим. 9]. Интересно, что «артистом» назван и Лопахин, у которого «тонкие, нежные пальцы, как у артиста». Существительное «артист» в контексте пьесы немедленно напоминает о Шарлотте, «бродячих актерах» и уводит в поле значений чеховской ярмарки, в атмосферу обмана, недомолвок и уверток — иногда нарочито фарсовых, а иногда мягких, «интеллигентных». «Артист» Лопахин подражателен и в чем-то сродни изнеженной Дуняше, готовой упасть в обморок от дуновения ветра. Идентичны даже некоторые их реплики:

Д у н я ш а . Руки трясутся. Я в обморок упаду (С. XIII, 198).

Ср.:

Л о п а х и н . Я или зарыдаю, или закричу, или в обморок упаду (С. XIII, 219).

В отличие от нее Лопахин не ярко выраженный фарсовый характер, однако и он воздыхает о прошлом, подражая господам, и стремится на их место, в их дом, за их стол. Только он — не они, и никогда ими не станет, и поэтому все разрушит в скором времени, сам того не понимая. «Со свиным рылом в калашный ряд...» — говорит он о себе, о внутреннем себе. И оно (внутреннее) проявляется в сцене объявления о покупке имения, где он «топочет ногами» в восторге от такого переворота «низа» и «верха».

Это ирония Чехова по поводу желающих играть роль другой страты, имитирующих ее, надевающих личину и разыгрывающих уличное представление. Это приход квазиинтеллигента и квазигосподина. Выбор на эту роль Станиславского был глубоко психологичен. Здесь нужно было играть искренне, «без фокусов», в расчете на проницательного зрителя. Но Чехов дал выбор Станиславскому: «Гаев и Лопахин — эти роли пусть выбирает и пробует Конст<антин> Серг<еевич>. Если бы он взял Лопахина и если бы удалась ему эта роль, то пьеса имела бы успех. Ведь если Лопахин будет бледен, исполнен бледным актером, то пропадут и роль и пьеса» (П. XI, 293).

Когда Чехов пояснял, что Лопахин «держаться... должен вполне благопристойно, интеллигентно», он имел в виду манеру поведения, которая должна сказаться на манере игры. Заявление же о том, что этот герой «порядочный человек во всех смыслах», оставляет свободу интерпретаций, поскольку, хоть Лопахин и не отъявленный негодяй или злостный лгун, он все же вводит в заблуждение окружающих, не оправдывая их ожиданий. Вспомним, что он отвечает Раневской по поводу женитьбы на Варе: «Если есть еще время, то я хоть сейчас готов... Покончим сразу — и баста, а без вас я, чувствую, не сделаю предложения» (С. XIII, 250). Сказав это, он, по сути, дает обещание. У дворян это называлось «словом чести». Сомнительно, что Чехов не понимал этого. Просто порядочность Лопахина — не дворянская, а обывательская, сниженная: раз он не соблазнил Варю, то и не чувствует себя связанным обещанием жениться.

Замещение исконных владельцев сада идет с параллельным замещением представлений о чести и порядочности, которые становятся материалистичными: во главу угла ставится не слово чести (обещание жениться), а поступок (не соблазнил девицу).

Ярмарка — стихия случая, место, где царит «авось». По этому принципу действующие лица в пьесе делятся на везучих и невезучих. Невезучей на ярмарке невест оказывается Варя, втайне питающая надежды на то, что Лопахин сделает ей предложение. В контексте ярмарки Варя — товар, а Лопахин — покупатель, которому Раневская хочет сбыть товар. Да, «Варя действительно не пара Лопахину» [Катаев 1998: 44], но в данном случае речь не о совместимости, а элементарной порядочности. Лопахин понимает, что его частые визиты в имение, где живет незамужняя девушка, и слухи о сватовстве накладывают на него определенные обязательства. Тем не менее прояснить свои намерения он не собирается. Лопахин ничего не отрицает и ничего не подтверждает касательно планов на будущее — имплицитная ярмарочная вселенная освобождает его от всяческих обязательств. И немудрено, что вопреки всем надеждам и чаяниям за «товаром» «купец» так и не приходит.

Чехов настаивал на том, что Лопахин не традиционный купец. И действительно, прежний купец — груб, закален ветрами и открыт. Он любит и ненавидит наотмашь. Он во многом наивен и прямолинеен. Он предмет насмешек интеллигенции. Но такой не стал бы вводить в заблуждение ни Раневскую, ни Варю. Лопахин же — изломанный фарсовый вариант купца нового времени,

Ситуацию купли-не-продажи невест воспроизводит Шарлотта в своем прощальном фокусе с продажей пледа, за которым оказывается то Аня, то Варя. Зрителям предлагается купить «кота в мешке» — это типичный ярмарочный трюк «шарлатанящих» продавцов. Сцена «продажи» девиц — словно облагороженный вариант ярмарочной комедии «Лотерея»:

Ш а р л о т т а. Прошу внимания, еще один фокус. *(Берет со стула плед.)* Вот очень хороший плед, я желаю продавать... *(Встряхивает.)* Не желает ли кто покупать?

П и щ и к *(удивляясь)*. Вы подумайте!

Ш а р л о т т а. Ein, zwei, drei! *(Быстро поднимает опущенный плед.)*

За пледом стоит А н я ; она делает реверанс, бежит к матери, обнимает ее и убегает назад в залу при общем восторге.

Л ю б о в ь А н д р е е в н а *(аплодирует)*. Браво, браво!..

Ш а р л о т т а. Теперь еще! Ein, zwei, drei!

Поднимает плед; за пледом стоит В а р я и кланяется (С. XIII, 231).

Ср.:

Еще, господа, разыгрываются у меня две дамы,
Которые вынуты вчерась из помойной ямы [Богатырев 1975: 496].

Покупателя на девушек не находится, но есть охотники поглядеть. Это «ярмарочные» зеваки типа Пищика, на которого Шарлотта в конце фокуса «бросает плед», убегая «в залу». Пищик не только искренне поражается ярмарочным трюкам Шарлотты, но и становится объектом ярмарочной фортуны. В четвертом действии он ошеломляет всех известием о том, что неожиданно разбогател.

П и щ и к. <...> Событие необычайнейшее. Приехали ко мне англичане и нашли в земле какую-то белую глину... (С. XIII, 249).

Покупка земли англичанами, по сути, анекдотична, поскольку белая глина имеется в избытке в Англии — родине белой глины. Подобная сделка не имеет под собой экономических оснований и скорее является знаком ярмарочной рулетки.

Если Пищик — воплощение ярмарочного везения, то Епиходов по кличке «22 несчастья» предстает воплощением ярмарочного невезения. Кстати сказать, число 22 присутствует также и в дате продажи имения, намеченной на 22 августа (из чего следует, что ничего хорошего из продажи не выйдет).

С Епиходовым ассоциируется закат как в прямом, так и в переносном смысле.

> *Любовь Андреевна.* <…> Епиходов идет...
> *Аня* (задумчиво). Епиходов идет...
> *Гаев.* Солнце село, господа.
> *Трофимов.* Да (С. XIII, 224).

Как пара неудачник Епиходов и счастливчик Симеонов-Пищик объединены звуковой символикой: Епиходов, чьи сапоги «сильно скрипят» (С. XIII, 198) при ходьбе, ассоциируется со звуком пищика — специального приспособления для ярмарочных представлений. На ярмарочных представлениях кукольник, говорящий за Петрушку, использовал «так называемый пищик, благодаря чему голос становился металлически резким и далеко слышным» [Большая советская энциклопедия 1969: 499].

В роли Петрушки — героя номер один уличных представлений, на значимую роль которого указывали в своих критических статьях Н. А. Некрасов и М. Горький, — выступает, похоже, Петя Трофимов. Его речи проникнуты революционной идеологией и призывами к новой жизни. С Пищиком его связывает отсутствие денег. Обнищавший помещик Пищик, постоянно просящий взаймы, озвучивает по-своему нужды «облезлого барина» Пети. При этом оба не теряют надежды на счастливое будущее. Разница в том, что для Пети эта вера основана на идее, мечте нематериального толка; для Пищика же мечта сугубо материальна. В третьем действии они впервые появляются вместе, и у них завязывается любопытный диалог.

> Входят в гостиную П и щ и к и Т р о ф и м о в.
> П и щ и к. Я полнокровный, со мной уже два раза удар был, танцевать трудно, но, как говорится, попал в стаю, лай не лай, а хвостом виляй. Здоровье-то у меня лошадиное. Мой покойный родитель, шутник, царство небесное, насчет нашего происхождения говорил так, будто древний род наш Симеоновых-Пищиков происходит будто бы от той самой лошади, которую Калигула посадил в сенате... *(Садится.)* Но вот беда: денег нет! Голодная собака верует только в мясо... *(Храпит и тотчас же просыпается.)* Так и я... могу только про деньги...
> Т р о ф и м о в. А у вас в фигуре в самом деле есть что-то

лошадиное.

П и щ и к . Что ж... лошадь хороший зверь... Лошадь продать можно... (С. XIII, 229).

«Голодная собака» Пищика перекликается здесь с признанием Пети: «Как зима, так я голоден, болен, встревожен, беден, как нищий» (С. XIII, 228). Только если Пищик верует в «мясо», то бишь деньги, то душа Пети в эти периоды полна «неизъяснимых предчувствий» — ожидания счастья не материального, а идеологического толка. Это две комедийные крайности закостенелого прагматизма и революционного идеализма. Оба персонажа в равной степени не понимают роли материальных благ, придавая им то непомерно большое, то непомерно малое значение. Монолог Пищика делает еще более выпуклым образ купли-продажи, доводя его до значения продажности, поскольку с лошадью ассоциируется сам Пищик. В финальной сцене «лошадь» превращается в балаганного «золотого тельца», к которому деньги притягиваются сами в виде богатых англичан. Вера «только в мясо» — профанный образ веры, скрытый также и в двойной фамилии Симеонова-Пищика, содержащей в себе комбинацию сакраментального (в имени Симеон) и профанного (в балаганном пищике).

С Шарлоттой оживает раешная атмосфера, незаметно проникая в реплики действующих лиц, их поведение и даже имена. В соответствии с раешным описанием Парижа («Во французский город Париж / Приедешь — угоришь» [Богатырев 1975: 496]) строится рассказ Ани о Париже: «Приезжаем в Париж, там холодно, снег. <...> Мама живет на пятом этаже, прихожу к ней, у нее какие-то французы, дамы, старый патер с книжкой, и накурено, неуютно» (С. XIII, 201).

Как известно, райки поначалу использовали для своих представлений исключительно библейские сюжеты, и в основном это был сюжет изгнания из Эдема. Позже начинают включаться комические сцены, и библейский сюжет постепенно исчезает [Крупянская 1954: 397]. Мотив грехопадения, на который не раз указывали критики, звучит в монологе Раневской во втором акте («О, мои грехи...»). Ее фамилия в данном контексте ассоциируется с раиней (еще одно имя для райка). С этой же точки зрения можно интерпретировать и фамилию ее брата, Гаева, которая, как отмечают некоторые чеховеды, созвучна существительному «гаер» [Грачева 2004: 19]. Дональд Рейфилд решительно отклоняет эту ассоциацию, называя ее «неубедительной» и «неадекватной» [Rayfield 1994: 49]. Но в данном случае его коллеги оказались куда проницательнее, уловив чеховскую иронию по поводу шутовства этого пустозвона, обещающего не допустить продажи имения. В контексте ярмарочной поэтики это вполне адекватная ассоциация с дедом-раешником или балаганным дедом, который сближен с гаером по функции шутовства.

Балаганный дед — зазывала, использующий прием обмана публики «гиперболизированным перечислением чудес и диковинок, якобы имеющихся в балагане, с уверением в том, что «заведение» пользуется успехом у зрителей» [Некрылова 1988: 128]. Балаганный зазывала выдает желаемое за действительное, о чем писал и П. Г. Богатырев в своих воспоминаниях о посещении балагана: «Я подошел к одному балагану, откуда выскочил зазывала с криком: "Опять полно! Ей-богу, полно!" Но когда я купил билет и вошел в балаган, балаган оказался пустым» [Богатырев 1975: 482].

Пустыми оказываются и обещания Гаева, громогласно и с дешевым пафосом плохого (балаганного) актера клянущегося Ане:

Гаев. <…> (*Кладет в рот леденец.*) Честью моей, чем хочешь, клянусь, имение не будет продано! (*Возбужденно.*) Счастьем моим клянусь! Вот тебе моя рука, назови меня тогда дрянным, бесчестным человеком, если я допущу до аукциона! Всем существом моим клянусь! (С. XIII, 213).

Ремарка «кладет в рот леденец» добавляет ярмарочный привкус к его речи (ярмарка славилась сладостями и леденцами). Как атрибут ярмарки леденец переводит клятву в профанное пространство, где обещания не имеют серьезного веса. По тому же принципу строятся и отношения Лопахина с семейством — покупка имения является тем элементом неожиданности, который лежит в природе ярмарочного механизма.

Как видим, в пьесе налицо все атрибуты балаганного действа, завершающегося весельем, музыкой и танцами. После этого шатер будет разобран и покупатели и продавцы разбредутся по своим домам в ожидании следующей ярмарки.

«Я хочу показать, как Чехов проводит своих героев и нас, зрителей и читателей, через четыре этапа усвоения и привыкания к ужасной новости о том, что сад и дом обречены», — пишет Галина Рылькова [Рылькова 2012: 60]. Гибель вишневого сада в пьесе также показана поэтапно. На первой стадии намечаются два типа отношений к саду. Одни персонажи привязаны к нему как к эмблеме, воплощающей культурные и родовые ценности, другие — как к материальному объекту, земельной собственности. Особенность этой стадии в том, что здесь намечен разрыв между теми, кто ценит эмблематику, и теми, кто ценит материал. На втором этапе это расхождение усиливается и появляется качественно новый тип владельца. Формально он является хозяином, но по сути это управляющий. Он обездушивает землю, полностью подчиняя ее своим проектам. Это хозяин типа Варламова из «Степи», чья деятельность хоть и оживляет степь, но усиливает в ней тоску по «певцу»:

И в торжестве красоты, в излишке счастья чувствуешь напряжение и тоску, как будто степь сознает, что она одинока, что богатство ее и вдохновение гибнут даром для мира, никем не воспетые и никому не нужные, и сквозь радостный гул слышишь ее тоскливый, безнадежный призыв: певца! певца! (С. VII, 46).

Новый хозяин не может стать певцом ни для степи, ни для вишневого сада, ибо степь и сад для него — материальные объекты, не имеющие духовно-этнических корней.

С разрушения эмблематического образа начинается разрушение культуры (как, например, запрет на религиозную символику в публичном пространстве под эгидой веротерпимости). Это прекрасно понималось во все времена идеологами, подготавливающими новой символикой смену идеологий в реальном пространстве [Прим. 10]. Вбирая в себя «целый круг ассоциативных значений» [Роднянская 2006: 156], эмблематика культурного пространства несет в себе в сжатой форме все то, что навсегда связывает с корнями. И это не только «высказывание на символическом языке» [Лотман 1987: 87], но и невысказанное, невербальное, ставшее частью эмоциональной и культурной памяти, предметом виртуального мира с ритмами и мелодиями, почерпнутыми в детстве из песен и сказок. Забывается многое — даты, информация, подробности, но образ впечатывается навсегда.

Вырубить вишневый сад и построить вместо него дачи — это все равно что вырубить березовые рощи и застроить их торговыми центрами. И дело не в смене материальных объектов, а в смене картинки, формирующей ментальность. Астров в «Дяде Ване» стоит на страже лесов, но мотивирует свою задачу в терминах прогрессивных лозунгов защитников окружающей среды: «...когда я прохожу мимо крестьянских лесов, которые я спас от порубки, или когда я слышу, как шумит мой молодой лес, посаженный моими руками, я сознаю, что климат немножко и в моей власти» (С. XIII, 73). Или: «Человек одарен разумом и творческою силой, чтобы преумножать то, что ему дано, но до сих пор он не творил, а разрушал. Лесов все меньше и меньше, реки сохнут, дичь перевелась, климат испорчен, и с каждым днем земля становится все беднее и безобразнее» (С. XIII, 72–73). Это какая-то газетная декларация, которая ни уму ни сердцу. И совершенно неожиданно прорывается нечто иное по тону: «Когда я сажаю березку и потом вижу, как она зеленеет и качается от ветра, душа моя наполняется гордостью, и я...» (С. XIII, 73). Астров не договаривает. Он явно смущен этим откровением и, боясь прослыть сентиментальным, выпивает рюмку водки и уходит. Но на фоне рассуждений о климате и человечестве образ посаженной березки становится особо значимым. Он так же эмблематичен, как образ русской усадьбы, поскольку усадьбы и все, что к ним примыкало и с ними ассоциировалось, являлись национальным символом России.

Лопахин начинает с уничтожения сада, меняя вид усадьбы и превращая ее в коммерческое пространство. Этим он, сам того не ведая, подготавливает третий этап — приход тех, кто активно ненавидит весь прежний культурный пласт и намерен разрушить его, начиная с эстетического образа, подменив глубинность отношений плоской идеологией. «Подумайте, Аня, — говорит Петя, — ваш дед, прадед и все ваши предки были крепостники, владевшие живыми душами, и неужели с каждой вишни в саду, с каждого листка, с каждого ствола не глядят на вас человеческие существа, неужели вы не слышите голосов...» (С. XIII, 206). Ирония в том, что у Пети есть желание, но пока что нет возможности разрушить сад, поэтому он переводит в негативное поле эмблематический смысл. Лопахина эмблематика не заботит, им движут совершенно другие намерения, но, сам того не понимая, он расчищает дорогу трофимовым.

И так общими усилиями закручивается карусель всея Руси…

Примечания

1. Исчерпывающий обзор критики этой пьесы времен Чехова представлен в комментариях к пьесе (С. XIII, 472–517).
2. Критики этого направления подходят к чеховским героям в связи с жизненным и творческим опытом их автора, анализируя, как в них преломляются какие-то стороны самого Чехова. Одной из таких хрестоматийных работ является монография Ричарда Писа [*Peace* 1983].
3. В этом плане представляют интерес работы по символике «Вишневого сада». М. Ч. Ларионова пишет: «Пьеса А. П. Чехова подарила русской литературе один из самых ярких и сложных символических образов — вишневый сад. Соединение мифологем древа, вишни, сада и цветения в этом символе образует особое смысловое поле пьесы» [Ларионова 2013: 442]. См. также [Жолковский, Щеглов 1996].
4. См. работы С. Сендеровича, Л. Сенелика, статью Галины Рыльковой «Выход есть: "Вишневый сад" в 21-м веке» [Рылькова 2012] и др.
5. См. «Дачница», «Дачное удовольствие» *«Дачники», «Дачные правила», «Свидание хотя и состоялось, но…», «На даче», «Попрыгунья»* и ряд других дачных рассказов Чехова.
6. О Шарлотте в этом письме упоминается дважды: в первый раз в связи с кандидатурой на исполнительницу этой роли, а второй — в связи с манерой игры: «5) Шарлотта — знак вопроса. Помяловой, конечно, нельзя отдавать, Муратова будет, быть может, хороша, но не смешна. Эта роль г-жи Книппер. <…> Шарлотта говорит не на ломаном, а чистом русском языке; лишь изредка она вместо ь в конце слова произносит ъ и прилагательные путает в мужском и женском роде» (П. XI, 293).
7. П. Г. Богатырев пишет: «Раешники… произносили в своих комментариях целые фразы на "немецком" языке: "андерманир штук — другой вид"» [Богатырев 1975: 467].
8. А. П. Кузичева, обращаясь к фокусу с узлом, пишет: «Образ

Раневской таким образом снижается, но не прямо, а путем скрытого сопоставления мироощущений. Гувернантка Шарлотта без роду без племени тайно страдает от того, что у нее нет дома, близких» [Кузичева 2013: 279].

9. Прототипом этой героини принято считать Е. Р. Глассби, гувернантку «в семье родственников К. С. Станиславского, с которой Чехов познакомился в Любимовке» (П. XI, 358). «По словам Станиславского, это было "маленькое худенькое существо, с двумя длинными девичьими косами, в мужском костюме. Благодаря такому соединению не сразу разберешь ее пол, происхождение и возраст. Она обращалась с Антоном Павловичем запанибрата, что очень нравилось писателю. Встречаясь ежедневно, они говорили друг другу ужасную чепуху <...> ловкая гимнастка-англичанка прыгала к нему на плечи и, усевшись на них, здоровалась за Антона Павловича со всеми проходившими мимо них, т. е. снимала шляпу с его головы и кланялась ею, приговаривая на ломаном русском языке, по-клоунски комичном: „Здласьте! Здласьте! Здласьте!" При этом она наклоняла голову Чехова в знак приветствия» (С. XIII, 487).

10. «Французская революция, как известно, несла с собой мечту избавиться от бремени национальной памяти», — пишут Р. Гальцева и И. Роднянская [Гальцева, Роднянская 2012: 71] А национальная память цепко связана с эмблемными образами, «картинками», знаменующими фокальные точки национальной культуры. Поэтому борьба за сохранение эмблематики — это, по сути, борьба за отстаивание исконных ценностей. Так, в США в 1940 году был принят закон, по которому запрещалась охота на орлеанов. Как известно, белоголовый орлеан является национальным символом Америки. Тем не менее в 2012 году вышло постановление о том, чтобы разрешить индейским племенам убивать 2 орлеана в год для совершения религиозного ритуала. В 2013 году администрация Обамы решила позволить ветряным фермам уничтожать орлеанов. Это подняло волну возмущения среди американцев, многие из которых восприняли это как начало идеологического переворота.

III. ПРИЛОЖЕНИЕ

ЧЕТЫРЕ НЕЗАДАЧЛИВЫХ СЕМЕЙСТВА, ИЛИ КАК МЫ СНИМАЛИ ФИЛЬМ ПО МОТИВАМ ЧЕТЫРЕХ ПЬЕС ЧЕХОВА

> Четыре незадачливых семьи,
> В деревне, где встречают нас событья,
> Уже сидят почти что на мели
> От тяготы долгов и перепитья.
> Совместный бизнес есть у тех семей.
> Но он для них не более, чем бремя.
> И, прожигая свой остаток дней,
> Они ругают то судьбу, то время.
> Их жизнь, интрижки, смерть и, сверх того,
> Желанье все продать иль проиграться
> На три часа составят существо
> Разыгрываемого перед вами фарса.
> А что покуда скрыто за строкой,
> То в действии раскроется с лихвой.

С такого пролога, только написанного на английском языке в стиле пролога из «Ромео и Джульетты», начинается мой фильм Four Funny Families (в русском варианте «Четыре незадачливых семейства»), поставленный по мотивам четырех чеховских пьес. Толчком к созданию фильма послужило желание показать студентам, что объединяет чеховских героев «Чайки», «Дяди Вани», «Трех сестер» и «Вишневого сада». Показать не только в академическом плане, но и на игровом уровне. Я глубоко убеждена, что никакой самый тонкий анализ произведения для сцены не продемонстрирует в полной мере того, что моментально выявит постановка. Поначалу я отмахивалась от этой задумки, но в конце концов была загнана в угол чеховскими персонажами, денно и нощно настаивавшими на осуществлении моего безумного проекта.

Преподавая четыре пьесы, я не раз продумывала общие парадигмы, условно объединяющие их. Оставалось внимательно просмотреть рабочие записи и набросать метасюжет, который включал бы изоморфную для всех пьес завязку, кульминацию и развязку.

Метасюжет

Завязка более или менее ясна — это прибытие гостей (назовем их условно так). Обитатели и гости вступают в отношения, в процессе которых вызревает конфликт. В каждой пьесе он свой, но нас интересует общая парадигма конфликта.

— Как это? — обычно интересуются студенты.

— Ну, будто летишь на самолете и видишь пожар над местностью, а что там конкретно происходит в каждом отдельном квадратике, разглядеть невозможно. Знаешь только причину. Например, что в этой местности живут какие-то безалаберные люди, по вине которых загорелся лес. В чеховских пьесах мы наблюдаем общую тенденцию разрушения пространства по вине героев, хотя в каждом отдельном случае на то свои причины. Давайте послушаем, как владельцы четырех усадеб отзываются о своей вотчине. Начнем с «Чайки».

«Мне, брат, в деревне как-то не того, — жалуется Сорин, — и, понятная вещь, никогда я тут не привыкну. Вчера лег в десять и сегодня утром проснулся в девять с таким чувством, как будто от долгого спанья у меня мозг прилип к черепу и все такое. (Смеется.) А после обеда нечаянно опять уснул, и теперь я весь разбит, испытываю кошмар, в конце концов...» (С. XIII, 6).

Теперь посмотрим, что там у дяди Вани, в поместье Серебрякова.

«Всю жизнь работать для науки, привыкнуть к своему кабинету, к аудитории, к почтенным товарищам — и вдруг, ни с того, ни с сего, очутиться в этом склепе, каждый день видеть тут глупых людей, слушать ничтожные разговоры... Я хочу жить, я люблю успех, люблю известность, шум, а тут — как в ссылке», — не скрывая своей неприязни к месту, говорит Серебряков (С. XIII, 77).

В этот диалог вступает Ольга из «Трех сестер»:

Ольга. <…> Оттого, что я каждый день в гимназии и потом даю уроки до вечера, у меня постоянно болит голова и такие мысли, точно я уже состарилась. И в самом деле, за эти четыре года, пока служу в гимназии, я чувствую, как из меня выходят каждый день по каплям и силы, и молодость. И только растет и крепнет одна мечта...

Ирина. Уехать в Москву. Продать дом, покончить все здесь и — в Москву...

Ольга. Да! Скорее в Москву (С. XIII, 120).

Как видим, отношение по крайней мере у трех владельцев к своей собственности одинаковое, и мечта тоже — уехать. Сорин стремится в город, Серебряков — в Финляндию, сестры — в Москву. Раневская, правда, восклицает: «Видит бог, я люблю родину, люблю нежно, я не могла смотреть из вагона, все плакала» (С. XIII, 204). Но как только приходит известие о продаже имения, сознается: «Да. Нервы мои лучше, это правда. <...> Я сплю хорошо» (С. XIII, 247–248) и — отправляется в Париж.

Тайно или явно, каждый из них мечтает убежать куда подальше, и размышляет о том, как бы это осуществить.

Сорин, например, мечтает допроситься денег на отъезд у сестры. Серебряков разрабатывает более основательный план. «Наше имение дает в среднем размере не более двух процентов. Я предлагаю продать его, — говорит он домашним. — Если вырученные деньги мы обратим в процентные бумаги, то будем получать от четырех до пяти процентов, и я думаю, что будет даже излишек в несколько тысяч, который нам позволит купить в Финляндии небольшую дачу» (С. XIII, 100).

Несколько другой «план» у Ирины, которая делает ставку на проигрыш брата: «Две недели назад проиграл, в декабре проиграл. Скорее бы все проиграл, быть может, уехали бы из этого города» (С. XIII, 145).

В «Вишневом саде» Лопахин говорит о сдаче сада в аренду, дабы спасти имение, но план его в чем-то перекликается с планом Серебрякова (С. XIII, 205), и его предложение по спасению имения встречается с таким же негодованием.

Вырисовывается общая кульминация, и даже с выстрелами.

Стук топора как метамотив

Помимо метасюжета в пьесах присутствуют метамотивы. Один из них не только переходит из пьесы в пьесу (прямо или косвенно), но и обрамляет метапьесу в целом. Имеется в виду стук топора — реальный и умозрительный.

Стук топора символичен, он набирает крещендо и обретает смысловое форте в «Вишневом саде». На нем все заканчивается. А начинается? Какой звук, кроме звука голосов работников, можно услышать в начале «Чайки»? Читаем: «…слышатся кашель и стук» (С. XIII, 5). Стук доносится из-за опущенного занавеса, где работники что-то доделывают. Вот эта часть полностью: «На эстраде за опущенным занавесом Яков и другие работники; слышатся кашель и стук». Это стук по дереву, из которого «сколочена» эстрада. Интересно, сколько деревьев срубили для этого сооружения, которое в четвертом действии разрушится природой и обретет зловещие очертания? «В саду темно. Надо бы сказать, чтобы сломали в саду тот театр. Стоит голый, безобразный, как скелет, и занавеска от ветра хлопает. Когда я вчера вечером проходил мимо, то мне показалось, будто кто в нем плакал», — делится впечатлениями Медведенко (С. XIII, 45).

Из «Чайки» метафора топора перекочевывает в имение Серебрякова, где следы его злодеяний зафиксированы на картограммах Астрова. Астров приводит аргументы против варварского истребления деревьев во имя обывательских, сиюминутных целей, доказывая, что можно по-другому обустроить свой быт, не разоряя землю, на которой живешь. Но Ване хоть бы хны. «[П]озволь мне, мой друг, продолжать топить печи дровами и строить сараи из дерева», — говорит он с издевкой (С. XIII, 72).

А в «Трех сестрах» тем временем готовится казнь еловой аллеи. «Велю прежде всего срубить эту еловую аллею, потом вот этот клен. По вечерам он такой страшный, некрасивый...», — мечтательно говорит «эстетка» Наташа (С. XIII, 186).

То, что задумывает Наташа, осуществляет Лопахин.

«Наступает тишина, и только слышно, как далеко в саду топором стучат по дереву» (С. XIII, 254).

Метагерои

В отличие от «Человеческой комедии» Бальзака, в четырех комедиях Чехова нет сквозных героев (т. е. героев, которые переходили бы из пьесы в пьесу). Тем не менее, если внимательнее присмотреться, можно найти такие изоморфные черты, которые позволили бы рассматривать некоторых из них как метагероев. Прежде всего, это касается образа Доктора (обозначим этот метаперсонаж с большой буквы). Толку от этого семейного врача в трех пьесах никакого. И зачем семьи его только приглашают? Приходит как к себе домой, ест, изрядно выпивает, разглагольствует о красоте, а когда дело доходит до оказания помощи, проявляет неслыханный цинизм. «Лечиться в шестьдесят лет! — восклицает Дорн на просьбу Сорина облегчить его страдания. — Э! Ну, принимайте валериановые капли» (С. XIII, 23).

То же отношение Астрова к Серебрякову в «Дяде Ване»: «Лекарства. Каких только тут нет рецептов! И харьковские, и московские, и тульские... Всем городам надоел своею подагрой. Он болен или притворяется?» — спрашивает он у Войницкого, будто это Войницкий должен поставить диагноз. И Войницкий ставит: «Болен» (С. XIII, 82).

Только это ничего не меняет. Лечения вслед за этим не последует.

Но хуже всего Доктор ведет себя в доме Прозоровых. Приходит к трем сестрам почти всегда пьяным (словно после «закусонов» у дяди Вани) и мелет бог знает что. «Черт бы всех побрал... подрал... Думают, я доктор, умею лечить всякие болезни, а я не знаю решительно ничего, все позабыл, что знал, ничего не помню, решительно ничего. <…> В голове пусто, на душе холодно. Может быть, я и не человек, а только делаю вид, что у меня руки и ноги... и голова; может быть, я и не существую вовсе, а только кажется мне, что я хожу, ем, сплю» (С. XIII, 160) и т. д. и т. п. А на опасения Маши по поводу того, что барона Тузенбаха могут убить на дуэли, он отвечает: «Барон хороший человек, но одним бароном больше, одним меньше — не все ли равно? Пускай! Все равно!» (С. XIII, 178).

И приключаются с этим, с позволения сказать, Доктором,

одни и те же истории.

В имении у Войницкого он признается няньке Марине: «Привезли с железной дороги стрелочника; положил я его на стол, чтобы ему операцию делать, а он возьми и умри у меня под хлороформом. И когда вот не нужно, чувства проснулись во мне, и защемило мою совесть, точно это я умышленно убил его...» (С. XIII, 64).

А через какое-то время жалуется одной из трех сестер: «В прошлую среду лечил на Засыпи женщину — умерла, и я виноват, что она умерла» (С. XIII, 160).

В первом случае понятно — он один против тифа, нищеты и пьянства. Напряжение нервов, усталость — все это сказывается не лучшим образом на качестве лечения. А во втором уже неясно, то ли пьяным был, то ли действительно вдруг все позабыл…

Нет, не зря его не зовут в имение Раневской! Да и вряд ли всем им там поможет медицина. Тут Ницше лучше вспомнить. Еще работая над «Чайкой», Чехов хотел внести элемент комического ницшеанства, но ограничился только декадентской пьесой Треплева [Прим. 1]. Чтением работ Ницше увлекается в «Вишневом саде» внесценический персонаж Дашенька, дочь Пищика, которая, по его словам, дает ему много полезных советов. Суть советов нам неизвестна, но, помня кое-что из Ницше, и мы можем дать его совет четырем семействам: «Прочь, врачи! Нужен Спаситель». Только вряд ли они прислушаются.

Кроме Доктора на роль метагероев претендуют слуги: тугой на ухо сторож Ферапонт («Три сестры») и почти глухой Фирс («Вишневый сад»), а также няньки Марина («Дядя Ваня») и Анфиса («Три сестры»). К списку метагероев можно еще прибавить парочку «Маша и учитель». И в «Чайке», и в «Трех сестрах» обе Маши одеты в черное, обе несчастны в браке, а их мужья-учителя отличаются одинаковым долготерпением и ограниченностью.

По сценарию метагерои могут переходить из одного дома в другой и общаться с соседями. Благо есть общие темы для разговора и общее направление бесед, в которых сквозит мотив золотого века.

«Пашка Чадин! Таких уж нет теперь. Пала сцена, Ирина

Николаевна! Прежде были могучие дубы, а теперь мы видим одни только пни», — сокрушается балаганный театрал Шамраев из «Чайки» (С. XIII, 12).

«Сядьте возле меня, — просит Аркадина Тригорина, впадая в ностальгию. — Лет 10–15 назад, здесь, на озере, музыка и пение слышались непрерывно почти каждую ночь. Тут на берегу шесть помещичьих усадеб. Помню, смех, шум, стрельба, и все романы, романы...» (С. XIII, 15–16)

Стрельба и романы присутствуют и в настоящем, но почему-то здесь они не приносят радости. И только когда настоящее становится прошлым, уже в четвертом действии, все это вновь оборачивается романтикой:

«Хорошо было прежде, Костя! — вздыхает Нина. — Помните? Какая ясная, теплая, радостная, чистая жизнь, какие чувства, — чувства, похожие на нежные, изящные цветы... Помните?» (С. XIII, 59).

Помнит, конечно, — стрельба, романы…

У дяди Вани тоже все в воспоминания ударяются.

«Тогда ты молодой был, красивый, а теперь постарел. И красота уже не та» (С. XIII, 63), — говорит нянька Марина Доктору. А Доктор на картограммы свои глядит и видит, что и земля за эти годы краше не стала.

«Картина нашего уезда, каким он был 50 лет назад, — рассказывает он Елене Андреевне. — <...> На этом озере жили лебеди, гуси, утки, и, как говорят старики, птицы всякой была сила, видимо-невидимо: носилась она тучей. Кроме сел и деревень, видите, там и сям разбросаны разные выселки, хуторочки, раскольничьи скиты, водяные мельницы... Рогатого скота и лошадей было много».

Описание почти как у Гесиода:

Большой урожай и обильный
Сами давали собой хлебодарные земли. Они же,
Сколько хотелось, трудились, спокойно сбирая богатства.
[120] [Стад обладатели многих, любезные сердцу блаженных] (Пер. Вересаева).

«Теперь посмотрим ниже, — продолжает Астров. — То, что было 25 лет назад. Тут уж под лесом только одна треть всей площади. Коз уже нет, но лоси есть. Зеленая и голубая краски уже бледнее. И так далее, и так далее».

У Гесиода:

После того поколенье другое, уж много похуже,
Из серебра сотворили великие боги Олимпа.

«Переходим к третьей части: картина уезда в настоящем. Зеленая краска лежит кое-где, но не сплошь, а пятнами; исчезли и лоси, и лебеди, и глухари... От прежних выселков, хуторков, скитов, мельниц и следа нет. В общем, картина постепенного и несомненного вырождения, которому, по-видимому, остается еще каких-нибудь 10—15 лет, чтобы стать полным» (С. XIII, 94—95).

У Гесиода:

Третье родитель Кронид поколенье людей говорящих
Медное создал, ни в чем с поколеньем не схожее с прежним.
< ... >
Сила ужасная собственных рук принесла им погибель.

«Тут мы имеем дело с вырождением вследствие непосильной борьбы за существование; это вырождение от косности, от невежества, от полнейшего отсутствия самосознания, когда озябший, голодный, больной человек, чтобы спасти остатки жизни, чтобы сберечь своих детей, инстинктивно, бессознательно хватается за все, чем только можно утолить голод, согреться, разрушает все, не думая о завтрашнем дне... Разрушено уже почти все, но взамен не создано еще ничего» (С. XIII, 94—95).

У Гесиода:

Землю теперь населяют железные люди. Не будет
Им передышки ни ночью, ни днем от труда и от горя,
И от несчастий. Заботы тяжелые боги дадут им.
О-хо-хо!

По Гесиоду, возвращение золотого века (золотого поколения) возможно только благодаря постоянному труду: «Помни всегда о завете моем и усердно работай / <…> / Тот меж людьми и блажен и богат, кто, все это усвоив, / Делает дело…». Тема труда — одна из любимейших в четырех семействах.

«Нужно было дело делать», — наставляет Войницкого Мария Васильевна, имея в виду своего возлюбленного зятя профессора Серебрякова (С. XIII, 70). А тот, заслышав это, восклицает назидательно: «Надо, господа, дело делать! Надо дело делать!». «Как ты, как Соня, как Иван Петрович — никто без дела не сидит, все трудимся!» — уверяет няня Марина (С. XIII, 106).

Это вызывает заметное возбуждение в рядах трех сестер.

«Лучше быть волом, лучше быть простою лошадью, только бы работать!» — подает голос Ирина (С. XIII, 123).

«Тоска по труде, о боже мой, как она мне понятна!» — откликается никогда не работавший барон (С. XIII, 123).

«Я буду работать, — пыжится Вершинин, — а через какие-нибудь 25–30 лет работать будет уже каждый человек» (С. XIII, 123).

Даже Петя Трофимов не выдерживает такого идеализма, парируя из усадьбы Раневской:

«У нас, в России, работают пока очень немногие. Громадное большинство той интеллигенции, какую я знаю, ничего не ищет, ничего не делает и к труду пока не способно» (С. XIII, 223). Себя он, разумеется, не имеет в виду.

Место съемки изменить нельзя

Ну все. Сценарий готов. Герои дают добро. Теперь дело за малым. Два основных вопроса: где взять деньги и где снимать.

Фильм, понятно, малобюджетный, посему все, что было в сценарии, нужно теперь пересмотреть под этим углом зрения. Прежде всего, от чего нельзя отказаться? От метагероев и метасюжета. От чего можно отказаться? От костюмов. Так, хорошо. Тогда переносим действие в современность, как это блестяще сделал Андрэ Грегори в своем фильме-спектакле «Ваня на 42-й улице», сокращаем монологи и диалоги, не меняя сути, а дальше нужно решить по поводу усадеб.

Вопрос: можно ли придумать что-то наподобие метаусадьбы для всех четырех семейств? А почему бы и нет? Только сейчас другие времена, и каждый должен быть чем-то занят. Пусть семьи располагаются в одном большом многоэтажном доме, где у них будет общий бизнес. Какого типа? Хм... Стук топора… Это ключевое, это нужно сохранить и связать с бизнесом. Но что же они там с этими деревьями делать будут? Печи топить уже не нужно, сараи строят из специального материала. А вот мебель… Ну конечно! Кому же охота сидеть на пластмассовом табурете за пластмассовым столом? Мебель должна быть добротной, из отборного дерева, а не как в ИКЕА! И продавать ее будут в специализированном магазине, которым владеют четыре семейства.

Мои герои согласно кивают и выталкивают меня из дому искать подходящий мебельный магазин. Наивные! Где же найти такой магазин, который позволил бы снимать у себя игровой фильм? Ни один владелец не согласится впустить ораву из тридцати или более актеров плюс съемочная группа. В расстроенных чувствах отправляюсь к своей подруге — художнице Ирине Френкель, чьи работы мечтаю использовать в фильме. Она как раз в этот день дежурит в галерее в небольшом городке возле Филадельфии.

— Как продвигаются дела с фильмом? — спрашивает она при виде меня, не отрываясь от рисунка.

— Да никак. Магазин нужен специализированный, большой, чтоб у каждой семьи своя вотчина была. Если такой и найду, то неизвестно, позволят ли снимать весь фильм там. О цене уже не говорю. Это просто нереально.

— А ты попробуй.

— Легко сказать. С чего начать, даже не знаю.

— В окно посмотри. Может, там что-нибудь увидишь.

— Шутишь?

— Нет.

— Ну смотрю.

— И что там?

— Ой… Как же я раньше не…

— Слона-то я и не приметил.

Прямо напротив галереи, на тихой улочке в старинном здании 19 века расположен четырехэтажный мебельный магазин.

Да-да, четыре этажа, четыре витрины. Каждой семье по витрине, каждому хозяину по этажу. Так не бывает.

Перехожу через дорогу, захожу в магазин. Он ослепителен. Внутри комнаты обставлены на манер усадьбы. Каждый уголок имеет свою атмосферу, свой мир. Владелец магазина любезно здоровается со мной:

— Что Вам угодно, сударыня?

Я стряхиваю наваждение и слышу нормальное приветствие на английском.

— How are you? How can I help you?

Отвечаю, что зашла посмотреть на это чудо и что… Он осведомляется, какой у меня акцент. Чеховский, чеховский… Хозяин оживляется.

— Чеков?

— Вы знаете Чехова?

Ну конечно, он знает Чехова! И еще Достоевского. Но этого нам пока не надо. Вернемся к Чехову. Итак, Мистер Сэм Краунголд, я преподаю Чехова. Да-да. Я издала две монографии и написала сценарий по Чехову. Я хочу поставить фильм по Чехову.

Он в восторге.

Вот прямо в Вашем магазине и хочу его снять.

Да ну?

Все, сейчас откажет.

Через минуту меня окружает команда продавцов и под руки несет по залам этого мебельного музея. Комнаты, комнаты, комнаты — гостиные, столовые, спальни, детские… Комнаты-залы и комнаты-комнатушки. Светлые комнаты, темные комнаты… Господи! Чехов, не ты ли это устроил?

Договор таков. Снимаем, сколько душе угодно, совершенно бесплатно, но только в часы работы магазина. То есть, когда там купля-продажа. Узнаю твой почерк, Чехов.

По рукам!

Начинаем снимать

Всё. Кажется, сложилось. Тридцать актеров из Америки, Канады, Украины и России получили сценарий и разучивают роли. Все говорят с разными акцентами. Одна актриса вообще не говорит по-английски. Работают бесплатно — имя

Чехова действует магически. На роль сестер приглашаю трех профессоров, двое из которых чеховеды. Все имеют опыт работы в театре. На роль Наташи так никто и не нашелся. Пришлось играть самой. Никакого бюджета. Муж пишет музыку и отвечает за всю техническую часть. Сын снимает и делает монтаж. Мама готовит на всю команду. А я — режиссер, менеджер и вообще все.

Сложностей много. Во-первых, покупатели, которые с умилением смотрят на съемки и перешептываются так, что потом нужно переснимать сцену. Во-вторых, неожиданное переоформление комнат. Например, досъемка сцены в комнате трех сестер переносится на утро. Остался буквально один эпизод. Приходим, а комнаты уже нет — вместо спальни гостиная. Все в панике. Как закончить сцену? Спокойствие, только спокойствие. Через пару минут решение готово. Делаем вид, что сестры переходят в другую комнату с вещами для погорельцев, и этот переход мотивирован пожаром. Все облегченно вздыхают и с особым энтузиазмом доигрывают сцену.

Сначала мы решили, что перестановка мебели — дело нечастое, но вскоре убедились в обратном: комнаты менялись в зависимости от продажи мебельного гарнитура, и притом довольно часто. Тогда мы стали просить персонал сообщать нам о том, какие именно комнаты будут меняться на том этаже, где мы снимаем. Нужно сказать, что весь персонал был исключительно чуток, помогал нам с реквизитом и вообще со всем, что нам требовалось на съемках.

Однажды мы раздумывали, как снимать сцену аукциона вишневого сада. Очень хотелось, чтобы висело побольше табличек о распродаже. А еще лучше, если объявления будут прямо в витринах. Решили, что утром попросим разрешения развесить таблички на короткое время, пока покупателей нет, чтобы не вводить их в заблуждение. Примчались к открытию, запарковали машину, подходим к магазину и глазам своим не верим. В витринах — огромные плакаты о распродаже, персонал суетится, развешивает таблички на мебель. Им что, Чехов позвонил? Оказалось, день распродажи совпал со съемкой распродажи вишневого сада. Ну и ну!

Наконец мы отсняли все, что запланировали, и осталась только финальная часть, когда по сценарию главные герои возвращаются в магазин, где больше нет мебели, где царит полумрак и разруха. Метафора угрюмого треплевского театра в четвертом действии должна была вырасти до образа заброшенного мебельного магазина. Для съемок нужно было подыскать другое помещение, в котором происходили бы какие-нибудь ремонтные работы. Только никакой менеджер не согласился бы впустить съемочную группу в зону потенциальных увечий. Ну мало ли что? Балка упадет, или споткнется кто-то о строительные материалы или наступит на гвоздь, чего доброго. А кроме того, пространство магазина слишком узнаваемо. И главная лестница, и коридорчики, и уголочки — это невозможно сымитировать при нашем бюджете.

Распустив актеров до следующей съемки, я размышляла о том, что отснять, как задумано, вряд ли удастся и придется выкручиваться, искать какой-нибудь сарай или подсобное помещение в самом магазине. Эх, был бы бюджет! Хотя бы на эту заключительную часть. Но собрать деньги и на более массовые фильмы безумно сложно. Даже Кубрику это удавалось с трудом.

Мои горестные мысли были прерваны телефонным звонком. Звонили из магазина.

— Вера, — сразу приступила к делу менеджер миссис Симпсон, — я звоню, чтобы предупредить тебя. Если вы не закончили снимать, то должны это сделать в самое ближайшее время, потому что магазин закрывается на ремонт через две недели, и все будет вынесено, внутренние стены будут разобраны, обои сняты…

— Не может быть! Какое счастье!

На следующий день я примчалась к Сэму и умоляла его дать нам возможность отснять какие-нибудь уголки в магазине после того, как из них будет вынесена мебель и содраны обои. Поначалу он ни за что не соглашался — не желал предстать на экране в таком неприглядном виде. Я уговаривала его, как режиссер уговаривает молодую актрису предстать обнаженной на экране, восхваляя ее небесные прелести, — и Сэм сдался.

В назначенный день мы явились в магазин и довели до конца задуманное. Более живописного беспорядка в своей жизни я не видала! Актеры, как дети, резвились между перевернутыми стульями, комодами и диванами. Актриса из Одессы Елена

Куклова, игравшая Аркадину, постоянно примеряла на себя какие-то перья, занавески, искусственные лозы, снятые со стен. Ее американский партнер, исполнявший роль Тригорина, забрасывал удочку в груду мишуры и что-то оттуда выуживал под общие аплодисменты. Кстати сказать, они были идеальной парой. Невзирая на то, что ни один из них не говорил на языке другого, они вступали вовремя и реагировали на реплики друг друга так, будто между ними и впрямь не было языкового барьера. Наблюдая за этим абсолютно беспрепятственным взаимопроникновением культур, слушая столь несхожие акценты, я наконец уверовала в волшебную силу искусства.

Послесловие

Премьера состоялась на одном из последних занятий. Студенты и актеры были в восторге. Фильм отправили на фестиваль авторских фильмов в Филадельфии. Никто ничего не понял в зрительном зале, но жюри присудило нам первую премию. Four Funny Families были отмечены критиками за оригинальность, интернациональность и музыку Вадима Зубарева. Премьера состоялась в пугающе большом кинотеатре Prince Theater, куда стеклось много любителей Чехова. После этого фильм запросило местное телевидение, и он до сих пор транслируется по специальному каналу.

Лица зрителей у голубого экрана мне, к счастью, увидеть не довелось.

Примечание

1. В письме к Суворину от 16 марта 1895 г. Чехов упоминает доктора Н. И. Коробова, который собирался перевести для первого варианта «Чайки» отрывок из книги Ницше [П. VI, 36–37].

В ТАГАНРОГ, В ТАГАНРОГ!

Интервью с Чеховым

Ну какой еще Таганрог? Таганрог — в книгах, в биографии Чехова. А у меня — подготовка к лекциям, статьи, монография незаконченная, студенты каждые пять минут атакуют вопросами. Чехов их привлекает больше, чем какой-либо другой писатель. Представляю, как будут изумлены, узнав, что я на его родину отправляюсь. Путешествие из Филадельфии в Таганрог... Только этого мне сейчас и не хватало!

— Девушка, я туда на конференцию лечу! — Это я уже объясняюсь по телефону с российским посольством в Нью-Йорке. — Какое приглашение? Кто мне оттуда пришлет приглашение, да еще и заверенное в Москве? Конференция через неделю!

Боже мой, что я делаю! Самолеты ненавижу, а тут еще с пересадкой до Ростова-на-Дону. А потом как? На перекладных? Глупости! За мной приедут, встретят, отвезут по назначению. Голос у устроительницы конференции такой теплый, такой свой, будто в соседней комнате, а не в скайпе. И показалось, что Таганрог — прямо через дорогу...

В Таганрог, в Таганрог!

— Марина, ты?

Это я уже прилетела, издерганная всеми оформлениями и опозоренная всеми просвечиваниями. Меня встречает сама Марина Ларионова — профессор ростовского университета, чеховед и организатор конференции. На «ты» мы перешли почти сразу, еще во время общений по скайпу, ощутив родственность чеховедовских душ.

— Вера, здравствуй!

Обнимаемся.

И голос теплый, и чай прекрасный, и булочки пахнут домом. Это я уже в ее квартире. Завтра, завтра, все начнется завтра. А пока диван подо мной плавно вздымается, как самолет в небесах. Небесная болезнь... Поворачиваюсь на бок и закрываю глаза.

— Дайте же, наконец, свободу вашей бедной пленнице, пустите ее погулять по провинции.

Ну, привет, Чехов!

Скрипнул стул. Это он, должно быть, усаживается. Хорошо бы взять у него интервью. Интервью на родине писателя… А что? Он вроде бы не против. Ну и отлично! Только вот о чем же спрашивать?

Говорю первое, что приходит на ум (при этом почему-то на «ты»):

— Я сплю, а ты мне снишься. А что снится тебе, Чехов?

— Каждую ночь мне снятся миллионы, которые я так легкомысленно прозевал, — отвечает он с усмешкой [Прим. 1].

Это намек на то, что я из Америки? Хм-м… Поворачиваюсь на другой бок.

Азовское море плещется за стеной. «Наверное, кто-то принимает душ», — вставляет свои пять копеек полусонное сознание, но тут же отключается.

Море по-прежнему плещется.

О чем бы таком спросить? На уме пока только одни путешествия. Ну ладно, с них и начнем. Перехожу на «вы», осознав, наконец, что передо мной классик. (У меня процесс перехода с «вы» на «ты» стихиен и непредсказуем. У него, кажется, тоже.)

— А Вы помните, Антон Павлович, как отправились в Гонгконг после Сахалина? Помните ту бухту?

— *Бухта чудная, движение на море такое, какого я никогда не видел даже на картинках; прекрасные дороги, конки, железная дорога на гору, музеи, ботанические сады; куда ни взглянешь, всюду видишь самую нежную заботливость англичан о своих служащих, есть даже клуб для матросов. Ездил я на дженерихче, т. е. на людях, покупал у китайцев всякую дребедень и возмущался, слушая, как мои спутники россияне бранят англичан за эксплоатацию инородцев.*

— Почему же Вы возмущались?

— *Я думал: да, англичанин эксплоатирует китайцев, сипаев, индусов, но зато дает им дороги, водопроводы, музеи, христианство, вы тоже эксплоатируете, но что вы даете?*

— Неужто все так плохо выглядело в Приморской области, откуда Вы отчалили в Гонгконг?

— *О Приморской области и вообще о нашем восточном*

побережье с его флотами, задачами и тихоокеанскими мечтаниями скажу только одно: вопиющая бедность! Бедность, невежество и ничтожество, могущие довести до отчаяния. Один честный человек на 99 воров, оскверняющих русское имя...

— И что же мешает русскому человеку? Каков Ваш диагноз, доктор Чехов?

— Разочарованность, апатия, нервная рыхлость и утомляемость являются непременным следствием чрезмерной возбудимости, а такая возбудимость присуща нашей молодежи в крайней степени. Возьмите литературу. Возьмите настоящее... Социализм — один из видов возбуждения. А чего стоят все русские увлечения? Война утомила, оперетка тоже... Утомляемость (это подтвердит и д-р Бертенсон) выражается не в одном только нытье или ощущении скуки. Жизнь утомленного человека нельзя изобразить так:

Она очень не ровна. Все утомленные люди не теряют способности возбуждаться в сильнейшей степени, но очень не надолго, причем после каждого возбуждения наступает еще бо́льша   по графически можно изобразить так:

Падение вниз, как видите, идет не по наклонной плоскости, а несколько иначе. Объясняется Саша в любви. Иванов в восторге кричит: «Новая жизнь!», а на другое утро верит в эту жизнь столько же, сколько в домового (монолог III акта); жена оскорбляет его, он выходит из себя, возбуждается и бросает ей жестокое оскорбление. Его обзывают подлецом. Если это не убивает его рыхлый мозг, то он возбуждается и произносит себе приговор.

— Да, мрачноватая картина получается — что в жизни, что в пьесе.

— Не рассердитесь за это. Когда я писал пьесу, то имел в виду только то, что нужно, то есть одни только типичные русские черты. Так, чрезмерная возбудимость, чувство вины, утомляемость — чисто русские. Немцы никогда не возбуждаются, и потому Германия не знает ни разочарованных, ни лишних, ни утомленных... Возбудимость французов держится постоянно на одной и той же высоте, не делая крутых

повышений и понижений, и потому француз до самой дряхлой старости нормально возбужден. Другими словами, французам не приходится расходовать свои силы на чрезмерное возбуждение; расходуют они свои силы умно, поэтому не знают банкротства.

— Ну а в чем же позитив? Впрямь ли так безнадежно плох божий свет?

— Хорош божий свет. Одно только не хорошо: мы. Как мало в нас справедливости и смирения, как дурно понимаем мы патриотизм! Мы, говорят в газетах, любим нашу великую родину, но в чем выражается эта любовь? Вместо знаний — нахальство и самомнение паче меры, вместо труда — лень и свинство, справедливости нет, понятие о чести не идет дальше «чести мундира», мундира, который служит обыденным украшением наших скамей для подсудимых. Работать надо, а все остальное к черту. Главное — надо быть справедливым, а остальное все приложится.

— Вы хотите сказать, что наличие исконных ценностей, таких как смирение и справедливость, помогут нам совершенствоваться? Может, и врагов возлюбить следует?

— Если бы Иисус Христос был радикальнее и сказал: «Люби врага, как самого себя», то он сказал бы не то, что хотел. Ближний — понятие общее, а враг — частность. Беда ведь не в том, что мы ненавидим врагов, которых у нас мало, а в том, что недостаточно любим ближних, которых у нас много, хоть пруд пруди. Христос же, стоявший выше врагов, не замечавший их, натура мужественная, ровная и широко думающая, едва ли придавал значение разнице, какая есть в частностях понятия «ближний».

— Раз уж Вы затронули эту тему, хочу спросить: а как быть с верой в Бога, которую активно выкорчевывали? Возможно ли обществу вернуться в то состояние духовности, которое было до революционных преобразований? Да и нужно ли современному человеку веровать в Бога?

— Скажу только, что в вопросах, которые Вас занимают, важны не забытые слова, не идеализм, а сознание собственной чистоты, т. е. совершенная свобода души Вашей от всяких забытых и не забытых слов, идеализмов и проч. и проч. непонятных слов. Нужно веровать в Бога, а если веры нет, то не

занимать ее места шумихой, а искать, искать, искать одиноко, один на один со своею совестью... Общество, которое не верует в Бога, но боится примет и черта, не смеет и заикаться о том, что оно знакомо со справедливостью.

— **Кстати о справедливости. Верите ли Вы в распределение богатств?**

— *Разве льгота, данная Ивану, не служит в ущерб Петру?*

— **Служит, и еще как.**

— *Хуже всего, что беспечность и художественный беспорядок, царящие в отношениях русского человека к чужой собственности, попрошайничество и страсть получать незаслуженно и даром воспитали в обществе дурную привычку не уважать чужой труд.*

— **И как же это изменить?**

— *Политико-экономы и полицейское право, ведущие борьбу с уличным нищенством, говорят: «Ради блага человечества не подавайте ни копейки!» Эту фразу следует видоизменить таким образом: «Ради блага человечества не просите милостыни», и вторая форма, кажется, будет ближе к решению вопроса, чем первая. Ведь берут и просят гораздо чаще, чем дают. Редко кто умеет и любит давать. Русский человек, например, ужасно застенчив, когда дает или предлагает, зато просить и брать он умеет и любит, и это даже вошло у него в привычку и составляет одно из его коренных свойств. Это свойство присуще в одинаковой степени всем слоям общества: и уличным нищим, и их благодетелям. В низших слоях развита и веками воспитана страсть к нищенству, попрошайничеству, приживальству, а в средних и высших — ко всякого рода одолжениям, любезностям, пособиям, заимствованиям, уступкам, скидкам, льготам... Когда общество во всех своих слоях, сверху донизу, научится уважать чужой труд и чужую копейку, нищенство уличное, домашнее и всякое другое исчезнет само собою.*

— **Легко сказать! Народ ведь столько пережил за это время! Войны, революции, репрессии, неопределенность... Все представления были поставлены с ног на голову. Век наш тяжелый, нервный...**

— *Ей-богу, никакого нет нервного века. Как жили люди, так и живут, и ничем теперешние нервы не хуже нервов Авраама,*

Исаака и Иакова.

— **Ну, предположим…**

Он добавляет вдруг без всякой видимой связи:

— *Напишите-ка рассказ о том, как молодой человек, лицемеривший и Богу и людям без всякой надобности, только из сознания своего ничтожества, — напишите, как этот молодой человек выдавливает из себя по каплям раба и как он, проснувшись в одно прекрасное утро, чувствует, что в его жилах течет уже не рабская кровь, а настоящая человеческая...*

Тут нам приходится прерваться на какое-то время: ждет музей (совершенно грандиозный, как продолжение сна), где будет проходить конференция.

Слушаю выступления коллег в белом сияющем зале с картинами, сама выступаю, отвечаю на вопросы, и все думаю, думаю об этой его хрестоматийной фразе о выдавливании раба. И вдруг мне открывается, что, по сути, он говорит о внутреннем Египте, из которого каждый должен найти выход самостоятельно, как это сделали потомки «Авраама, Исаака и Иакова». Чеховские герои обречены на прозябание, поскольку выход из рабства собственных привычек и устоев они ищут в формальной смене пространства обитания. Словно войско без генерала, остановилось на перепутье семейство Прозоровых из «Трех сестер». Их покойный отец, генерал Прозоров, при жизни успешно вел свою домашнюю «армию» сквозь туман и неопределенность будней к цели, ясной лишь ему одному. После его смерти «армия» все еще пыталась машинально двигаться в направлении, заданном отцом, придерживаясь установленного им режима жизни, но вопрос «для чего?» вскоре повис в воздухе, застопорив движение. В конце концов сестры сформулировали цель почти в военных терминах: двинуться в Москву. Однако за неимением своего, внутреннего, Моисея, так и остались топтаться на месте, незаметно попав под власть новой хозяйки имения Наташи.

Думаю: «Наверное, это и есть главная причина, по которой чеховские герои не идут дальше своих желаний». Пенсне на чеховском портрете напротив посверкивает в знак согласия. Понимаю, что приблизилась к заветному подтексту. Антон Павлович смотрит выжидающе. И тут меня осеняет. Так вот почему в мире его героев нет Моисея, а есть убогий дурачок Мойсейка! Это же карикатурный тезка Моисея, его комическое эхо! Он набожен и заботится о своих товарищах по палате. Однако хотя «из всех обитателей палаты № 6 только ему одному позволяется выходить из флигеля и даже из больничного двора на улицу», он не в состоянии «вывести» кого-либо из Египта лечебницы.

Есть и еще один Моисей среди чеховских героев — хозяин постоялого двора Мойсей Мойсеич («Степь»). Этот «Моисей в квадрате» словно застрял в пустынной степи со своим семейством, так и не дойдя до земли обетованной.

Нет, не о евреях говорил Чехов, когда писал своих карикатурных Мойсеев, а об общечеловеческом на языке библейских образов. Это я уже в степи. Сижу и смотрю, как ветер колышет сухую траву.

— *Кстати об евреях, — прерывает он мои раздумья, вспоминая Томск. — Здесь они пашут, ямщикуют, держат перевозы, торгуют и называются крестьянами, потому что они в самом деле и de jure и de facto крестьяне. Пользуются они всеобщим уважением, и, по словам заседателя, нередко их выбирают в старосты.*

— **А герои Ваших рассказов и пьес над ними подсмеиваются и даже срывают на них досаду, как в «Иванове», где винят во всем Сарру, называя ее ведьмой.**

— *Когда в нас что-нибудь неладно, то мы ищем причин вне нас и скоро находим: «Это француз гадит, это жиды, это Вильгельм...» Капитал, жупел, масоны, синдикат, иезуиты — это призраки, но зато как они облегчают наше беспокойство! Они, конечно, дурной знак.*

— **Вы имеете в виду, что если Ваши герои, да и люди вообще, винят в своих неурядицах кого-либо извне...**

— *...то это значит, что они чувствуют себя неладно, что в них завелся червь, что они нуждаются в этих призраках, чтобы успокоить свою взбаламученную совесть.*

— **Не всякий читатель это поймет, да и критик тоже.**

— *Понятно, что в пьесе я не употреблял таких терминов, как русский, возбудимость, утомляемость и проч., в полной надежде, что читатель и зритель будут внимательны и что для них не понадобится вывеска: «Це не гарбуз, а слива».*

— **Многие критики выражали недовольство тем, что Вы со страниц своих произведений не предлагали решений по животрепещущим вопросам, заставляя читателя гадать, недоумевать…**

— *В разговорах с пишущей братией я всегда настаиваю на том, что не дело художника решать узкоспециальные вопросы. Дурно, если художник берется за то, чего не понимает. Для специальных вопросов существуют у нас специалисты; их дело судить об общине, о судьбах капитала, о вреде пьянства, о сапогах, о женских болезнях… Художник же должен судить только о том, что он понимает; его круг так же ограничен, как и у всякого другого специалиста, — это я повторяю и на этом всегда настаиваю.*

— **Ну а в чем же тогда будет проявляться авторская позиция, если не в решении вопросов, волнующих читателей?**

— *Требуя от художника сознательного отношения к работе, Вы правы, но Вы смешиваете два понятия: решение вопроса и правильная постановка вопроса. Только второе обязательно для художника. В «Анне Карениной» и в «Онегине» не решен ни один вопрос, но они Вас вполне удовлетворяют, потому только, что все вопросы поставлены в них правильно. Суд обязан ставить правильно вопросы, а решают пусть присяжные, каждый на свой вкус.*

— **То есть рассуждения Ваших героев о жизни, искусстве и литературе, человеческих отношениях, как, например, в «Скучной истории», не имеют ничего общего с Вашими личными убеждениями. Верится с трудом…**

— *Если Вам подают кофе, то не старайтесь искать в нем пива. Если я преподношу Вам профессорские мысли, то верьте мне и не ищите в них чеховских мыслей. Мнения, которые высказываются действующими лицами, нельзя делать status'ом произведения, ибо не в мнениях вся суть, а в их природе. Я вовсе не имел претензии ошеломить Вас своими удивительными взглядами на театр, литературу и проч.; мне только хотелось воспользоваться своими знаниями и изобразить тот заколдованный круг, попав в который добрый и умный человек, при всем своем желании принимать от Бога жизнь такою, какая она есть, и мыслить о всех по-христиански, волей-неволей ропщет, брюзжит, как раб, и бранит людей даже в те минуты, когда принуждает себя отзываться о них хорошо.*

— **Немного насчет Вашей гражданской позиции. Кто Вы по своим убеждениям?**

— Я боюсь тех, кто между строк ищет тенденции и кто хочет видеть меня непременно либералом или консерватором. Я не либерал, не консерватор, не постепеновец, не монах, не индифферентист. Я хотел бы быть свободным художником и — только, и жалею, что Бог не дал мне силы, чтобы быть им. Я ненавижу ложь и насилие во всех их видах... Фарисейство, тупоумие и произвол царят не в одних только купеческих домах и кутузках; я вижу их в науке, в литературе, среди молодежи... Потому я одинако не питаю особого пристрастия ни к жандармам, ни к мясникам, ни к ученым, ни к писателям, ни к молодежи. Фирму и ярлык я считаю предрассудком. Мое святая святых — это человеческое тело, здоровье, ум, талант, вдохновение, любовь и абсолютнейшая свобода, свобода от силы и лжи, в чем бы последние две ни выражались. Вот программа, которой я держался бы, если бы был большим художником.

— **Помимо перечисленного есть еще и художественность, обязательная для большого художника. Что Вы понимаете под грацией в искусстве и жизни?**

— Когда на какое-нибудь определенное действие человек затрачивает наименьшее количество движений, то это грация.

— **Иными словами, отсутствие литературной грации в произведении — это когда...**

— В затратах чувствуется излишество.

— **Ясно. И это, по-видимому, относится к любому виду искусства. А как, по Вашему мнению, виды искусства связаны между собой?**

— Мы знаем, что в природе есть а, б, в, г, до, ре, ми, фа, соль, есть кривая, прямая, круг, квадрат, зеленый цвет, красный, синий..., знаем, что все это в известном сочетании дает мелодию, или стихи, или картину, подобно тому как простые химические тела в известном сочетании дают дерево, или камень, или море, но нам только известно, что сочетание есть, но порядок этого сочетания скрыт от нас. Кто владеет

научным методом, тот чует душой, что у музыкальной пьесы и у дерева есть нечто общее, что та и другое создаются по одинаково правильным, простым законам. Отсюда вопрос: какие же это законы? Отсюда искушение — написать физиологию творчества, а у более молодых и робких — ссылаться на науку и на законы природы.

— Ну и что же в этом плохого?

— Физиология творчества, вероятно, существует в природе, но мечты о ней следует оборвать в самом начале. Если критики станут на научную почву, то добра от этого не будет: потеряют десяток лет, напишут много балласта, запутают еще больше вопрос — и только.

— Но Вы ведь не против научного мышления?

— Научно мыслить везде хорошо, но беда в том, что научное мышление о творчестве в конце концов волей-неволей будет сведено на погоню за «клеточками», или «центрами», заведующими творческой способностью, а потом какой-нибудь тупой немец откроет эти клеточки где-нибудь в височной доле мозга, другой не согласится с ним, третий немец согласится, а русский пробежит статью о клеточках и закатит реферат. И в русском воздухе года три будет висеть вздорное поветрие, которое даст тупицам заработок и популярность, а в умных людях поселит одно только раздражение.

— А что же Вы предлагаете тем, кто занимается литературоведением? Писать трактаты в стихах вместо монографий?

— Для тех, кого томит научный метод, кому Бог дал редкий талант научно мыслить, по моему мнению, есть единственный выход — философия творчества. Можно собрать в кучу все лучшее, созданное художниками во все века, и, пользуясь научным методом, уловить то общее, что делает их похожими друг на друга и что обусловливает их ценность. Это общее и будет законом.

— То, что Вы сказали об общих законах для музыкальной пьесы, дерева и больших произведений литературы и искусства, перекликается с общей теорией систем Людвига фон Берталанфи. Он утверждал, что существуют модели, принципы и законы, свойственные

разным системам «независимо от их специфических свойств». На этом основании он создал теорию, разработавшую эти универсальные принципы. Но было это уже гораздо позже — в 1968 году… Возвращаясь к теме творчества, не знаю, в курсе ли Вы, но сегодня у нас гораздо больше пишущих, чем читающих. Интернет открыл новые возможности для тех, кто желает быть услышанным. Что бы Вы посоветовали стихотворствующей молодежи?

— *Для молодежи полезнее писать критику, чем стихи.*

— **Интересная точка зрения. Совет Ваш непременно передам. Ну а каковы Ваши рекомендации относительно семейной жизни, детей, отношения к женщине?**

— *Щадить хоть поэзию жизни, если с прозой уже покончено. Ни один порядочный муж или любовник не позволит себе говорить с женщиной грубо, анекдота ради иронизировать постельные отношения… Дети святы и чисты. Даже у разбойников и крокодилов они состоят в ангельском чине. Сами мы можем лезть в какую угодно яму, но их должны окутывать в атмосферу, приличную их чину. Нельзя безнаказанно похабничать в их присутствии… Нельзя делать их игрушкою своего настроения: то нежно лобызать, то бешено топать на них ногами. Лучше не любить, чем любить деспотической любовью. Нельзя упоминать имена детей всуе…*

— **Спасибо. А какое напутствие Вы дали бы мне?**

— *Памятуй, что совершенный организм творит. Если женщина не творит, то, значит, она дальше отстоит от совершенного организма… Кроме изобилия материала и таланта, нужно еще кое-что, не менее важное. Нужна возмужалость — это раз; во-вторых, необходимо чувство личной свободы.*

—**Да, да, конечно. Пока все еще в процессе выдавливания раба и в поисках Моисея… В связи с этим хочу задать Вам вопрос от имени Плещеева, писавшего по поводу Вашего рассказа «Именины»: «Вы очень энергично отстаиваете Вашу душевную независимость; и справедливо порицаете доходящую до мелочности боязнь людей либерального направления, чтоб их не заподозрили в консерватизме… Но в Вашем рассказе Вы смеетесь над украинофилом, "желающим освободить Малороссию от русского ига"… — за что** собственно? Украинофила в особенности я бы выкинул. (Мне сдается, что Вы, изображая этого украинофила, имели перед собой Павла Линтварева, который — хотя и без бороды — но все больше молчит и думает... может быть, действительно думает об освобождении Малороссии)». Вопрос, как видите, современный, наболевший.

— *Я не имел в виду Павла Линтварева. Христос с Вами! Павел Михайлович умный, скромный и про себя думающий парень, никому не навязывающий своих мыслей. Украинофильство Линтваревых — это любовь к теплу, к костюму, к языку, к родной земле. Оно симпатично и трогательно. Я же имел в виду тех глубокомысленных идиотов, которые бранят Гоголя за то, что он писал не по-хохлацки, которые, будучи деревянными, бездарными и бледными бездельниками, ничего не имея ни в голове, ни в сердце, тем не менее стараются казаться выше среднего уровня и играть роль, для чего и нацепляют на свои лбы ярлыки.*

— **Спасибо. И последний вопрос: а есть ли у Вас какое-то личное желание? Чего бы хотелось больше всего?**

— *Хотелось бы пожить в Таганроге, подышать дымом отечества... Тянет из нутра наружу... Нужно идти. Пожелав Вам всего лучшего, имею честь быть всегдашним Вашим слугою.*

А. Чехов.

Примечание

1. Ответы Чехова взяты из его писем и очерков; см. [Чехов 1974–1983]. Они приводятся с купюрами, но без изменений.

ЛИТЕРАТУРА

1. Авиценна. Избранное. Узбекистан, 1981.

2. Акофф Рассел. Планирование будущего корпорации. Пер. с английского. Ред. и предисл. В. И. Данилова-Данильяна. М., 1985.

3. Андреев М. Л. Комедия в драме Чехова // Вопросы литературы. 2008. № 3. С. 120–134.

4. Аристотель. Поэтика / Пер., введ. и примеч. Н. И. Новосадского. Л., 1927.

5. Аристотель. Физика / Пер. с др.-греч. В. П. Карпова. М., 1936.

6. Аристотель. Поэтика / Пер. с др.-греч. М. Л. Гаспарова // Аристотель. Сочинения: В 4 т. Т. 4 / Общ. ред. А. И. Доватура. М., 1983.

7. Афанасьев А. Н. Живая вода и вещее слово. М., 1988.

8. Бальзак Оноре. Собрание сочинений: В 15 т. Т. 3. М., 1952.

9. Бахтин М. М. Проблемы поэтики Достоевского. М., 1972.

10. Бахтин М. М. Творчество Франсуа Рабле и народная культура Средневековья и Ренессанса. М., 2015. URL: http://bookz.ru/authors/mihail-bahtin/tvor4est_673.html

11. Бергсон А. Смех. М., 1992.

12. Берковский Н. Я. Чехов: от рассказов и повестей к драматургии // Литература и театр. Статьи разных лет. М., 1969.

13. Берталанфи Л. фон. Общая теория систем — критический обзор // Исследования по общей теории систем: Сб. переводов / Общ. ред. и вст. ст. В. Н. Садовского и Э. Г. Юдина. М., 1969.

14. Берталанфи Л. фон. История и статус общей теории систем. // Зинченко В. Г. Межкультурная коммуникация. От системного подхода к синергетической парадигме: учеб. пособие / В. Г. Зинченко, В. Г. Зусман, З. И. Кирнозе. М., 2007.

15. Богатырев П. Г. Вопросы теории народного искусства. М., 1975.

16. Большая советская энциклопедия в 30 т. М., 1969. Т. 19.

17. Большой немецко-русский словарь / Под рук. проф. О. И. Москальской. М., , 1980. Т. I.

18. Брокгауз Ф. А., Ефрон И. А. Энциклопедический словарь. СПб., 1903. Т. 39.

19. Веселовский А. Н. Поэзия чувства и «сердечного воображения». Прижизненное издание, СПб., 1904.

20. Веселовский А. Н. Избранное. Историческая поэтика / Сост., вступ. ст., коммент. И. О. Шайтанова. М., 2006.

21. Веселовский А. Н. Избранное. На пути к исторической поэтике / Сост., послесл., коммент. И. О. Шайтанова. М., 2010.

22. Волков Н. Д. Театральные вечера. М., 1966.

23. Волькенштейн В. М. Опыт современной эстетики. М.; Л., 1931.

24. Гальцева Р., Роднянская И. Рождение и пути идеологической политики. Споры о базисе идеологии. // Summa Ideologiae: торжество «ложного сознания» в новейшие времена. М., 2012.

25. Гесиод. Труды и дни. Пер. В. В. Вересаева // Вересаев В. В. Сочинения. М., 1948. Т. 3.

26. Гиршман М. Литературное произведение: Теория художественной целостности. М., 2007. URL: http://www.litres.ru/mihail-girshman/literaturnoe-proizvedenie-teoriya-hudozhest-vennoy-celostnosti/chitat-onlayn/

27. Гоголь Н. В. Письмо Пушкину А. С., 7 октября 1835 г. Петербург // Пушкин А. С. Полн. собр. соч: В 16 т. М.; Л., 1937−1959. Т. 16. Переписка, 1835−1837. 1949.

28. Грачева И. В. Символика имен в рассказе А. П. Чехова «Невеста» и пьесе «Вишневый сад»// Литература в школе. 2004. № 7.

29. Громов Л. П. Этюды о Чехове. Ростов н/Д, 1951.

30. Громов Л. П. Реализм А. П. Чехова второй половины 80-х годов. Ростов н/Д, 1958.

31. Даль В. И. Толковый словарь живого великорусского языка. М., 1981.

32. Добролюбов Н. А. Нечто о дидактизме в повестях и романах // Избранное. М., 1986.

33. Доманский Ю. В. Вариативность драматургии А. П. Чехова. Тверь, 2005.

34. Достоевский Ф. М. Собрание сочинений: В 15 т. Л., 1988–1996. Т. 5, 1989.

35. Ермилов В. А. П. Чехов. М., 1959.

36. Ермилова Е. В. Теория и образный мир русского символизма. М., 1989.

37. Есаулов И. А. Спектр адекватности в истолковании литературного произведения («Миргород» Н. В. Гоголя). М., 1995.

38. Жарникова С. В. Золотая нить. Вологда, 2003.

39. Жолковский А. К., Щеглов Ю. К. Работы по поэтике выразительности: Инварианты — Тема — Приемы — Текст. М., 1996.

40. Зубарева В. К. Морфология преступления в «Преступлении и наказании» Достоевского. // Сб. ст. по Достоевскому / Под ред. Карена Степаняна. М., 2013. С. 261–285.

41. Зубарева В. К. Перечитывая А. Веселовского в XXI веке // Вопросы литературы, 2013. № 5. С. 47–82.

42. Зубарева В. К. Шекспир: Судьба и случай // Шекспировская энциклопедия. Сост. И. О. Шайтанов. М., 2015. С. 348–349.

43. Иванов Вяч. Вс., Топоров В. Н. Славянские языковые моделирующие семиотические системы: (Древний период). М., 1965.

44. Ивашкин В. Т. Г. А. Захарьин — введение в теорию и практику диагноза. URL: http://www.internist.ru/files/articles/medhistory/zaharyin2.pdf

45. Ильёв С. П. Русский символистский роман. Аспекты поэтики. Киев, 1991.

46. Кант И. Сочинения в 6 т. М., 1966. Т. 5.

47. Касаткина Т. «Идиот» и «чудак»: синонимия или антонимия? // Вопросы литературы, 2001, № 2. URL: http://magazines.russ.ru/voplit/2001/2/kasat-pr.html

48. Катаев В. Б. Проза Чехова: проблемы интерпретации. М., 1979.

49. Катаев В. Б. Литературные связи Чехова. М., 1989. URL: http://apchekhov.ru/books/item/f00/s00/z0000017/index.shtml

50. Катаев В. Б. Сложность простоты: рассказы и пьесы Чехова. М., 1998.

51. Катаев В. Б. Буревестник Соленый и драматические рифмы в

«Трех сестрах» // Чеховиана. «Три сестры» — 100 лет. М., 2002.

52. Катаев В. Б. Чехов плюс… Предшественники, современники, преемники. М., 2004.

53. Катаев В. Б. «Степь»: драматургия прозы. // Таганрогский вестник. Материалы междунар. науч.-практ. конф. «"Степь" А. П. Чехова: 120 лет». Таганрог, 2008.

54. Каценелинбойген А. И.. Эстетический метод в экономике. Нью-Йорк, 1990.

55. Каценелинбойген Арон. Шахматы. 2014. URL: http://litved.com/арон-каценелинбойген-шахматы/

56. Квятковский А. П. Внутренняя рифма // Квятковский А. П. Поэтический словарь / Науч. ред. И. Роднянская. М., 1966.

57. Кондратьева В. В., Ларионова М. Ч. Художественное пространство в пьесах А. П. Чехова 1890-х — 1900-х гг.: мифопоэтические модели. Ростов н/Д, 2012.

58. Кораблев А. А. Донецкая филологическая школа в контексте современного литературоведения. URL: http://holos.org.ru/2009/aakorablev-doneckaya-filologicheskaya-shkola/

59. Криницын А. Б. Воззрения А. П. Чехова на русскую интеллигенцию и «Вырождение» Макса Нордау. URL: http://www.portal-slovo.ru/philology/41859.php

60. Крупянская В. Ю. Народный театр. // Русское народное поэтическое творчество. М., 1954.

61. Кубасов А. В. Нарративная структура рассказа А. П. Чехова «Скрипка Ротшильда» // Творчество А. П. Чехова: рецепции и интерпретации: Мат-лы Междунар науч. конф. / Отв. ред. М. Ч. Ларионова. Ростов н/Д, 2013. С. 89–97.

62. Кузичева А. П. О жанровом своеобразии «Вишневого сада». // Чеховские чтения в Таганроге: 50 лет. Таганрог, 2013. Т. 1.

63. Ларионова М. Ч. Повесть А. П. Чехова «Степь»: традиционно-культурный универсум // Тр. Южного науч. центра Российской академии наук. Т. 5. Социальные и гуманитарные науки / Гл. ред. акад. Г. Г. Матишов. Ростов н/Д., 2009. С. 344–358.

64. Ларионова М. Ч. А. П. Чехов: литература в пространстве фольклора // Известия вузов: Северо-Кавказский регион: Общественные науки. № 1. 2010. С. 115–118.

65. Ларионова М. Ч. Растительная символика в пьесе А. П. Чехова «Три сестры» // Восток — Запад: пространство природы и пространство культуры в русской литературе и фольклоре: Сб. ст. по итогам IV Междунар. науч. конф. / Отв. ред. Н. Е. Тропкина, Ж. Хетени. Волгоград, 2011.

66. Ларионова М. Ч. Символика пьесы А. П. Чехова «Вишневый сад» // Чеховские чтения в Таганроге: 50 лет. Таганрог, 2013. Т. 1.

67. Ласкер Э. Учебник шахматной игры. М., 1980.

68. Лекторский В. А., Садовский В. Н. О принципах исследования систем (В связи с «общей теорией систем» Л. Берталанфи). // Вопросы философии. № 8, 1960. С. 67−79.

69. Лотман Ю. М. Символ в системе культуры // Уч. зап. Тарт. ун-та. Тр. по знаковым системам 21. Вып. 754. Тарту, 1987.

70. Лотман Ю. М. О русской литературе. СПБ, 2005.

71. Мелетинский Е. М. Аналитическая психология и проблема происхождения архетипических сюжетов // Бессознательное. Многообразие видения. Новочеркасск, 1994.

72. Мифы Древней Греции. Словарь-справочник. EdwART, 2009, интернет-издание.

73. Мольер Ж. Б. Собрание сочинений в двух томах. / Пер. А. В. Федорова. Т. 2. М., 1957.

74. Некрылова А. Ф. Русские народные городские праздники, увеселения и зрелища. Конец XVIII — начало XX века. Л., 1988.

75. Новая философская энциклопедия: В 4 т. / Под ред. В. С. Степина. М., 2010. Т. 3.

76. Новикова А. М. Русская поэзия XVIII — первой половины XIX века и народная песня. М., 1982.

77. Нордау Макс. Вырождение / Пер. с нем. и предисл. Р. И. Сементковского. Цитируется по Викитеке. URL: https://ru.wiki-source.org/wiki/Вырождение_(Нордау/Сементковский)_

78. Одесская М. М. «Три сестры»: символико-мифологический подтекст // Чеховиана. «Три сестры» — 100 лет. М., 2002.

79. Одинокина Н. Л. Мотивы Экклесиаста в повести А. П. Чехова «Скучная история». // Сб. работ 65-й науч. конф. студентов и аспирантов Белорусского гос. ун-та. В 3 ч. Ч. 3. Минск, 2008.

С. 84–87.

80. Паперный З.С. Записные книжки Чехова. М., 1976.

81. Паперный З. С. «Вопреки всем правилам...» Пьесы и водевили Чехова. М., 1982.

82. Пропп В. Я. Исторические корни волшебной сказки. Л., 1986.

83. Пропп В. Я. Проблемы комизма и смеха. М., 1999.

84. Пустовая В. Когда развиднеется. Сегодня премией Александра Солженицына наградят критика и филолога Ирину Роднянскую // «Российская газета», 2014, 24 апреля.

85. Пушкин А. С. Каменный гость // Пушкин А. С. Полн. собр. соч.: В 10 т. Л., 1977–1979. Т. 5. 1978.

86. Пушкин А. С. Письмо Бестужеву А. А., конец января 1825 г. Из Михайловского в Петербург // Пушкин А. С. Полн. собр. соч.: В 10 т. Л., 1977–1979. Т. 10. 1979.

87. Роднянская И. Б. Конец занимательности? // Движение литературы: В 2 т. Т. 1. М., 2006.

88. Руднев В. П. Словарь культуры XX века. М., 1997.

89. Рылькова Г. Выход есть: «Вишневый сад» в 21-м веке // The other shore. Slavic and East Europen Culture Aroad, Past and Present / Под ред. В. Зубаревой. Idyllwild, 2012. Vol. 3.

90. Свенцицкая Э. М. Автор — повествователь — герой в малой прозе А. П. Чехова (на материале рассказов «Жалобная книга» и «Скрипка Ротшильда») // Новый филологический вестник. 2010. № 4. С. 111–121.

91. Сендерович С. Чудо Георгия о Змие: история одержимости Чехова одним образом. Russian Language Journal 139 (1985): 135–225.

92. Сендерович С. Чехов — с глазу на глаз. История одной одержимости А. П. Чехова. Опыт феноменологии творчества. СПб., 1994.

93. Сендерович С. «Вишневый сад» — последняя шутка Чехова // Вопросы литературы, 2007, № 1. URL: http://magazines.russ.ru/voplit/2007/1/ss14-pr.html

94. Станиславский К. С. Собрание сочинений: В 8 т. М., 1954. Т. 1.

95. Станиславский К. С. А. П. Чехов в художественном театре.

Воспоминания // А. П. Чехов в воспоминаниях современников. М., 1986.

96. Степанов А. Д. Проблемы коммуникации у Чехова. М., 2005.

97. Страшкова О. К. Монтаж как художественный прием организации текстового пространства повести А. П. Чехова «Степь». // Таганрогский вестник. Вып. 3. Таганрог, 2008.

98. Стрельцова Е. И. Опыт реконструкции внесценической родословной, или «демонизм» Соленого // Чеховиана. «Три сестры» — 100 лет. М., 2002.

99. Сухих И. Н. «Смерть героя» в мире Чехова // Чеховиана: статьи, публикации, эссе. М., 1990. С. 65–76.

100. Сухих И. Н. Проблемы поэтики Чехова. СПб., 2007.

101. Тамарли Г. И. Поэтика драматургии Чехова. От склада души к типу творчества. Таганрог, 2012.

102. Тамарченко Н. Д. Теоретическая поэтика: введение в курс. Уч. пособие для студентов филол. факультетов университетов и пединститутов. М., 2006.

103. Топоров В. Н. О «резонантном» пространстве литературы (несколько замечаний) // Literary Tradition and Practice in Russian Culture. Ed. by Valentina Polukhina, Joe Andrew, and Robert Reid. Rodopi, 1993. С. 16–61.

104. Тюпа В. И. Аналитика художественного: введение в литературоведческий анализ. М., 2001.

105. Тюпа В. И. «Доктор Живаго»: композиция и архитектоника // Вопросы литературы. Январь-февраль 2011. С. 380–410. URL: http://litved.com/доктор-живаго-композиция-и-архитекто/

106. Фадеева Н. И. Новаторство драматургии А. П. Чехова. Тверь, 1991.

107. Фаусек В. Памяти Всеволода Михайловича Гаршина. // Памяти В. М. Гаршина. СПб., 1889.

108. Фрейд З. Остроумие и его отношение к бессознательному. СПб, 1997.

109. Ходус В. П. К вопросу об энциклопедизме повести А. П. Чехова «Степь» // Таганрогский вестник. Вып. 3. Таганрог, 2008. С. 29–34.

110. Чехов А. П. Полное собрание сочинений и писем в 30 т. М.,

1976–1988.

111. Чудаков А. П. Поэтика Чехова. М., 1971.

112. Чудаков А. Между «есть Бог» и «нет Бога» лежит целое громадное поле... // Новый мир. 1996. № 9. URL: http://magazines.russ.ru/novyi_mi/1996/9/chudak-pr.html

113. Шайтанов И. «И все-таки — двадцать первый... Поэзия в ситуации после-пост-модерна» // The Other Shore. Slavic and East European Culture Abroad, Past and Present / Ред. Джерри Кацелл. 2012, № 3. P. 1–26.

114. Юдин Э. Г. Системный подход и принцип деятельности: методологические проблемы современной науки. М., 1978.

115. Ackoff Russell L. Creating the Corporate Future. New York, 1981.

116. Adamantova Vera and Williamson Rodney. Chekhovian Irony and Satire and The Translator's Art: Visions and Versions of Personal Worlds in Chekhov Then And Now // The Reception Of Chekhov In World Culture Peter Lang. New York, 1997.

117. Bertalanffy L. von. General System Theory: Foundations, Development, Applications. New York: George Braziller, 1976.

118. Blistein Elmer M. Comedy in Action. Durham, N.C., 1964.

119. Bowie A. M. Aristophanes: Myth, Ritual, and Comedy. Cambridge, 1993.

120. The Development of the Uncertainty Principle, аудиозапись. Spring Green Multimedia in the UniConcept Scientist Tapes series, © 1974.

121. Encyclopedia of Aesthetics / Ed. Kelly Michael. New York, 1998. T. 1.

122. Finke Michael. Chekhov's Steppe: A Metapoetic Journey. RLJ, XXXIX, Nos. 132–134 (1985).

123. Flath Carol. Writing about. Nothing: Chekhov's. 'Ariadna' and the. Narcissistic. Narrator. SEER, Vol. 77, No. 2, 1999. C. 223–239.

124. Frye Northrop. Anatomy of criticism: Four essays. Princeton, 1957.

125. Gharajedaghi Jamshid. Toward a Systems Theory of Organization. Seaside, CA: Intersystems Publications, 1985.

126. Grawe Paul H. Comedy in Space, Time, and the Imagination. Chicago, 1983.

127. Greenwood Fernandez-Canadas Pilar. Pastoral Poetics: The Uses of

Conventions in Renaissance Pastoral Romances: Arcadia, La Diana, La Galatea, L'Astrea. Madrid, 1983.

128. Herrick Marvin T. Tragicomedy: Its Origin and Development in Italy, France, and England. Urbana, 1962.

129. Jackson Robert L. Space and the Journey: A Metaphor for All Times. // Russian Literature 29 (1991). P. 427–438.

130. Katsenelinboigen Aron. Indeterministic Economics. New York, 1992.

131. Katsenelinboigen Aron. Evolutionary Change: Toward a Theory of Development and Maldevelopment. Newark, 1997a.

132. Katsenelinboigen Aron. The Concept of Indeterminism & Its Applications; Economics, Social Systems, Ethics, Artificial Intelligence & Aesthetics. Westport, 1997b.

133. Katsenelinboigen Aron. License for Subjectivity. 2007. URL: http://www.ulita.net/aron/License_for_Subjectivity.htm

134. Kirk I. Anton Chekhov. Boston: Twayne Publishers, 1981.

135. Lee M. Owen. Death and Rebirth in Virgil' Arcadia. Albany, 1989.

136. Lucas F. The Drama of Chekhov. London, 1963.

137. Minsky Marvin. The Society of Mind. New York, 1988.

138. Morson G. S. Hidden in Plain View: Narrative and Creative Potentials in "War and Peace". Stanford, 1987.

139. Morson G. S. "Uncle Vanja" as Prosaic Metadrama // Reading Chekhov's Text. Evanston: Northwestern U. P., 1993. P. 214–227.

140. Olson Elder. The Theory of Comedy. Indiana, 1968.

141. Peace Richard. Chekhov: A Study of the Four Major Plays. New Haven, CT: Yale UP, 1983.

142. Pitcher Harvey J. The Chekhov Play. A New Interpretation. London, 1973.

143. Popkin Cathy. The Spaces Between the Places: Chekhov's "Without a Title" and the Art of Being (Out) There. // Chekhov for the 21st Century. / By Ed. Carol Apollonio and Angela Brintlinger. Bloomington, 2014.

144. Raglan Lord. The Hero: A study of Tradition, Myth, and Drama. London, 1936.

145. Rayfield Donald. The Cherry Orchard: Catastrophe and Comedy.

New York, 1994.

146. Rayfield Donald. Chekhov's "Uncle Vania" and the "Wood Demon". London, 1995.

147. Senderovich S. The Cherry Orchard: Chekhov's Last Testament // Russian Literature, North-Holland. 1994. № 35. P. 223–242.

148. Senelick Laurence. Anton Chekhov. New York, 1985.

149. Simon R. K. The Labyrinth of the Comic: Theory and Practice from Fielding to Freud. Florida, 1985.

150. Strongin Carol. Irony and Theatricality in Chekhov's The Sea Gull // Comparative Drama, 15 (Winter 1981–1982). P. 366–380.

151. Turner C. J. G. Time and Temporal Structure in Chekhov. // Birmingham Slavonic Monographs #22, University of Birmingham, 1994.

152. Ulea V. (Zubarev Vera). A Concept of Dramatic Genre and the Comedy of a New Type. Chess, Literature, and Film. Carbondale & Edwardsville: Southern Illinois University Press, 2002.

153. Valency Maurice. The Breaking String. The Plays of Anton Chekhov. New York, 1966.

154. Winner Thomas. Chekhov and His Prose. New York, 1966.

155. Winnington-Ingram R. P. Sophocles: An Interpretation. New York, 1980.

156. Zubarev V. (Зубарева В. К.). A Systems Approach to Literature: Mythopoetics of Chekhov's Four Major Plays. Westport Ct.: Greenwood Press, 1997.

В.К. Зубарева, Ph.D., преподаёт в Пенсильванском университете русскую литературу и теорию принятия решений в литературе, кино и шахматах. Она является автором 18 книг, включая литературоведческие монографии, поэзию и прозу. Лауреат многочисленных международных литературных премий. Награждена почётным дипломом на Международном конкурсе филологических, культурологических и киноведческих работ, посвященных жизни и творчеству А.П.Чехова за монографию A Systems Approach to Literature: Mythopoetics of Chekhov's Four Major Plays (Westport Ct., 1997).

Vera Zubarev, Ph.D., is the author of 18 books of prose, poetry and literary criticism. She has won many prestigious international awards for her works, including the Honorary Diploma in the nomination of Monograph for the book A Systems Approach to Literature: Mythopoetics of Chekhov's Four Major Plays (Taganrog, January, 2010). She teaches classes on Russian literature and decision making in literature, film, and the game of chess in the University of Pennsylvania. Her articles and reviews have appeared in SEEJ, *Voprosy literatury, Novyj philologicheskij vestnik* and other journals and collections.

Charles Schlacks Jr. specializes in academic titles, particularly in the field of Slavic studies. He is highly regarded by the international community of Slavic scholars and is currently publisher of many refereed journals.